VdN

Helmut
Schmidt

Mit Augenmaß und Weitblick

Reden und Aufsätze

Verlag der Nation
Berlin

Vom Verfasser
autorisierte Ausgabe

Verantwortlicher Lektor:
Gisela Donath

ISBN 3-373-00452-7
1. Auflage 1990

Grafische Konzeption und Umschlag:
Detlef Ringer
Technische Redakteure: Marga Lippert/Ingrid Welzer
Gesamtherstellung: Nationales Druckhaus Berlin GmbH
01850

Inhalt

Inhalt

Mögliche Stufen eines wirtschaftlichen und sozialen Wiedervereinigungs-Prozesses

Überlegungen zum sozialdemokratischen »Deutschland-Plan«, 10. Februar 1959

Im Winter 1958/59 beschäftigte sich ein Team von sieben sozialdemokratischen Abgeordneten unter Vorsitz Herbert Wehners intensiv mit der Prüfung der theoretischen Möglichkeiten einer Wiedervereinigung Deutschlands. Einzelne Mitglieder des Teams arbeiteten zu speziellen Problemkomplexen jeweils besondere Analysen und Vorschläge aus. Diese Arbeiten führten insgesamt zu einer kohärenten Vorstellung von den damals bestehenden Möglichkeiten der Deutschlandpolitik. Sie wurden in einem politischen Arbeitspapier unter dem Titel »Deutschland-Plan« veröffentlicht. Die wiedergegebene Arbeit war eine von mehreren zugrunde liegenden Analysen.

A Vorbemerkungen

Diese Skizze der als realisierbar erscheinenden und beiden deutschen Teilen wie auch den östlich wie westlich indirekt interessierten Außenwirtschaftspartnern als akzeptabel zuzumutenden Vorschläge für eine stufenweise Re-Integration der beiden deutschen Volkswirtschaften formuliert die jeweils wichtigsten wirtschaftspolitischen Konzessionen, die beide Seiten auf drei Zwischenstufen an das Ganze zu gewähren haben. Am Ende der dritten Stufe wird die Schwelle der Währungsunion erreicht. Diese Schwelle würde auch bei bestem Willen beider Seiten kaum früher als innerhalb von fünf Jahren erreicht werden können, wenn man bei realistischen Vorstellungen bleiben will. Je nach abweichender Abschätzung des für die einzelnen Stufen als möglich erachteten Optimismus wird die Stufenleiter zeitlich und auch der Zahl der Stufen nach variiert werden können. Unter C wird die Regelung der Wirtschaftsbeziehungen zu dritten Ländern skizziert.

Alle bisher in Westdeutschland angestellten und mir zugänglichen wirtschaftswissenschaftlichen Untersuchungen über notwendige wirtschaftliche Maßnahmen in einem ökonomischen Re-Integrations-Prozeß setzen die Annahme einer am Anfang stehenden, mit bestimmten Handlungsvollmachten ausgestatteten gesamtdeutschen wirtschaftspolitischen Instanz voraus. Diese Annahme muß heute durch eine nahezu entgegengesetzte Annahme korrigiert werden: es wird zunächst zwei wirtschaftspolitisch autonome Regierungen geben, deren Handlungsfreiheit nur durch die formulierten Paragraphen des Wiedervereinigungsvertrages beschränkt und zielgerichtet ist. Die hier vorzulegenden Gedanken sind daher weitgehend auf eigene, notgedrungen unvollständige und sicher auch fehlerhafte Überlegungen angewiesen.

Um die Skizze knapp und kurz formulieren zu können, sind Erläuterungen, Begründungen und Absicherungen in getrennt beigefügte Anmerkungen verwiesen. Die kritische Diskussion (sowie die Ergänzung und Abänderung) des in den Anmerkungen skizzierten Lagebildes und seiner stufenweisen Entwicklung ist nötig, wenn man sich vor Illusionen über die sehr großen Schwierigkeiten der ökonomischen Integration beider deutscher Teile bewahren will, die bei Fortbestand zweier autonomer Regierungssysteme gegeben sind.

Wie schon die begrenzten Zielsetzungen der Montan-Union, die Diskussionsergebnisse mit dem EWG-Projekt, ebenso die Erfahrungen des Rates für gegenseitige Wirtschaftshilfe (COMECON) gezeigt haben, sind wirtschaftliche Integrationsfortschritte von bestimmten Stufen ab nur dann noch realisierbar, wenn man »supranationale« (gleich »transföderale«) Instanzen schafft. Die ökonomische Re-Integration Deutschlands wird erst von jener »Unionsschwelle« ab entscheidende Fortschritte machen können, auf welche wirtschaftspolitische (finanzwirtschaftliche, außenwirtschaftliche, währungspolitische!) »Befehle« von übergeordneten, gesamtdeutschen Organen gegeben und durchgeführt werden können. Bis zu dieser Schwelle wird der ökonomische Angleichungs- und Austauschprozeß jenes Niveau kaum erreichen können, das sich im EWG-Raum ergeben wird, und er wird jedenfalls qualitativ und quantitativ hinter jenem Integrationsniveau zurückbleiben, das schon heute im Bereich des Rates für gegenseitige Wirtschaftshilfe erreicht ist. Es müssen daher möglichst frühzeitig einsetzende gesamtdeutsche wirtschaftspolitische Instanzen angestrebt werden.

Die vorliegende Skizze geht von der Annahme aus, daß aus politischen Gründen die wirtschaftlichen, Eigentumsstrukturen in beiden Teilen zunächst unverändert bleiben sollen. Im übrigen ist eine Änderung der Eigentumsstrukturen wesentlich unwichtiger für die Ermöglichung des ökonomischen Re-Integrations-Prozesses, als in der Öffentlichkeit oft unterstellt wird; das heißt auch etwaige Änderungen in der Eigentumsstruktur der DDR würden keine prinzipielle Erleichterung des Prozesses bedeuten. Fragen der Wirtschaftsverfassung[1] werden im folgenden nur insoweit berührt, als dies für den Re-Integrations-Prozeß unerläßlich ist.
Die entscheidenden Probleme liegen

- in der weitgehenden Verschiedenheit der volkswirtschaftlichen Grundfunktionen der Güter- und Arbeitsmärkte und in ihrer staatlichen Reglementierung bzw. Zwangsbewirtschaftung;
- in der weitgehenden Verschiedenheit der Kredit- und Währungssysteme[2];
- in den strukturverschiedenen außenwirtschaftlichen Bindungen und Verpflichtungen beider Teile, vornehmlich in der überragenden Funktion der DDR im Austausch-Mechanismus des COMECON sowie in der völligen Verschiedenheit der außenwirtschaftlichen Apparaturen[3];
- im wirtschaftlichen Niveauunterschied beider Teile (Produktivität in der DDR zur Zeit um ca. 20 Prozent, realer Lebensstandard um ca. 30 Prozent niedriger als in der Bundesrepublik).

Ich verzichte auf Andeutung aller wünschenswerterweise synchron zu erreichenden politischen Angleichungen und Institutionalisierungen und beschränke mich ausschließlich auf das, was rein ökonomisch erforderlich ist. Jedoch bedingen schon diese rein ökonomisch notwendigen Vorschläge auf beiden Seiten sehr weitgehende politische Zugeständnisse, so daß sie von beiden Seiten schärfster Kritik gewärtig sein müssen.

B Vorschläge für einen stufenweisen wirtschaftlichen Wiedervereinigungs-Prozeß

Grundsätze

a) Bis zur Schaffung einer gesamtdeutschen Regierung bleibt die vorhandene Wirtschaftsverfassung beider Teile soweit unberührt, als nicht zur Durchführung dieses Abkommens Änderungen unvermeidbar sind.
b) Die außenwirtschaftlichen Komplementärfunktionen, die beide Teile zur Zeit gegenüber dritten Ländern und dritten Wirtschaftsräumen ausüben, sollen während des Prozesses so wenig wie möglich beeinträchtigt, sondern im Ergebnis vielmehr von der integrierten gesamtdeutschen Volkswirtschaft übernommen werden[4].
c) Soweit irgend vermeidbar, sollen keine der seit der Zeit der Zonentrennung neu entstandenen Produktionskapazitäten, die in den beiden Teilen die jeweils abgetrennten Lieferanten ersetzt haben, stillgelegt werden[5].
d) Unter den Voraussetzungen der Grundsätze zu b) und c) ist das Tempo der deutschen Re-Integration, das heißt das Tempo der Ausweitung der innerdeutschen Arbeitsteilung, weitgehend abhängig von der Dynamik des volkswirtschaftlichen Wachstums, das heißt von den erzielbaren Produktivitätssteigerungen und Sozialproduktszuwächsen in beiden Teilen. Beide Teile verpflichten sich zur Politik der Vollbeschäftigung[6].
e) Der »soziale Besitzstand« (im Sinne der sozialpolitischen Gesetzgebung) wird garantiert.

Sofort inkrafttretende Regelungen

a) Freizügigkeit für Personen (Aufhebung aller Reglementierungen des Personenverkehrs wie Republikfluchtgesetzgebung, Aufenthaltsgenehmigungen, Flüchtlingsprivilegien aller Art für DDR-Flüchtlinge, Notaufnahme usw.[7]).

b) Fortfall aller Embargo-Bestimmungen gegenüber der DDR.

Stufe I

a) Errichtung eines paritätisch besetzten »gesamtdeutschen Investitionsfonds«[8], mit der Aufgabe, auf dieser Stufe zu planen und zu finanzieren
   - Investitionen in das Verkehrsnetz, die notwendig sind, um den sich alsbald ausweitenden Personen- und Warenverkehr in Ost-West-Richtung zu bewältigen[9] und
   - Investitionen in die Elektrizitäterzeugung plus -Versorgungsnetz, die notwendig sind, um eine rationelle gesamtdeutsche Verbundwirtschaft zu ermöglichen[10].

   Beide Teile sind verpflichtet, dem Investitionsfonds jährlich langfristige Kredite verfügbar zu machen, wobei die Jahrestranche der Bundesrepublik (Größenordnung 1 Milliarde DM West pro Jahr) auf etwa das Dreifache derjenigen der DDR zu bemessen ist. In der Endstufe tritt die spätere gesamtdeutsche Regierung als Gläubiger an die Stelle der beiden ursprünglichen Kapitalgeber. Der Investitionsfonds gibt die Kredite zur Durchführung der beschlossenen Investitionen an die in beiden Teilen vorhandenen geeigneten Unternehmungen[11]. Auf den späteren Integrationsstufen sind die Aufgaben des Investitionsfonds zu erweitern.

b) Errichtung einer paritätisch besetzten »Bank für innerdeutschen Zahlungsausgleich«, ausgestattet mit einer noch auszuhandelnden Erstausstattung seitens der beiden Notenbanken sowie entsprechenden Kreditlinien (Verhältnis etwa 3 : 1). Beide Teile verpflichten sich, Renten-, Pensions- und sonstige Unterhaltszahlungen, die auf gesetzlicher Verpflichtung beruhen, über die Bank zu transferieren.

c) Etablierung des »innerdeutschen Handelssystems« anstelle des bisherigen güterwirtschaftlichen Tauschsystems des heutigen Interzonenhandels. Prinzip: die Bundesrepublik verzichtet auf dieser Stufe einseitig auf jegliche güterwirtschaftliche Kontingentierung ihrer Bezüge von Gütern und Dienstleistungen aus der DDR (einseitige Liberalisierung). Abwicklung der Zahlungen über die Bank für innerdeutschen Zahlungsausgleich, wobei beide Teile die Ausweitung des innerdeutschen Handels durch Krediterweiterungen ermöglichen[12].

d) Völlige Freiheit für nichtkommerziellen Güterverkehr (Umzugsgut, Geschenksendungen usw.), Öffnung zusätzlicher Zonenübergänge auf allen früheren Reichsstraßen sowie allen früheren Reichsbahnhauptstrecken[13].

Stufe II

a) Schaffung eines »gesamtdeutschen Marktes«, das heißt Liberalisierung des innerdeutschen Handels nunmehr auch in der DDR durch Beschränkung der Außenhandelsmonopole der DDR auf deren echten Außenhandel. Das bedeutet Freiheit für die Unternehmungen der DDR, ihre Lieferanten und Abnehmer im gesamtdeutschen Markt nach eigenen Dispositionen (Eigengeschäft der Betriebe) zu wählen[14]. Wegfall aller innerdeutschen Handelsbeschränkungen einschließlich aller währungspolitischen beziehungsweise devisenpolitischen Reglementierungen. Hierzu ist Einführung eines offiziellen Wechselkurses zwischen DM Ost und DM West notwendig (Bank für Zahlungsausgleich)[15].

b) Errichtung eines »gesamtdeutschen Wirtschaftstages«. Aufgaben: Empfehlungen an beide Teile sowie Bank und Investitionsfonds, zwecks
   - Koordinierung ihrer Außenhandelspolitik gegenüber dritten Ländern[16],
   - Angleichung ihrer Finanz- und Steuerstrukturen sowie des Kreditsystems;
   - Beseitigung der aus dem Inkrafttreten des gesamtdeutschen Marktes sich ergebenden Schwierigkeiten, insbesondere Herbeiführung einer aufeinander abgestimmten Preispolitik sowie der erforderlichen Anpassungsinvestitionen.

Stufe III

a) Niederlassung und Investitionsfreiheit für Unternehmungen beider Teile in Gesamtdeutschland, unter der Voraussetzung der örtlich geltenden Wirtschaftsgesetze und Planvorschriften; das bedeutet Freiheit des Kapitalverkehrs (abzuwickeln über die Bank für Zahlungsausgleich), uneingeschränkte Teilnahme aller Unternehmungen am Wettbewerb in beiden Teilen des gesamtdeutschen Marktes nach den jeweils dort geltenden Vorschriften[17].

b) Vorbereitung einer gesamtdeutschen Gesetzgebung durch den gesamtdeutschen Wirtschaftstag, mit dem Ziel einer möglichst schnellen Ausgleichung der noch verbliebenen Niveau-Differenzen des realen Lebensstandards und der Produktivität. Diese Gesetzgebung erstreckt sich insbesondere auf
   - Zollunion[18],
   - gemeinsames Steuersystem und innerdeutschen Finanzausgleich[19],
   - Währungsunion[20],
   - sozialpolitische Anpassung.

Unionsschwelle

Die gewählte gesamtdeutsche Regierung führt die Zoll-, Steuer-, Finanz- und Währungsunion durch, die vom gesamtdeutschen Wirtschaftstag ausgearbeitet worden ist. Die nach Überschreiten dieser Schwelle noch bestehenden Anpassungsprobleme sind heute noch kaum abzuschätzen – ihr Umfang hängt von dem Erfolg der auf den vorhergehenden Stufen notwendigen Zusammenarbeit ab. Es ist sicher damit zu rechnen, daß sich hier noch verschiedene weitere Phasen der Anpassung als notwendig anschließen werden.

C Vorschläge zur Regelung der wirtschaftlichen Beziehungen zu dritten Ländern

Assoziationsverhältnis zu *EWG* und *COMECON.* Mit Inkrafttreten des Wiedervereinigungsvertrages muß gleichzeitig die Mitgliedschaft der Bundesrepublik in der Montan-Union wie in der EWG in ein Assoziationsverhältnis besonderer Art umgewandelt werden, das heißt Anpassung der gegenwärtigen Verpflichtungen und Rechte der Bundesrepublik an die durch die deutsche Re-Integration veränderten Verhältnisse. Die gleiche Änderung ist notwendig im Rechtsverhältnis der DDR zum Rat für gegenseitige Wirtschaftshilfe (COMECON). Beide Assoziationsverhältnisse setzen natürlich den Wunsch der übrigen Teilnehmer jener beiden internationalen Wirtschaftsgebilde voraus. Es sollte von vornherein angestrebt und vereinbart werden, daß die entstehende gesamtdeutsche Volkswirtschaft die jetzt zu regelnden Assoziationsverhältnisse der beiden Teile zu den internationalen Wirtschaftsgebilden später übernimmt, sie müssen entsprechend aufeinander abgestimmt sein.

Aus solcher Entwicklung würden sich besondere Vorteile für die integrierte gesamtdeutsche Volkswirtschaft ergeben, die von den übrigen östlichen und westlichen Wirtschaftspartnern und Konkurrenten Deutschlands nur mit großen Bedenken betrachtet werden können. Die deutsche Volkswirtschaft würde auf diese Weise zu einer bevorzugten Drehscheibe des gesamten Ostwest-Welthandels werden; sie würden profitieren von der in den parallel laufenden internationalen Vereinbarungen Gesamtdeutschland auferlegten Rüstungsbeschränkungen, die entweder zu großen Exportsteigerungen oder zu großen Steigerungen des realen Lebensstandards befähigen, ganz abgesehen davon wird allein die große Rationalisierungsreserve innerhalb der gegenwärtigen Volkswirtschaft der DDR und die Tatsache der Erweiterung des deutschen Marktes von 52 auf rund 70 Millionen Einwohner die deutsche Wirtschaftskraft in unerhörter Weise stärken. Es muß deshalb damit gerechnet werden, daß die ost- und westeuropäischen Partner des gesamten Vertragswerkes dieser Entwicklung nur unter der Voraussetzung zustimmen, daß die entstehende gesamtdeutsche Volkswirtschaft mit bestimmten Äquivalenz-Gewichten belastet wird, die ihren Wettbewerbsvorsprung ausgleichen sollen. Ausmaß und Laufzeit dieser Äquivalenz-Belastung muß ausgehandelt werden, sie hängt von Art und Ausmaß der Rüstungsbeschränkung sowie auch von der Laufzeit des Gesamtvertragssystems ab.

Es bieten sich grundsätzlich zwei Möglichkeiten:

a) Verpflichtung Gesamtdeutschlands, zur Investition in den industriell unterentwickelten Ländern finanziell beizutragen, zum Beispiel über UNO oder ähnliche Institutionen[21],

b) Verpflichtung Gesamtdeutschlands, finanzielle Beiträge zu leisten zur Unterhaltung des (der beiden) Militärsystems(e), welche die Garantie für die im mitteleuropäischen Raum neu getroffenen Vereinbarungen übernimmt, (-nehmen).

Anmerkungen

1 Die Zentralverwaltungswirtschaft in der DDR ist im bisherigen Umfang schon während des Anpassungsprozesses nicht aufrechtzuerhalten. Schon *vor* der vorläufigen Endstufe, das heißt vor der Unionsschwelle, ist eine *Befreiung der Betriebe von den Fesseln der güterwirtschaftlichen Zwangswirtschaft weit über das Ausmaß des jugoslawischen Vorbildes hinaus notwendig.* Die Unternehmungen in der DDR – ganz gleich, ob volkseigene Betriebe oder kleine Privatbetriebe – brauchen einen großen Dispositionsspielraum, wenn sie mit westdeutschen Unternehmungen in Austausch und Wettbewerb treten sollen. Eine umgekehrte Anpassung der westdeutschen Wirtschaftsordnung an die Zentralverwaltungswirtschaft der DDR ist kaum denkbar. Übrigens scheint schon die gegenwärtige Entwicklung im Ostblock auf eine Nachahmung des jugoslawischen Beispiels hinauszulaufen, wenngleich jenes offiziell natürlich schärfstens verurteilt wird.

2 *Nicht die Verstaatlichung des Bankenapparates ist entscheidend, sondern die Tatsache der staatlichen, am Plan orientierten Bewirtschaftung nicht nur des langfristigen, sondern auch des Betriebsmittelkredites;* ebenso die Denaturierung der Funktionen des Zinses und die praktische Abschaffung des Lieferantenkredits durch das »Rechnungseinzugverfahren«.

Die Binnenwährung wird nach quantitätstheoretischen Vorstellungen grob manipuliert (notfalls durch Kraftabschöpfungen, Notentausch und Guthabensperre), während die *Außenwährung praktisch vollständig außer Funktion getreten* ist.

3 Die Verpflichtungen der DDR aus dem Siebenjahres-Perspektivplan des COMECON müssen von Gesamtdeutschland übernommen werden, wenn überhaupt die Zustimmung des Ostens ermöglicht werden soll. Denn hinsichtlich der Bedeutung ihrer Austauschfunktionen steht die *DDR im COMECON* (dem China nicht angehört) *hinter der Sowjetunion an zweiter Stelle.* Insbesondere hat sie eine ausschlaggebende Bedeutung für die Realisierung der Investitionspläne der COMECON-Länder, vornehmlich auf den Gebieten Maschinen, Feinmechanik/Elektrotechnik, Chemie. Sie exportiert in den gesamten Ostraum mehr Maschinen als die Sowjetunion. Die DDR ist wichtigster Außenhandelspartner der Sowjetunion und in ihrer wirtschaftlichen Bedeutung für die Sowjetunion heute mit China gleichwertig. Die DDR ist wahrscheinlich (einschließlich der Sowjetunion) das höchst industrialisierte Land des Ostblocks. Der Außenhandel der DDR geht zur Zeit etwa zu beinahe Vierfünftel in COMECON-Länder, nur zu einem Zehntel in Form des Interzonenhandels in die Bundesrepublik, und das restliche Zehntel verteilt sich auf das sog. kapitalistische Ausland sowie die neutralen. *Es gibt also zur Zeit nur einen sehr schmalen Raum für die Ausweitung des innerdeutschen Handels der DDR.*

Fast alle quantitativ bedeutsamen Außenhandelsverträge der DDR werden über Rubel-Preise verrechnet, wobei es sich – *auch innerhalb des COMECON – um streng bilaterale güterwirtschaftliche Tauschverträge* (also Wertgleichheit der gegenseitigen Lieferungen) *ohne mehrseitiges Clearing* handelt, so daß ein Wechselkursproblem nicht auftritt. Daher ist ja auch die offizielle Dollar-Parität der DM Ost völlig belanglos, sie bewertet groteskerweise die DM Ost so hoch wie die Dollar-Parität der DM West. Die Regierung verfügt über ein lückenloses Devisenmonopol und setzt die Preise für den außenwirtschaftlichen Teil eines Ex- oder Importgeschäftes ohne Rücksicht auf den lediglich am Binnenpreisniveau der DDR orientierten Preis fest, den im binnenwirtschaftlichen Teil des gleichen Geschäftes der Betrieb an das Monopol zu zahlen oder von ihm zu empfangen hat. Der Ausgleich findet über den Staatshaushalt statt (»Preisdifferenzenkonto« mit Negativsaldo in Höhe von 4 Milliarden DM Ost pro Jahr!). Daher fehlt jeglicher preislicher Anreiz für den Betrieb, sich am In- oder Export zu beteiligen. (Vergleiche zu den hier nur angedeuteten entscheidenden strukturellen Schwierigkeiten einer Re-Integration die

sehr informative Arbeit von W. Förster: »Das Außenhandelssystem der SBZ«, Bonn 1957.)
Um es mit anderen Worten noch einmal zu wiederholen: nahezu alle Ex- und Importgeschäfte der DDR einschließlich des gegenwärtigen Interzonenhandels werden durch die verschiedenen staatlichen Außenhandelsmonopole zu Außenhandelspreisen abgeschlossen, die keine Beziehung zu den Binnenpreisen haben; was bedeutet, daß in der Regel den Anstoß zu diesem Geschäft nicht ein Interesse des produzierenden oder empfangenden Betriebes gibt. Die Exportbetriebe erhalten nicht den Exporterlös, sondern vielmehr nur den inneren Verrechnungspreis, der von Fall zu Fall weit nach oben oder unten vom tatsächlich erzielten Exporterlös abweicht. Ihr Interesse am Zustandekommen des Exportgeschäftes beschränkt sich auf die Priorität bei der Zuteilung von Rohstoffen und Betriebsmittelkrediten.

4 Der jetzige Umfang des Osthandels der DDR würde im großen und ganzen einem »normalen« Osthandelsanteil der gesamtdeutschen Volkswirtschaft entsprechen.

5 Hier wird es staatlicher Hilfen (Subventionen, Steuererleichterungen) bedürfen; bekanntestes Beispiel: gesamtdeutsche Überkapazität der Textilerzeugung.

6 Wachsende Rationalisierung und Arbeitsproduktivität der Betriebe in der DDR (die durch die Re-Integration noch stark beschleunigt wird) trägt die Tendenz zur Freisetzung von Arbeitskräften in sich, ebenso die Tatsache gesamtdeutscher Überkapazitäten. Der Grundsatz der Vollbeschäftigung wird unter diesen Voraussetzungen in Westdeutschland eventuell als bewußte Inkaufnahme gewisser inflatorischer Nebeneffekte aufgefaßt und kritisiert werden.

7 Das schließt die *Freizügigkeit für Arbeitskräfte* notwendigerweise ein. Das Risiko für weiteres Abwandern von Arbeitskräften aus der DDR in die Bundesrepublik erscheint jedoch tragbar, weil die Menschen sich ausrechnen werden, daß die weiteren Stufen der Re-Integration ihren Freiheitsbereich und Lebensstandard auch am bisherigen Wohnsitz fühlbar verbessern werden.

8 Dies wäre die erste gesamtdeutsche Instanz mit freilich sehr beschränkten Kompetenzen. Die Planung der Investitionen erfordert vielerlei fachliche Kommissionen zur Beratung des Vorstandes des Investitionsfonds und führt somit zwangsläufig zur Zusammenführung der Partner und zur Abwägung der Interessen.

9 Straßenbau (Autobahnen!), Elbe/Mittellandkanal, Eisenbahnausbau, Luftverkehrsnetz. Die Verkehrsinvestitionen erscheinen

nicht nur psychologisch bedeutsam und technisch wegen ihrer relativen Unkompliziertheit besonders geeignet, an erster Stelle zu stehen – sie sind auch realiter frühzeitig notwendig: die in Ostwest-Richtung zusätzlich zu erstellenden Verkehrskapazitäten müssen bereits fertig und verfügbar sein, wenn auf den späteren Stufen die Ausweitung der östlich-westlich gerichteten Warenverkehre einsetzt.

10 Rechtzeitige Inangriffnahme für den weiteren investitorischen Ausbau der Wirtschaft in der DDR zwingend notwendig.

11 Diese Finanzierung läuft auf eine *Vorleistung durch die Bundesrepublik* hinaus, zu der wir ohne große Schwierigkeiten in der Lage sind.

12 Hier liegt eine *zweite Vorleistung der Bundesrepublik.* Sie ist nicht ohne Risiko; denn einerseits gibt eine einseitige Liberalisierung durch die Bundesrepublik den Außenhandelsmonopolen der DDR die Möglichkeit, durch Schwerpunktbildung in billigen Angeboten oder durch Zurückhaltung der Nachfrage auf den Märkten der Bundesrepublik Unordnung zu schaffen und Preisstürze hervorzurufen, jedenfalls aber westdeutsche Unternehmen gegeneinander auszuspielen; andererseits muß eventuell damit gerechnet werden, daß westdeutsche Unternehmer und Handelsfirmen insgesamt zu viel aus der DDR beziehen wollen, so daß der Zahlungsausgleich gefährdet werden könnte (in diesem Falle jedoch muß die Bundesrepublik darauf vorbereitet sein, nicht wieder zum System der güterwirtschaftlichen listenmäßigen Ausschreibung der Bezüge aus der DDR zurückzukehren, sondern vielmehr die für den Bezug aus der DDR verfügbaren Verrechnungseinheiten an die interessierten westdeutschen Firmen zu »versteigern«).

Die westdeutsche Vorleistung der einseitigen Liberalisierung ist aber unabdingbar notwendig, weil die Unternehmungen in der DDR wegen des Produktivitäts- und Qualitätsgefälles auf dieser Stufe I noch keineswegs voll wettbewerbs- und marktfähig sind. Für die DDR-Wirtschaft entsteht aus der Einseitigkeit der Liberalisierung keinerlei Gefahr, da dort die Außenhandelsmonopole die Menge und die Preise des innerdeutschen Handels auf dieser Stufe noch regulieren können.

13 Eine *völlige* Öffnung aller Wege über die Zonengrenze ist auf dieser Stufe deshalb noch nicht möglich, weil auf dieser Stufe Grenzkontrollen des Warenverkehrs weder durch die Bundesrepublik, insbesondere aber durch die DDR noch nicht zu entbehren sind.

14 Hier liegt das *erste große wirtschaftspolitische Zugeständnis der DDR*, das ideologisch heute ins Auge zu fassen, wohl außerordentlich unerwünscht für die Pankower Regierung ist – es ist jedoch praktisch unvermeidbar. Es bedeutet, daß der in der vorigen Stufe I vorausgegangenen einseitigen Liberalisierung des innerdeutschen Handels durch die Bundesrepublik nunmehr die aus der DDR folgt. Hier setzt also die Konkurrenz der westdeutschen Unternehmungen um die Absatzmärkte in der DDR ein. Eine der wichtigsten Konsequenzen, auf die sich die DDR in der vorhergehenden Stufe I einrichten und vorbereiten muß, ist die *Tatsache, daß das staatlich gesetzte Preisgefüge in der DDR grundsätzlich nicht zu halten sein wird.* Insbesondere ist die Preisspaltung der DDR in Binnenhandels- und Außenhandelspreise nicht mehr aufrechtzuerhalten, soweit es sich um den innerdeutschen Handel mit der Bundesrepublik handelt. Es setzt eine gegenseitige Anpassung der Preise ein. Die Verschiebungen der Preisrelationen machen eine umfangreiche und differenzierte Lohnanpassung in der DDR notwendig.

15 Die *Herstellung eines offiziellen Wechselkurses zwingt die DDR zu einer gegenüber der DM West stabilen Währungspolitik*, wenn sie nicht die psychologischen Wirkungen von Wechselkursverschlechterungen in Kauf nehmen will. Mit dem Wechselkurs spielen sich feste Preisrelationen zwischen den Märkten der DDR und der Bundesrepublik ein, die die Herstellung kontinuierlicher Wirtschaftsbeziehungen zwischen den einzelnen Unternehmungen in beiden Teilen begünstigen oder erst ermöglichen. Natürlich werden beide Notenbanken zur möglichsten Stabilhaltung des Wechselkurses miteinander kooperieren müssen. Spätestens in diesem Stadium sollte der Notenbank der DDR auch das Recht gegeben werden, ihre DM-West-Guthaben innerhalb des COMECON-Raumes zu übertragen, was zur Herstellung von Dreiecks-Handel, zum Beispiel Bundesrepublik–DDR–Polen, führen würde.

16 Der Freihandel im Rahmen des gesamtdeutschen Handels wird schon von sich aus viele Schwierigkeiten und Probleme aufwerfen, die nach einer Koordinierung der Wirtschaftspolitik beider Regierungen verlangen; darunter fällt vor allem auch die Angleichung der Außenhandels- und Binnenhandelspreise der DDR; sie ist auch deshalb nötig, damit die spätere Überleitung der Außenhandelsverpflichtungen der DDR auf Gesamtdeutschland überhaupt ermöglicht wird. Sofern im COMECON-Außenhandel die Herstellung eines Außenhandelspreisniveaus auf der

Ebene der Binnenpreise nicht vollständig erreichbar ist, wird auch nach Überschreiten der Unionsschwelle der gemeinsame Staatshaushalt weiter in Form des gegenwärtigen Preisdifferenzenkontos den Preisausgleich zu tragen haben.

17 Die Niederlassungsfreiheit darf auf den früheren Stufen noch nicht gewährt werden, weil sonst wegen zunächst geringerer Kapitalausstattung, geringerer unternehmerischer Erfahrungen und geringerer Produktivität die Unternehmungen der DDR im Wettbewerb innerhalb ihres eigenen Raumes weitgehend von westdeutschen Unternehmungen an die Wand gespielt werden könnten.

18 Die Zollfrage ist solange relativ bedeutungslos, wie die DDR ihren eigentlichen Außenhandel nach wie vor über ihre Außenhandelsmonopole manipuliert. Erst auf der Unionsschwelle setzt die Bedeutung der Außenzölle ein, insbesondere auch wegen GATT, EWG usw. Es sei darauf aufmerksam gemacht, *daß auch nach Herstellung der Wirtschaftsunion die auf die gesamtdeutsche Regierung zu übertragenden Außenhandelsmonopole im Prinzip ihre Rolle gegenüber den COMECON-Ländern weiterspielen können.* Hier mag eine Erleichterung für die Fortführung des gegenwärtigen DDR-Osthandels liegen. Sie ist andererseits auch handelspolitisch wünschenswert, damit die übrigen COMECON-Länder nicht von monopolartigen Positionen aus die Unternehmungen der gesamtdeutschen Volkswirtschaft gegeneinander ausspielen.

19 Das gemeinsame Steuersystem ist notwendige Voraussetzung für gleiche Wettbewerbschancen der Unternehmungen, insbesondere aber eine notwendige Voraussetzung für eine einheitliche Währungspolitik. Das gleiche gilt für den Finanzausgleich, der jedenfalls vorläufig den westlichen Teilen Gesamtdeutschlands größere Lasten wird aufzubürden haben. Ebenso ist wahrscheinlich jedenfalls vorläufig eine steuerliche Bevorzugung der Steuerzahler im bisherigen Gebiet der DDR notwendig.

20 *Erst wenn eine einheitliche Steuer-, Finanz- und Kreditpolitik ermöglicht ist, kann die Währungsunion erfolgen. Auf allen früheren Stufen wäre eine Währungsunion nur möglich als Doppelwährung bei fester Koppelung der DM Ost an die DM West – mit der großen Gefahr der inflatorischen Entwertung durch autonome Geld- und Kreditpolitik der DDR.* (Theoretisch wäre allerdings auch eine Doppelwährung auf Goldwährungsbasis denkbar, das kommt angesichts der mangelnden Devisenreserven der DDR wie aus anderen Gründen jedoch praktisch keineswegs in Betracht.) *Die*

Währungsunion ist also frühestens an der Schwelle möglich, von der an eine gesamtdeutsche wirtschaftspolitische Exekutive einsetzt. Auch wenn von vornherein mindestens für sehr große »Kopfquoten« und für alle Spareinlagen ein Umtausch im Verhältnis 1:1 beider Währungen in die gesamtdeutsche Mark angestrebt werden muß, *so können die Einzelheiten der Umstellung und die endgültigen Relationen doch erst »in letzter Minute« festgelegt werden,* das heißt nach dem Stande der Konjunktur, der Kredit- und Finanzsituation sowie nach der Devisenlage. Eine vorzeitige vertragliche Festlegung auf ein Umtauschverhältnis 1:1 würde fast zwangsläufig zu starken inflatorischen Aufblähungen vor dem Umtauschtermin führen, damit könnte die ganze Operation gefährdet werden.

21 Dieser Vorschlag wird möglicherweise im Ausland sehr mißtrauisch beurteilt werden, weil er die Ausweitung der Wirtschaftsbeziehungen der unterentwickelten Länder zu Deutschland einseitig zu bevorzugen geeignet sein könnte. Wegen der möglichen Gefährdung für die gesamtdeutsche Zahlungsbilanz (Beispiel Dawes-Plan!) ist eventuell eine Schutzklausel für den Bestand der deutschen Währung zu fordern, falls grundsätzlich in konvertibler Währung geleistet werden soll. Die güterwirtschaftliche Leistungsverpflichtung in DM würde dieses Problem umgehen, jedoch starke wirtschaftliche und technische Bindungen der Abnehmer an die deutsche Produktion herbeiführen.

Gesinnung und Verantwortung in politischer Sicht

Ansprache zur Entgegennahme des Theodor-Heuss-Preises am 21. Januar 1978 in München

Nach den freundlichen Worten von Frau Hamm-Brücher über die Preisträger muß ich Ihnen, meine Damen und Herren, ein kleines persönliches Geständnis ablegen. Gewiß sind Politiker nicht weniger eitel als andere Menschen, eher ein klein wenig mehr. Sie lesen gerne über sich selbst in den Zeitungen. Aber es geht vielen Politikern gewiß ähnlich wie mir selbst: körperlich anwesend zu sein und selbst mitzuhören, wenn uns ein anderer lobt: das ist schwieriger, als Zeitung zu lesen. Und so fühlt man sich ein bißchen gehemmt und auch etwas beklommen.

Deshalb lassen Sie mich an Stelle von Formeln des Dankes nur sagen, daß wir Freude empfinden über die mit diesem Preis und diesen Medaillen verbundenen Auszeichnungen und daß wir zugleich die Verpflichtung erkennen, die der Name Heuss den in öffentliche Verantwortung Gestellten auferlegt.

Und ich denke, daß ich diesen Dank zugleich habe aussprechen dürfen für Herrn Bischof Hanselmann, für Alfred Grosser und auch für Manfred Rommel.

Theodor Heuss hat in den Geburtsstunden unserer Republik Maßstäbe gesetzt, die auch heute jederzeit Richtschnur für das Denken und für das Handeln demokratischer Politiker sein können.

Und wer wie ich gestern abend im Protokoll des Parlamentarischen Rates die engagierten, aber doch stets klugen und meist heiter-gelassenen, jedenfalls immer mäßigenden Beiträge von Theodor Heuss liest, der wird nachdenklich; nachdenklich, weil hier bei beherztem Eintreten für die Liberalität des neu zu formenden Staates ein Mann spricht, ein Mann wieder vor Augen tritt, der das Aufeinander-zu-Gehen unter den miteinander ringenden politischen Kräften und damit am Ende den Kompromiß möglich macht.

Nicht zu vergessen dabei, daß Theodor Heuss durch seine humorvolle und gelegentlich vielleicht schelmisch zu nennende Einmischung die allzu verbissenen Kontrahenten behutsam voneinander zu lösen verstand.

Kein Parlamentarier, kein Politiker kann die Notwendigkeit bestreiten, in der Auseinandersetzung um einen politischen Gegenstand von Zeit zu Zeit Abstand zu suchen, um erneut Maß zu nehmen, um erneut Augenmaß zu nehmen.

Augenmaß gegenüber der Sache, Toleranz – Toleranz aus Achtung, nicht aus Duldung – gegenüber den Grundüberzeugungen des Andersdenkenden, des politischen Widersachers und die Fähigkeit und die Bereitschaft zum Kompromiß. Diese drei Dinge möchte ich, ohne zu zögern, zu den Tugenden des Demokraten rechnen. Übrigens sind diese Tugenden nicht allein in der großen Politik gefragt, sondern auch im Alltag der Staatsbürger.

Und ich räume ein, daß im praktischen Alltag des Politikers diese Tugenden einem keineswegs immer leichtfallen. Und das gilt für Jüngere und Ältere. Viele Jüngere werden auf unseren Schulen und Hochschulen, in ihren Vereinigungen und Verbänden, von ihren Eltern, von ihren älteren Freunden nun nicht gerade zum Augenmaß erzogen, nicht gerade zur Toleranz und nicht gerade zur Kompromißbereitschaft.

Im Gegenteil: An vielen Orten wird statt Augenmaß vielmehr die Verabsolutierung von Gedankengebäuden gepredigt, von Ideologien, oder die Verabsolutierung von Wunschgebilden, von Utopien. Und statt Toleranz wird vermeintlich dialektischer Widerspruch, ja Kampf zum Ideal gemacht. Der Wille zum Kompromiß wird häufig genug und schon lange genug als lächerliche Schwäche herabgesetzt – seit Hegel, seit Marx, seit Wilhelm II. bis zum heutigen Tage. Und bei alledem ist die Nazi-Ära nicht zu übersehen und die von ihr ausgelöste und immer noch nachwirkende Zerstörung der Tugend zum Augenmaß. Was ja heißt: Zerstörung einer Fähigkeit, die man charakterisieren kann als Erlernen und Üben vernunftgemäßen, pragmatischen Urteils. Diese Nachwirkungen der Nazi-Ära sind nicht zu übersehen. Die von der gleichen Zeit ausgehende Zersetzung des Willens zur Toleranz wirkt ebenso nach. Das gleiche gilt für die Tugend des Kompromisses. Und ich will dabei gewiß nicht daran vorbeisehen, daß Lenin und Stalin in der gleichen zerstörerischen Weise in unserer gegenwärtigen Gesellschaft nachwirken.

Ich hoffe, ich muß mich nicht wehren gegen die Unterstellung, die ich eigentlich auch nicht erwarte, daß ich nicht wüßte, daß es auch kompromittierende Kompromisse geben könnte und daß auch Kompromisse denkbar sind, die man nicht machen darf.

Wenn ich gebeten worden bin, heute über Gesinnung und Verantwortung aus politischer Sicht zu sprechen, so erkennen die Älteren unter Ihnen, meine Damen und Herren, in dieser Thematik natürlich den Bezug auf Max Weber, der vor fast 60 Jahren hier in München seinen berühmten und – ich würde hinzufügen – heute noch jedem Politiker als unverzichtbare Pflichtlektüre nahezulegenden Vortrag über Politik als Beruf gehalten hat.

Max Weber – nach meinem Verständnis ist er immer noch einer der wichtigsten Soziologen dieses Jahrhunderts und ebenso immer noch einer der wichtigsten politik-wissenschaftlichen Lehrer, und er ist – auch wenn jetzt meine Wortwahl etwas überraschend klingen mag – zugleich geschichtlich einer der ersten Vertreter einer demokratischen Staatsphilosophie in Deutschland. Und ich bekenne gern: ich halte heute noch Webers Distinktion, seine Unterscheidung, seine Klarstellung zwischen Gesinnungsethik und Verantwortungsethik für klärend, für orientierend und übrigens für eminent politisch.

Bei solchem Bekenntnis mag es überraschen, daß ich am Anfang soeben eben nicht jene drei Weberschen Kategorien genannt habe, die immer wieder zitiert werden, nämlich Leidenschaft und Augenmaß und Verantwortungsgefühl. Ich denke nämlich: Leidenschaft gibt es mehr als genug in unserer Politik, wenngleich keineswegs immer Leidenschaft von befriedigendem Tiefgang, jedenfalls bedarf Leidenschaft gegenwärtig nicht der Propagierung.

Aber Verantwortungsgefühl – wie Weber sagte, heute würden wir sagen: Verantwortungsbewußtsein, was dasselbe meint –, dieser Begriff ist der unmittelbare Zugang zu Weber und führt ins Zentrum der kurzen Bemerkungen, die ich Ihnen heute vormittag anbieten möchte.

Nach meinem Verständnis ist Politik pragmatisches Handeln zu sittlichen Zwecken, aber politisches Handeln ist keineswegs allein aus der Sittenlehre oder aus der Ethik zu begründen, ebensowenig wie umgekehrt etwa allein Politik zu begründen wäre aus der theoretischen Vorhersicht eines unvermeidlichen Ablaufs der Entwicklung. Vielmehr hat Max Weber recht: Der Politiker hat, so sagt er, »für die Folgen seines Handelns aufzukommen«. Man könnte auch formulieren: er hat die Folgen seines Handelns zu verantworten und nicht nur seine eigenen guten Vorsätze.

Für mich habe ich daraus diese Konsequenz gezogen: Die Frage nach den Folgen, die der politisch Handelnde sittlich zu verantworten hat; diese Frage reißt ein ganzes Feld auf – der Fragen nach den ethisch gerechtfertigten Zielen oder Zwekken, der Frage nach den Mitteln, die zugleich zweckmäßig und zugleich erlaubt sind, der Frage nach den unvermeidlichen Nebenwirkungen und ob sie in Kauf zu nehmen erlaubt sind und insgesamt nach diesem Zusammenhang von Zwekken, von Nebenwirkungen und von Mitteln. Und damit ist das Fragens in Wirklichkeit noch kein Ende.

Mit einem Wort: wer als Politiker sich zu entscheiden hat, der muß sich bei der Kalkulation der erstrebten Folgen wie der abgelehnten Folgen zunächst der vernunftgemäßen Analyse bedienen, um erst anschließend die durch die Analyse klargestellten Ziele, Mittel und Nebenwirkungen sittlich bewerten und gegeñeinander abwägen zu können.

Dabei ist die vorweggehende, die theoretische Analyse unverzichtbar. Aber diese Analyse kann den Politiker nicht bewahren vor der Notwendigkeit zum ethisch begründeten eigenen Werturteil. Mit anderem Wort: Der Politiker muß, ehe er handelt, *auch* prüfen, wieweit seine moralische Legitimation reicht, um die Folgen seines beabsichtigten Handelns verantworten zu können.

Man kann diese Aufforderung zur vorweggehenden Analyse auch ausdrücken als Aufforderung zur Rationalität des Handelns. Und wenn Max Weber die Formel vom Augenmaß benutzte, so besagt seine Wortwahl »Augenmaß« im Grunde nichts anderes. Es sei denn, daß das Wort vom Augenmaß darüber hinaus anklingen läßt, daß dem Politiker oft nicht genug Zeit gelassen bleibt zur sorgfältigen Analyse, so daß er eben tatsächlich, statt mit dem Maßstab wirklich messen zu können, gezwungen ist, die Dimensionen sehr rasch mit dem Auge abzuschätzen. Oder aber es könnte das Wort Max Webers vom Augenmaß auch mitschwingen lassen, daß oft genug die vernunftgemäße Analyse mit so vielen, so unvorhersehbaren, so eigenständig-dynamischen, so unabhängig-variablen Faktoren zu rechnen hat, daß die Prognose der Wirkungen und Nebenwirkungen ernsthaft in Frage gestellt ist.

Ich denke dabei – und ich nehme dieses Feld als Beispiel –, ich denke dabei zum Beispiel an unsere mittelfristigen ökonomischen Prognosen und Projektionen, unsere gesetzlich vorgeschriebenen Hochrechnungen der Entwicklung der öffentlichen Finanzen über fünf Jahre oder der Rentenfinanzen über fünfzehn Jahre in die Zukunft hinein. Und selbst ein Bundes- oder Landeshaushaltsplan, der nur für ein einziges Jahr gilt, aber mindestens 18 Monate vor dem Ablauf dieses einzigen Jahres aufgestellt werden muß, erweist sich am Jahresultimo dann in vielfacher Hinsicht als irrig, und zwar gleichgültig, ob die Landesregierung christlich-sozial oder sozial-liberal oder wie auch immer eine Bundesregierung, die für ihren Haushaltsplan verantwortlich ist, politisch gefärbt sein möge.

Obwohl von Hause aus gelernter Ökonom, bin ich gerade auf diesem Felde ein vielfach gebranntes Kind. Ich weiß heute aus Erfahrung, daß die Prognosen in Zeiten des weltweiten wirtschaftlichen Umbruchs überhaupt nie stimmen können, daß sie zum Beispiel keinerlei außerökonomische politische Faktoren, weltpolitische Faktoren vorhersehen und infolgedessen auch nicht einbeziehen können, daß sie nicht einmal die gleiche Treffer-Wahrscheinlichkeit für sich haben wie die allabendlichen Wettervorhersagen im Fernsehen für den folgenden Tag, die uns häufig genug auch irreführen.

Ich gestehe Ihnen, daß ich in langen Jahren der politischen Verantwortung und verschiedenen Aufgaben niemals mehr gelitten habe als im Zeitraum des Erkenntnisprozesses am Ende des Jahres 1976, als wir damals begreifen mußten, daß die Rentenfinanzierungsprognosen nicht stimmten, weil die von uns zugrunde gelegten mehrjährigen Wirtschaftsprognosen nicht mehr stimmten. Zwar hatten wir alle unsere Aussagen zur Rentenpolitik ein knappes halbes Jahr früher erst in intellektueller Redlichkeit geprüft – die Lage war redlich analysiert worden –, ehe wir sie veröffentlicht hatten, aber jetzt standen wir als Irrende da, und einige gar nannten uns Betrüger.

In Wahrheit waren wir dies nicht; denn zum Betrug gehört der Vorsatz. Wir hatten den umgekehrten Vorsatz gehabt, nämlich nur das zu versprechen, was wir für realistisch und für erfüllbar hielten. Unser Fehler war: wir hatten unsere nüchternen ökonomischen mittelfristigen Prognosen – für die übrigens mein Freund Walter Arendt am allerwenigsten verantwortlich gewesen war –, wir hatten unsere nüchternen Prognosen für realistisch gehalten, Prognosen, die von der späteren Entwicklung und von neueren Prognosen falsifiziert wurden.

Es ist bitter, solche Fehler einsehen zu müssen. Es ist bitter, sie öffentlich eingestehen zu müssen. Und es ist bitter, sodann andere gesetzgeberische Beschlüsse empfehlen zu müssen, als man sie selbst früher angekündigt hatte. Ich kann Ihnen versichern, es kann recht unangenehm sein, sich öffentlich der Verantwortung zu stellen.

Nun, Fehlurteile auf der Grundlage falscher Analyse, wenngleich pflichtbewußter Analyse, Fehlurteile auf der Grundlage falscher Prognosen sind im Bereiche der ökonomischen Politik leider unvermeidlich und leider in der ganzen Welt häufig. Der erste Bericht des Club of Rome ist nur eines der vielen Beispiele, die jedes Jahr sich auf der ganzen Welt ereignen – von den Fünf-Jahres-Plänen in der Sowjetunion bis hin zu den Problemlösungen der westlichen internationalen Währungspolitiker, von denen ich auch einmal einer gewesen bin.

Nun sind aber viele andere Felder der Politik schlechthin und der Außenpolitik besonders in mindestens gleicher Weise risikobehaftet. Allerdings: auf den anderen Feldern der Politik tritt der Kalkulationsfehler nicht so eindeutig in Erscheinung, weil auf diesen anderen Feldern keine in Zahlen ausgedrückten Gleichungen vorgelegt werden, keine Bilanzen, weder als ex-ante-Prognosen noch als ex-post-Rechnungslegung.

Tatsächlich kommen zum Beispiel auf dem Felde der Außenpolitik schreckliche folgenreiche Fehleinschätzungen zukünftiger Entwicklungen vor. Denken Sie an das Ereignis hier in Ihrer Stadt im Jahre 1938, an das Treffen Hitlers und Mussolinis mit Chamberlain und Daladier. Welch schwerwiegender Prognose-Fehler auf seiten der französischen und der englischen Regierung und welch ungeheure Folgen für die Welt! Damals hat auf seiten des Westens die rationale Analyse gefehlt; das »Augenmaß« im Sinne Max Webers erst recht und, wenn ein Deutscher das überhaupt sagen darf, wahrscheinlich auch die Tapferkeit.

Bei aller Einsicht in die Begrenztheit der die Zukunft vorwegnehmenden Analyse, die ich hier vortrage, beharre ich gleichwohl auf der Forderung nach rationalem Handeln des Politikers. Niemand kann rational handeln, wenn er keine Gedanken auf die Umstände und auf die Bedingungen seines Handelns verwendet und wenn er keine Vorstellungen von den Folgen seines Tuns hat. Einordnung des eigenen Handelns in solchen Rahmen erfordert umfassende gedankliche Vorstellungen – und auf manchen Feldern bleiben es dann zum Teil lediglich Vermutungen – keine eindeutigen Vorstellungen, sondern nur Vermutungen – von den zukünftigen tatsächlichen Gesetzmäßigkeiten.

Die Gesamtheit solcher Vorstellungen ist wohl das, was im weiteren Sinne eigentlich mit dem Wort Theorie gemeint sein sollte, wenn heutzutage von einem »Theorie-Defizit« gesprochen wird. In diesem Sinne sind dann sogenannte theoretische Fragen allerdings keine Fragen, die man einfach mit Mehrheit entscheiden kann. Und deshalb sind Gremien, in denen die Argumente letztlich nach der Zahl der abgegebenen Stimmzettel gewogen werden, zur Entscheidung »theoretischer« Fragen nur mit recht begrenzter Kompetenz ausgestattet.

Wenn Politik mit der praktischen Lösung konkreter Fragen zu tun hat, so gehören aber Praxis und Theorie in der Politik gleichwohl zusammen: zwischen Geschichte, Erfahrung, Idee, Programm und Tat besteht ein unauflöslicher interdependenter Zusammenhang. Dabei muß die Einheit von theoretischer Einsicht und von Praxis aus zwei Gründen gefordert werden: Erstens aus dem Grundsatz der Wahrhaftigkeit und zweitens aus dem Grundsatz der Rationalität des Handelns, aus der Maxime der Rationalität des Handelns.

Ich möchte in dem Zusammenhang der weitverbreiteten These, eine Theorie müsse mehrheitsfähig sein, ganz entschieden widersprechen. Die Einführung dieser These würde die Einführung des grundsätzlichen Opportunismus bedeuten; nicht mehrheitsfähig muß eine Theorie sein, sondern richtig muß sie sein.

Und wenn Handlungen, die aus einer theoretischen Analyse abgeleitet sind, scheitern oder wenn sie Fehler zeitigen, die man nicht vorhergesehen hat, wenn Theorien, allgemein gesprochen, in der Wirklichkeit scheitern, so muß man prüfen, ob und wieweit und warum die theoretischen Überlegungen falsch waren oder wieweit sie richtig bleiben oder wie sie ergänzt werden oder wie sie geändert werden müssen. Hier liegt das Kriterium für den Unterschied zwischen Dogmatismus und wahrhaft kritischer Haltung.

Was mich an manchen – oft von ihnen selbst ernannten – Theoretikern stört, ist, daß sie versuchen, ihre Theorien anderen vorzuschreiben, statt sie kritisch an der Wirklichkeit zu überprüfen. Politische Theorie, gesellschaftliche Theorie, insbesondere ökonomische Theorie bedürfen fortgesetzt der empirischen Überprüfung. Wenn nun einer freilich von dem Anspruch beseelt ist, das, was sein soll, zwingend abzuleiten aus seiner theoretischen Erklärung dessen, was ist, dann wird er es schwer haben, seine Soll-Sätze zu revidieren. Vielleicht wird er es unmöglich, weil verboten, finden, seine Soll-Sätze zu revidieren. Hier liegt eine der großen inneren Gefährdungen des Marxismus. Das erkennt man als Sozialdemokrat oder als Sozial-Liberaler besonders deutlich.

Meine Damen und Herren, diese wenigen Gedanken habe ich im Laufe meines Lebens so oder ähnlich mehrfach vorgetragen. Ich biete Ihnen wirklich Neues kaum an. Auch hatte ich keineswegs im Sinne, Ihnen vorzuklagen, daß die Verantwortung eines Politikers schwer zu tragen sei. Sondern ich wollte mit diesen wenigen Bemerkungen meine Reverenz vor Max Weber bezeugen, der gesagt hat, es sei für den Politiker ein – er hat sich sehr scharf ausgedrückt – »abgrundtiefer Gegensatz«, ob man unter der gesinnungsethischen Maxime handele: der Christ tut recht und stellt den Erfolg Gott anheim; oder unter der verantwortungs-ethischen Maxime: daß man für die Folgen aufzukommen habe.

Niemand wird demjenigen, der aus dieser Verantwortlichkeit für die Folgen handelt, niemand wird dem erlauben oder erlauben dürfen, daß er ohne Gesinnung handele. Seine »Gesinnung« kann sich dabei noch nicht einmal beschränken auf seinen Kanon von Grundwerten. Aber schon seine Grundwerte, die der handelnde Politiker nicht verletzen will, weil er sie im Gewissen nicht verletzen darf – aber schon seine Grundwerte sind insgesamt ein höchst kompliziertes Feld, das den allermeisten von uns in den längsten Zeitabschnitten keineswegs übersichtlich geordnet und griffbereit zur Hand liegt.

Das, was wir heute – meist in unscharfem Wortgebrauch – »Grundwerte« nennen, das sind zum Teil Rechtssätze wie zum Beispiel der Gleichheitssatz im Grundgesetz. Zum Teil sind es Gebote wie zum Beispiel das Gebot zur Solidarität oder das Gebot zur Toleranz. Zum Teil sind es religiöse Glaubensüberzeugungen. Zum Teil sind es philosophische Grundüberzeugungen. Zum Teil sind die Grundwerte unveränderbar im Grundgesetz festgestellt, sie sind damit einer staatlichen Disposition oder einer politischen Disposition kategorisch entzogen. So stehen zum Beispiel die Würde des Menschen und die Freiheit der Person mit unserer gemeinsamen inneren Bejahung an der Spitze unserer Verfassung.

Aber zum Teil sind ebenso wichtige Grundwerte im Grundgesetz nicht erwähnt und konnten auch nicht erwähnt sein. Übrigens fehlt zum Beispiel ein ausdrückliches Friedensgebot im Grundgesetz, wenngleich es vielleicht aus den Artikeln 1 und 25 mit Mühe herausdestilliert werden könnte. Und etwas, was heute viele von uns als Grundwert empfinden, nämlich Arbeit, fehlt ebenso.

Insgesamt konnte und wollte das Grundgesetz eben weder einen vollständigen Katalog aller Grundwerte geben noch gar eine systematische Hierarchie jener Grundwerte, die das politische Handeln orientieren, jener Grundwerte, die im Zweifelsfall ein politisch Handelnder in seinem Gewissen als Maßstäbe anzulegen hat und die er zugleich anerkennen muß als Limitierungen, als Begrenzungen seiner Freiheit zum Handeln.

Dieser letzte Gedanke, der Hinweis auf grundwertbezogene Grenzen der politischen Handlungsfreiheit, auch wenn sie nicht alle in Verfassung und Gesetz verzeichnet sind – den füge ich hier ein, um Bezug zu nehmen auf das, was Carl-Friedrich von Weizsäcker vorhin über die zwingende Notwendigkeit zur Gesetzmäßigkeit gesagt hat. Es gibt Grundwerte, das sage ich noch einmal, die im Gesetz gar nicht stehen, die aber gleichwohl nicht verletzt werden dürfen.

Dies führt mich am Schluß zu der Einsicht, daß es auch dem verantwortungs-ethisch orientierten Politiker durchaus geschehen könnte, daß im äußersten Fall seine Gesinnung, sein Gewissen ihm verbieten, eine politische Handlung zu vollziehen, deren Zweckmäßigkeit unbestritten ist, deren Legalität unbestritten ist, deren Folgen er sehr wohl vor anderen verantworten dürfte und könnte – zum Beispiel vor seinen Wählern, vor dem Parlament, vor dem Gericht in Karlsruhe – und die er gleichwohl nicht vollziehen darf, weil sie ihm, seinen Grundwerten nach, verboten ist. Ich gestehe, daß ich einen solchen Konfliktsfall selbst bisher bewußt nicht erlebt habe. Aber ich kann ihn mir vorstellen, und ich kann ihn mir seit dem letzten Herbst besser vorstellen als früher.

Zugleich weiß ich, daß für viele unter uns Politikern und daß für jeden einzelnen von uns wiederholt im politischen Leben das Abwägen von Werten gegeneinander als schwierig empfunden wird und deshalb als bedrängend, auch wenn man uns dies oft nicht ansieht, weil wir ja im allgemeinen nicht dazu neigen – es gibt Ausnahmen –, unsere eigenen inneren Zweifel zu offenbaren, die es aber gibt.

Nach seiner Vereidigung 1949 hat Theodor Heuss im Bundestag vom Bewußtsein seiner Verantwortung vor Gott gesprochen. Und in der Rede zehn Jahre später, mit der er sich verabschiedet, kommt im allerletzten Satz das Wort vor von der Toleranz – ich zitiere wörtlich – »im geistigen wie im moralischen Raum« als einem »Element aktiver Tapferkeit«.

Theodor Heuss hat durch sein ganzes Leben gezeigt, daß Max Webers Wort von der politischen Notwendigkeit der Leidenschaft, die ich vorhin ein wenig abschätzig behandelt habe, im Grunde eben doch richtig war: nämlich der Leidenschaft, der res publica zu dienen.

Wenn diese Leidenschaft für die res publica und wenn die aus ihr entspringende politische Leistung von Vernunft geleitet ist, wenn diese politische Leidenschaft sich nach den Grundwerten richtet, dann darf sie, so denke ich, mit Recht Patriotismus genannt werden. Solch Patriotismus mag und sollte Dank verdienen. Zugleich, sage ich für mich selbst, hat die *liberalitas bavariae,* von der Herr Oberbürgermeister Kronawitter sprach, meine Hochachtung.

Der Wille zur libertas, der Wille zu *der* Freiheit, von der vorhin Carl-Friedrich von Weizsäcker so vorzüglich und so klar gehandelt hat, dieser Wille ist uns allen gemeinsam, die heute morgen hier oben gesprochen oder gestanden haben.

Engagement
für den Umweltschutz

Ansprache zur Eröffnung der europäischen Messe für Umweltschutz ENVITEC '80 am 11. Februar 1980 im Düsseldorfer Messe-Kongreß-Center

Die krisenhaften weltpolitischen Entwicklungen zu Beginn dieses Jahres im Iran und in Afghanistan und das, was daraus entstanden ist und entsteht, lenken vielleicht unsere Aufmerksamkeit von vielen Dingen ab, mit denen wir uns eigentlich in diesem Frühjahr stärker beschäftigen wollten; sie lenken uns ab von dem, was wir in den siebziger Jahren erreicht haben, und von dem, was wir in den achtziger Jahren ausbauen wollten und auch ausbauen werden. Ich nenne als Beispiel die Europäische Gemeinschaft, die politische Zusammenarbeit unter den Staaten der Europäischen Gemeinschaft; als Beispiel unsere Verträge mit Osteuropa und mit der Deutschen Demokratischen Republik; oder als Beispiel das Netz der sozialen Sicherheiten, die Verbesserung der Bildungschancen, den höheren Wohlstand, den Umweltschutz.

Die ENVITEC-Messe, der Energie-Kongreß und eine Reihe anderer, gleichzeitiger Veranstaltungen zeigen, daß der Umweltschutz bei uns seinen festen, wichtigen Platz hat. Diese Messe hat in den siebziger Jahren schon zweimal stattgefunden. Sie ist die bedeutendste Umweltschutzmesse der Welt. Ich bin zufrieden, daß sie in der Bundesrepublik Deutschland stattfindet. Es ist ja nicht so, daß wir in diesem Lande die Problemkreise des Schutzes der natürlichen Umwelt vernachlässigt hätten. Wir können uns im internationalen Vergleich gut sehen lassen.

Die siebziger Jahre waren in unserem Land und auch in anderen Ländern der Welt – bevor die Energiekrise und die Strukturkrise der Weltwirtschaft einsetzten – ein Jahrzehnt des Aufbruchs, zunächst ein Jahrzehnt der Reformen, aber auch ein Jahrzehnt, in dem sich viele Menschen der Grenzen menschlicher Entfaltung, der Grenzen menschlichen Fortschritts, auch der Grenzen des wirtschaftlichen Handelns bewußt geworden sind. Manche, so füge ich mit einem Ausrufezeichen hinzu, haben die Betonung dieser Grenzen allerdings auch übertrieben.

Jedenfalls hat in dem siebenten Jahrzehnt die Überzeugung vielfach Wurzel gefaßt, daß eine Industriegesellschaft, die nicht ausreichend Rücksicht nähme auf ihre natürliche Umwelt, letztlich gegen ihre eigenen Interessen handelt, gegen das Interesse der Menschen an guter Luft, an sauberem Wasser, an einer gesunden Umwelt, gegen den Wunsch nach Lebensqualität.

Zu Beginn des vorigen Jahrzehnts hatte wir ein »Europäisches Naturschutzjahr 1970«. Damals haben Umfragen gezeigt, daß weniger als die Hälfte der Menschen in unserem Land sich unter dem Wort »Umweltschutz« inhaltlich etwas vorstellen konnten. Das hat sich gewaltig verändert. Umweltschutz ist heute für viele ein wesentliches Motiv für wichtige Bereiche unseres wirtschaftlichen und auch des politischen Handelns geworden.

Damals, am Beginn des vorigen Jahrzehnts, hat Bundespräsident Gustav Heinemann einige Menschen durchaus schokkiert, als er auf der Bundesgartenschau in Köln öffentlich sagte: Wer Schaden anrichtet, der muß auch für dessen Beseitigung sorgen, und es können nicht länger die Gewinne privat vereinnahmt werden, aber der Ausgleich von Schäden auf die Allgemeinheit abgewälzt werden. Das war eine populäre Formulierung dessen, was man inzwischen sich angewöhnt hat das »Verursacherprinzip« zu nennen; inzwischen ist dieses Verursacherprinzip weitestgehend anerkannt. Es hat sich bei der Linderung, bei der Verhinderung und bei der Beseitigung von Schäden an der Umwelt bewährt.

Hat sich die ganze Arbeit der siebziger Jahre im Umweltschutz gelohnt? Es war ein teures Unternehmen, aber: Umweltschutz zahlt sich aus. Umweltschutz bedeutet Kosten, aber Umweltschutz bedeutet auch Investitionen und damit Arbeit und Arbeitsplätze.

Nach konservativer Schätzung haben wir in der Bundesrepublik Deutschland in den letzten Jahren durch die Unternehmenswirtschaft, durch die Kommunen, durch die Länder und durch den Bund insgesamt 120 Milliarden D-Mark für Umweltschutz ausgegeben, teils Investitionen, teils laufende Betriebskosten.

120 Milliarden – das ist fünfmal soviel wie in denselben zehn Jahren Bund und Länder für den sozialen Wohnungsbau aufgebracht haben. Das muß man sich einmal vorstellen, das müssen sich auch jene vorstellen, die meinen, man könnte das Rom oder das Mekka des Umweltschutzes in einem einzigen Jahr erbauen. Das kann man nicht bezahlen. Es braucht alles seine Zeit.

Diese 120 Milliarden waren eine schwere Belastung für die Gemeinden, für die Unternehmungen. Man muß jeder einzelnen Gemeinde, jedem einzelnen Unternehmen, die solche Lasten auf sich genommen haben, dafür dankbar sein.

Herr Farthmann hat schon gesagt, daß es zwar auf der einen Seite den Kostenfaktor gibt, daß aber auch Arbeitsplätze geschaffen werden. Man kann sogar noch weitergehen und sagen: Umweltschutz kann eine Kapitalanlage sein, die sich langfristig volkswirtschaftlich lohnen wird, sich lohnen wird für die Gesellschaft als Ganzes, auch für viele Unternehmungen, auch für die einzelnen Bürger.

Wenn etwa in den letzten zehn Jahren 40 000 wilde Mülldeponien in Deutschland verschwunden sind, dann hat sich das für ungezählte Menschen gelohnt. Wenn in den letzten zehn Jahren die Staubemissionen oder der Bleigehalt der Luft in unseren Städten sich auf die Hälfte verringert haben oder wenn inzwischen 70 Prozent des Abwassers vollbiologisch geklärt werden, dann hat sich dies gelohnt. Das alles und vieles andere noch ist im Laufe von zehn Jahren geleistet worden.

Die Deutschen machen wie immer denselben Fehler: Das, was noch an Aufgaben vor ihnen steht, wird groß geschrieben; das, was sie zustande gebracht haben, wird verschwiegen. Ich bin dafür, daß es nicht verschwiegen wird. Es sind gewaltige Leistungen auf dem Felde des Umweltschutzes erbracht worden: von Gemeinden, von Unternehmen, und dies alles auf der Basis einer Gesetzgebung mit Augenmaß. Der

Gesetzgeber hat nicht immer bloß den Beifall der Interessenten gehabt.

Viele Gesetze und viele Schritte muß man gegen die Überzeugung der Betroffenen einleiten. Es ist nicht immer so, daß die Betroffenen, die bestimmte Bedenken vortragen, das aus reiner, billiger, ungefilterter, unmittelbarer Ertragsstrebensmentalität oder aus Profitinteresse tun, wie das einige Studierte nennen; sondern sie haben ernsthafte Besorgnisse. Allerdings: Nicht immer sind die Besorgnisse gerechtfertigt.

Ich kann mich gut erinnern, wie die Vertreter der Industrie und der deutschen Wirtschaft uns 1968 und 1969 und immer wieder gesagt haben, wenn ihr die D-Mark aufwertet, zerstört ihr die Wettbewerbsfähigkeit der deutschen Wirtschaft. Das haben sie wirklich geglaubt. Wir Politiker haben das diskontiert. Wir haben das nicht geglaubt. Wir haben allerdings die Mark nicht an einem einzigen Tage von vier Mark für einen Dollar auf 1,70 D-Mark aufwerten lassen, sondern das ist schrittweise geschehen. Sonst wäre es wirklich schiefgegangen.

Aber diese schrittweise Aufwertung unserer Mark war einer der Hauptgründe dafür, daß bei uns die Preisentwicklung günstiger verlaufen ist als in anderen Staaten. Bei uns sind die Importpreise nicht so stark gestiegen wie in anderen Staaten, auch die Ölpreise nicht – weil wir mit einer ständig wertvoller werdenden Mark bezahlen konnten.

Wenn wir uns damals nach den ehrlichen Überzeugungen der Betroffenen gerichtet hätten, die Angst hatten vor einer Aufwertung der eigenen Währung, stünden wir heute mit den Preisen und auch mit der Wettbewerbsfähigkeit der deutschen Industrie anders und schlechter da.

Ich benutze dieses Beispiel, um der Industrie zu sagen: Sie soll ihre eigenen Argumente auch mit Diskont vortragen. Die Industrie hat nicht immer recht. Die Elektrizitätswerke haben nicht immer recht. Die Industrie soll bei sich diskontieren. Aber die Umweltschützer sollen auch diskontieren.

Es muß alles schrittweise gehen. So ist es auch hier beim Umweltschutz. Man muß dabei abwägen. Man kann sich nicht immer nach dem richten, was die Wirtschaft sagt. Man kann sich nicht immer nach dem richten, was die Gemeinden sagen. Man kann sich nicht immer nach dem richten, was die Länder sagen. Jetzt gibt es im Bundesrat ein paar Länder, die sogenannten »B-Länder«, die gern dem Abwasserabgabengesetz die Zähne ziehen möchten, einem Gesetz, das sich gut bewährt hat. Nun sagen diese Länder: Das kostet zuviel Aufwand. Der Aufwand mag tatsächlich größer sein als der Ertrag, darüber will ich gar nicht streiten. Aber das Abwasserabgabengesetz hat das Eigeninteresse einer Reihe von Unternehmen geweckt, die Abwässer nicht nur nach dem Stande der Technik zu reinigen, sondern den Stand der Technik fortzuentwickeln.

Man kann sich als Politiker von kurzfristigen Interessenargumenten nicht ins Schlepptau nehmen lassen. Das Beste ist, man jagt die verschiedenen Interessengruppen öffentlich gegeneinander und zieht hinterher die richtigen Schlußfolgerungen.

Für diese Art des Verfahrens, die mir seit meiner politischen Jugend geläufig ist, haben Studierte inzwischen den Ausdruck »öffentliches Hearing« erfunden.

Ich glaube, wir sind inzwischen soweit, daß wir innerlich übereinstimmen in der Auffassung, daß Umweltverschmutzung nicht eine Art Kavaliersdelikt ist. Es hat lange gedauert, bis man begriffen hat, daß Trunkenheit am Steuer kein Kavaliersdelikt ist. Aber heute ist gleich der Führerschein weg. Und so gibt es demnächst ein neues Umweltstrafrecht, das »Gesetz zur Bekämpfung der Umweltkriminalität« – das klingt schon ziemlich martialisch.

Ich habe die Hoffnung, daß es in diesem Frühjahr vom Bundestag verabschiedet wird, vielleicht noch in diesem Monat. Es faßt die bisher verstreuten Straftatbestände zusammen – in einem neuen Abschnitt des Strafgesetzbuches – und erweitert auch den Strafrahmen. Das heißt beispielsweise, wer in Zukunft unbefugt Gewässer verunreinigt, der muß mit Freiheitsstrafen bis zu fünf Jahren rechnen. Hoffentlich werden solche Strafen dann auch verhängt – nicht, daß das nur im Strafgesetzbuch steht. Und wer Abfälle irgendwo in die Landschaft streut, außerhalb der dafür vorgesehenen Deponien, der kann mit bis zu drei Jahren bestraft werden.

Zugleich will ich sehr betonen, daß der Umweltschutz große Chancen für »dynamische Unternehmer« im Sinne von Joseph Schumpeter bietet, nämlich neue Verfahren, neue umweltfreundlichere Techniken, neue Produktionsweisen zur Rohstoffeinsparung zu entwickeln und zu erproben.

Es gibt Beispiele; ein schönes und relativ neues Beispiel gibt es bei der Wiederverwertung von altem Glas. Die Bundesregierung hatte sich 1972 durch den Bundestag die Möglichkeit geben lassen, mit dem Abfallbeseitigungsgesetz Behältnisse von der Art der Einwegflasche zu verbieten. Daraufhin hat die Glasindustrie ein Recycling organisiert mit Containern und Aufbereitungsanlagen. 1979, also sieben Jahre später, hat sie dann schon 420 000 Tonnen Altglas als Rohstoff in die Produktion zurückgeholt. Dadurch wurde der Müll entlastet. Es ist zwischen Müll und Glashütte ein neues Gewerbe mit 1000 neuen Arbeitsplätzen entstanden. Außerdem sparen die Glashütten 10 Prozent der Energie, wenn sie statt Sand und Soda und Kalk nun vielmehr das Altglas einschmelzen. Das sind bei den heutigen Energiekosten schon interessante Kostenersparnisse.

Es war am Anfang nicht zu übersehen, in welchem Zeitraum das Altglas-Recycling einen Ertrag bringen würde. Die Glasindustrie hat es angepackt, und man kann sie dafür loben. Das Beispiel hat konkret gezeigt, wie durch vernünftiges ökologisches Verhalten ökonomischer, auch sogar betriebswirtschaftlicher Erfolg erzielt worden ist. Und die Leute, die im Bundestag am Anfang das Gesetz gemacht haben, die Leute in den Regierungsexekutiven, die ganze Branche der Industrie und die Verbraucher, die wirklich ihre Flaschen in den Container geworfen haben statt in den Wald – die verdienen auch ein Lob.

Altpapier wird schon seit langer Zeit gesammelt und wiederverwendet. Auch Altmetall, auch Altöl. Alte Autoreifen vielleicht noch nicht ganz in dem Maßstab, in dem es möglich wäre. Man muß darüber noch einmal nachdenken. Manchmal, wenn man durch das Land fährt, hat man das Gefühl, als ob die Autoreifen den Zweck hätten, später alle zur Befestigung der Abdeckung von Kartoffel- und Rübenmieten zu dienen. Ich will hoffen, daß auch das irgendwo seine Begrenzung hat.

Jedenfalls ist auf dem Felde der Rückgewinnung und der Wiederverwendung von Rohstoffen noch viel zu erfinden. Da werden noch viele Techniker gebraucht, Chemiker, Maschinenbauer, auch Unternehmer, die sich dieser Dinge annehmen und dem Markt etwas anbieten. So wie es jetzt eine Reihe kleinerer und mittlerer Unternehmer gibt, die Wärmepumpen anbieten. Da ist etwas im Gange. Da wird sich ein großer Markt entwickeln in den nächsten Jahren. Da werden Millionen von Menschen überlegen, ob sie sich nicht in ihr Haus solche Wärmepumpen installieren sollen. Wer dann als Unternehmer sein Verfahren als erster marktreif entwickelt hat, wird dann den größten Ertrag haben. Es lohnt sich für Unternehmungen mit innerer Beweglichkeit und Dynamik, sich solcher neuen Märkte anzunehmen.

Die Gesamtzahl des volkswirtschaftlichen Aufwandes für Umweltschutz addiert sich aus vielen Einzelkomponenten, auch aus dem Bundeshaushalt, der beispielsweise Mittel für die Förderung emissionsarmer Industrieprozesse oder umweltfreundlicher Energiegewinnung ausweist.

Es gibt Leute, die halten große Vorträge gegen Subventionen. Subventionen müßten abgeschafft werden. Natürlich ist das eine Subvention. Ich halte sie für sinnvoll. Ich halte auch die enormen Subventionen für die deutsche Steinkohle für sinnvoll. Es hört sich theoretisch prima an, gegen Subventionen zu sein – aber es ist oft nicht genug Nachdenken dahinter, wenn man das immer wieder so unterschiedslos vorgebetet bekommt. Natürlich kann der Staat nur Ansporn und Hilfestellung geben, um Forschung und Entwicklung in Gang zu bringen. In erster Linie muß das dann Sache der Ingenieure sein, der Techniker, Kaufleute, der Betriebswirte, der Unternehmungen, auch der Kommunen.

Einer der Leitsätze unserer Energiepolitik ist bereits seit dem Ende der sechziger Jahre – und ich war einer von denen, die das damals im Bundestag durchgesetzt haben –, daß wir vom Öl wegkommen wollen; daß wir die einheimische Kohle an die Spitze der Prioritäten setzen wollen.

Das ist inzwischen mehr als eine langfristige Strategie, die wir 1967/68 eingeleitet haben; das ist nun auch kurzfristig eine unabdingbare Notwendigkeit.

Man muß sich nur vorstellen, was alles am Persischen Golf passieren könnte, um zu begreifen, wie abhängig wir von Ölimporten sind. Schrecklich abhängig! Sehr viel abhängiger als Großbritannien, sehr viel abhängiger als die Vereinigten Staaten von Amerika. Ein bißchen besser sind wir dran als beispielsweise die Italiener oder die Dänen: Wir haben wenigstens Braunkohle, wir haben Steinkohle. Also müssen wir sie auch nutzen.

Man muß sich die Finanzzahlen, die hier ins Gewicht fallen, vor Augen führen: 1978 haben wir für unseren Ölimport eine Gesamtrechnung von 30 Milliarden Mark bezahlt. Im Jahr 1979 waren es schon 45 Milliarden Mark. 1980 werden es mindestens 65 Milliarden Mark sein, wenn nicht weitere Preissteigerungen der OPEC-Staaten dazukommen – innerhalb von zwei Jahren mehr als eine Verdoppelung, innerhalb von zwei Jahren eine Zunahme unserer Ölrechnung um mindestens 35 Milliarden Mark.

Wenn sich jemand einbildet, er könne sich durch Preiserhöhung bei seinen Produkten schadlos halten, so ist das ein Irrtum; insgesamt geht das nicht. Wenn sich jemand einbildet, er könne das bei den Löhnen wieder hereinholen, so kann das im einzelnen vielleicht gelingen; aber insgesamt geht das nicht: Insbesondere dann nicht, wenn die Bundesbank dafür das Geld nicht druckt; und das wird sie nicht tun. Ich bin auch dafür, daß sie es nicht tut.

Das ist auch ein Grund dafür, daß man von diesem Öl, dessen Preisentwicklung völlig unkalkulierbar geworden ist, soweit es nur geht, unabhängig wird.

Dafür gibt es drei Wege.

Der eine Weg heißt Energiesparen. Viele Menschen sind schon kalorienbewußt und nehmen Süßstoff anstatt Zucker in den Kaffee. Dieses Kalorienbewußtsein muß auf andere Bereiche ausgeweitet werden. Und da ist es nicht so verkehrt, wenn die Preissteigerungen ein bißchen mithelfen: Ob es nun um die Heizung oder um das Auto oder um andere Elektrogeräte im Haushalt geht. Da es auf das Portemonnaie schlägt, aufs Haushaltsgeld schlägt, habe ich durchaus die Hoffnung, daß wir da noch ein bißchen größere Fortschritte machen werden als in letzter Zeit.

Die Fortschritte in den letzten Jahren waren nicht klein, was das Energiesparen angeht. Wir hatten seit dem Beginn der Ölkrise 1973 bis zum letzten Jahr eine Steigerung des realen Sozialproduktes von 15 oder 16 Prozent ohne eine Steigerung des Energieverbrauchs. Das ist eine tolle Leistung. Das haben wir nicht durch staatliche Bezugsscheine für Heizöl geschafft, auch nicht durch sonstige staatliche Vorschriften.

Der steigende Preis für Energie hat die Menschen schon in den letzten Jahren bewogen, ein bißchen sorgfältiger mit der Energie umzugehen. Ich habe die Hoffnung, daß wir noch größere Fortschritte beim Sparen machen können. Es gibt inzwischen sogar Energiesparrechner, mit denen klargemacht wird, was man sparen kann, wenn man die Temperatur im Wohnzimmer um ein Grad heruntersetzt oder wenn man täglich das Licht eine Stunde früher ausschaltet. Ob das funktioniert, weiß ich nicht; aber alles, was dem Publikum klarmacht, daß nichts Schlimmes passiert, wenn man ein bißchen weniger Energie verbraucht, daß es sogar Spaß machen kann und daß es sich jedenfalls bei der Abbuchung vom eigenen Lohn- bzw. Gehaltskonto durch die Elektrizitätswerke zeigt – das ist im Prinzip gut. Die Möglichkeiten, die Leute zum Nachdenken zu bringen, müssen genutzt werden.

Übrigens: Die Handwerker müssen auch etwas tun. Versuchen Sie einmal, eine Wärmepumpe einzubauen in Ihr Einzelhaus, meine Damen und Herren. Versuchen Sie einmal, einen Handwerker zu finden, der auf diesem Felde Erfahrung hat und der das macht. Es ist nicht ganz leicht, in jeder Stadt Deutschlands jemanden zu finden, der sach- und fachgerecht und ohne übertriebene Kosten so etwas installieren kann. Das ist ein Feld der Entwicklung, und ich sage noch einmal, da wird im Laufe der nächsten Jahre ein großer Bedarf entstehen. Es heißt, daß in diesem Jahr etwa 30 000 bis 40 000 Wärmepumpen neu in Betrieb genommen werden; im nächsten Jahr werden es vielleicht schon über 100 000 sein. Ein großer, interessanter Markt, auf den man sich einstellen muß. Das ist eine ähnlich große Umrüstung, wie wir sie nach dem Kriege in unseren Häusern von Kohleöfen auf Kokszentralheizung und dann auf Ölzentralheizung erlebt haben.

Soviel zum Energiesparen. Der zweite Weg ist die heimische Kohle. Wenn wir die Kohle heute als Staat oder als Verbraucher mit über 6 Milliarden Mark im Jahr subventionieren — ein phantastischer Betrag —, dann war und bleibt das, wie ich glaube, richtig. Wir werden in Zukunft sicherlich die Menschen, die die Kohle fördern, und die Menschen, die diese Unternehmen steuern, nicht verwöhnen. Aber wir müssen sie dazu bringen, noch mehr Steinkohle zu fördern als bisher. Manche alte Flöze sind nun ausgekohlt. Es müssen neue Schächte abgeteuft werden, neue Zentralschachtanlagen gebaut werden. Die Investitionen werden hoch sein. Es kostet alles Geld.

Wir müssen diese Investitionen auch deshalb vornehmen, damit wir bei flüssiger Energie und bei gasförmiger Energie, die nicht ohne weiteres durch Strom ersetzbar sind, etwas unabhängiger werden von den Ölimporten. Wir haben im Laufe der siebziger Jahre mit hohem Aufwand die Techniken zur Kohleveredelung gefördert, insgesamt mit etwa zwei Drittel Milliarden Mark allein aus dem Bundeshaushalt. Heute sind etwa zehn Pilotanlagen in Betrieb oder im Bau oder werden demnächst in Betrieb gehen. Neue Verfahren werden erprobt, und drüben in West-Virginia werden wir ein Riesenprojekt mit den USA und Japan gemeinsam in Betrieb nehmen.

Hier bei uns werden die Pilotanlagen in wenigen Jahren zu Investitionsentscheidungen führen müssen. Dann muß man sehen, welches von diesen Verfahren sich lohnt, welche Verfahrensbasis zur Kohleverflüssigung und zur Kohlevergasung genutzt werden soll. Im Augenblick liegt eine Liste von 14 großen Projekten vor.

Und dann geht es los mit dem Umweltschutz. Da beginnen dann die großen Konflikte — so wie im normalen Betrieb ohnehin Kohlekraftwerke höhere Umweltbelastung mit sich bringen als Kernkraftwerke. Wenn dann die Umweltbelastung beispielsweise aus diesen großen Kohleverarbeitungswerken dazukommt – die unbedingt sein müssen, wenn wir ein Minimum an Unabhängigkeit haben wollen –, wie wird es dann mit der Umweltbelastung? Dann werden die Anlagen noch ein bißchen teurer werden, weil sie mit Filtern und mit Apparaturen ausgestattet werden müssen, damit so wenig Umweltbelastung wie möglich von ihnen ausgeht. Von heute aus würde ich den Investitionsaufwand für die 14 Anlagen auf rund 14 Milliarden D-Mark schätzen – pro großes Werk auf 1 Milliarde im Schnitt. Wenn es dann soweit ist, wird es noch ein bißchen teurer geworden sein. Wir werden inzwischen viel Streit vor den Verwaltungsgerichten haben. Jeder will Arbeitsplätze, kehrt aber lieber vor der Tür des anderen, nicht vor der eigenen. Die Städte und Gemeinden wollen, daß die Menschen bei ihnen wohnen. Niemand will in seiner Stadt hohe Arbeitslosigkeit. Die Arbeitsplätze, die Dreck und Schwefeldioxyd verursachen, die sollen aber lieber woandershin.

Nun hat Herr Farthmann gesagt, diese verschiedenen öffentlichen Interessen, die dann gegeneinanderstehen werden, müssen nicht unvereinbar sein. Ich stimme ihm zu. Sie müssen nicht unvereinbar sein. Es gehört aber viel Verstand und viel Fingerspitzengefühl dazu, um die notwendigen Vereinbarungen, die notwendigen Verträge, die notwendigen Kompromisse zu schließen.

Der dritte Weg – neben Energiesparen und Kohle – ist die Offenhaltung und Öffnung alternativer Energiequellen.

Alle fossilen Energieträger, die man verbrennt, schaffen Umweltprobleme. Nach meinen persönlichen Befürchtungen wird ein Problem weltweit noch eine viel größere Rolle spielen, als bisher in der deutschen Diskussion erkannt worden ist: Das ist die weltweite Anreicherung unserer Atmosphäre mit Kohlendioxyd. Ich fürchte, das wird schlimme Folgen haben für die ganze Welt.

Auch deswegen darf man sich die Option auf andere als fossile Energiequellen nicht verbauen. Und dazu gehört ausdrücklich die Kernenergie. Dazu gehört ebenfalls die Sonnenwärme, dazu gehört ebenso die Erdwärme, sogar die Windenergie.

Einige mögen lachen, aber wir sind gerade dabei, für 50 Millionen Mark eine riesenhafte Windmühle an der Nordseeküste zu bauen, die »GROWIAN«. So hoch wie der Kölner Dom. Auch das muß mal ausprobiert werden – aber wenn man die gesamte deutsche Energieversorgung auf solche Windmühlen abstellen wollte, dann würden wir wahrscheinlich vor lauter Windmühlen den Wald nicht mehr sehen.

Neue alternative Energiearten – ich persönlich habe für die nächsten Jahrzehnte die größte Hoffnung auf die Erdwärme und Wärmetauscher.

Man kann die Entwicklungen im Augenblick noch nicht übersehen. Wir werden jedenfalls alle drei Wege weiterhin forcieren – und hoffen dabei auch auf die Sparsamkeit der Hausfrauen und Hausmänner, die 23 Prozent aller Energie verheizen und 350 Millionen elektrische Geräte im Einsatz haben.

Da ist jemand gegen die Kernkraft, aber für die Steckdose – das kann ich gut verstehen. Oder er ist gegen das Kohlekraftwerk, das vor seiner Tür gefälligst nicht gebaut werden soll, also woanders – aber in die Steckdose will er natürlich rein mit seinem Heizlüfter oder seiner Kühltruhe.

Es gibt noch viele Möglichkeiten zu sparen, auch für die privaten Haushalte. Ein umweltschutzengagierter Mensch hat sich da etwas Schickes ausgedacht, nämlich Autos, die unmittelbar nach der Lieferung im Garten oder im Keller des Hauses fest montiert werden, sich nicht mehr bewegen und nur ganz wenig Energie verbrauchen. Wenn Sie mal auf die Hupe drücken, dann kostet das nur ein bißchen Strom. Zum Erlebnis des Autofahrens gehören dann ein Vorführgerät und Videofilme: Man sitzt in dem feststehenden Auto, und die Landschaft läuft im Film vorbei.

Das ist Albert Einstein, in die Wirklichkeit von heute übersetzt. Denn gemäß seiner Relativitätstheorie kommt es auf dasselbe heraus, ob das Auto sich wirklich durch die Landschaft bewegt, oder ob man vor der Windschutzscheibe mit Hilfe eines Projektors die Landschaft bewegt.

Dieses Auto steht und spart Energie. Ein rundherum umweltfreundliches Auto: abgasfrei, lärmfrei – oder haben Sie Zweifel? Ich gebe zu, ich habe auch Zweifel, daß sich dieses Modell durchsetzen wird.

Aber in der richtigen Richtung läuft das schon: Wir müssen Autos bauen, die weniger Energie verbrauchen und weniger Abgase und weniger Lärm verursachen. Die Bürger, obwohl sie ihr Auto haben wollen, sind tatsächlich schon sparsamer geworden im Benzinverbrauch.

Unser »Lieblingskind Auto« ist zugleich ein Sorgenkind des Umweltschutzes. Wir haben das »Lieblingskind« ein bißchen weniger fett ernährt in den letzten Jahren. Die Schäden durch Autos gehen zurück, auch die Zahl der tödlichen Verkehrsunfälle in Deutschland geht zurück. Der Bleigehalt in der Luft ist gesenkt worden, in manchen Städten um sogar 70 Prozent. Der Verkehrslärm ist ein wenig gedrosselt worden, wohl nicht weit genug.

Im Bundestag sind seit Monaten die Beratungen über das Verkehrslärmschutzgesetz im Gange, mit dem niedrigere Lärmwerte vorgeschrieben werden sollen sowie Lärmsanierungsmaßnahmen. Das wird einen enormen Aufwand bedeuten. Die meisten kommunalen Spitzenverbände haben sich dagegen gewehrt: Dies wäre zu teuer, man dürfe nicht ganz soweit gehen mit den Lärmschutzvorschriften. Ich persönlich habe auch gemeint, als ersten Schritt soll man den Gemeinden nicht zuviel zumuten. Aber gut: Der Bundestag ist der Gesetzgeber. Er muß wissen, daß es sehr teuer wird. Und es führt jedenfalls dazu, daß in den nächsten Jahren von Kommunen, Ländern und Bund nicht ganz soviel Straßen neu dazugebaut werden wie bisher. Man muß einfach wissen, daß ein Kilometer Straße wegen der Lärmschutzmaßnahmen teurer wird und daß dann nicht ganz so viele Straßen gebaut werden. Denn Geld können die Kommunen auch nicht drucken.

Das Lärmschutzgesetz ist ein typisches Beispiel, daß im Umweltschutz vieles gemacht werden kann, wenn man es richtig schrittweise aufeinandersetzt – nicht alles auf einmal. Es geht schrittweise. Und über die Schritte streitet man sich. Es kostet Zeit, man muß Kompromisse schließen. Nach einigen Jahren muß man neue Kompromisse schließen, um die Lärmwerte festzulegen. Ich persönlich bin übrigens der Meinung, daß es wichtiger wäre, die Autos insgesamt leiser zu machen und nicht die Straßen.

Das spricht sich leichter aus, als es zu tun ist. Man muß sehen, daß es in der Europäischen Gemeinschaft gemeinsame Vorschriften für die Geräuschpegel gibt. Die EG-Richtlinien sind von uns aus gesehen unzureichend. Wir drängen im EG-Ministerrat auf Fortschritte. Wir können nicht Richtlinien für deutsche Autos machen – wie sollten sie dann noch mit Erfolg auf Märkten außerhalb Deutschlands konkurrieren? Wenn es Richtlinien für deutsche Autos allein gäbe – was sollten wir dann mit den italienischen Fiats machen, die nach Deutschland kommen, mit den französischen oder den japanischen Wagen?

Das ist ein Paradebeispiel dafür, wie auch im Umweltschutz Kompromisse gesucht werden, hier mit anderen Regierungen, die etwas anders gelagerte Interessen ihrer Länder vertreten müssen. Die Betonung der vernunftgemäßen Kompromisse, die gefunden werden müssen, liegt mit sehr am Herzen. Seit zwanzig Jahren sage ich in vielen Zusammenhängen: Jemand, der den Kompromiß grundsätzlich nicht will, ist für eine Demokratie nicht zu gebrauchen, übrigens auch nicht zur Bewahrung des äußeren Friedens.

Aber bei aller Betonung der Kompromißnotwendigkeit und der Notwendigkeit des vernunftgemäßen Abwägens, glaube ich doch ebenso deutlich betonen zu sollen, daß Ökonomie und Ökologie keine prinzipiellen Gegensätze sind, sondern daß sie sich durchaus sinnvoll ergänzen können. Beide Begriffe stammen von demselben griechischen Wort her, von »Oikos«, das heißt »das Haus«. Beides, die Ökonomie und die Ökologie, gehört zur Hauswirtschaft, zur Volkswirtschaft, zur Weltwirtschaft. Wer sorgsam ist und wer sparsam ist, zum Beispiel im Einsatz von Rohstoffen und von Energie, der handelt zugleich ökologisch richtig und ökonomisch richtig. Er handelt betriebs- und volkswirtschaftlich richtig.

Auf einem Kongreß meiner eigenen politischen Partei im Dezember des letzten Jahres in Berlin habe ich gesagt: Die

Ökonomie muß versuchen, im Rahmen der ökologischen Gesetze zu bleiben. Die Ökonomie darf die Wirkungszusammenhänge unseres Lebens nicht aus den Angeln reißen. Aber andererseits muß die Ökologie sich ökonomisch einrichten, wenn sie nicht zur Utopie werden soll, wenn sie nicht Produktivität und Wettbewerbsfähigkeit, Arbeitsplätze und soziale Einrichtungen über Bord werfen will.

Ein verantwortungsbewußtes Engagement für den Menschen in seiner natürlichen Umwelt und für den Menschen in seiner wirtschaftlichen und sozialen Umwelt – beides ist notwendig, eines darf das andere nicht ausschließen.

Diejenigen, die damals gelacht haben, als mein Freund Willy Brandt vor knapp zwanzig Jahren in einem Wahlkampf – hier in Nordrhein-Westfalen war das – davon gesprochen hat, daß der Himmel über der Ruhr wieder blau werden müsse, die gibt es heute nicht mehr. Darüber lacht keiner mehr. Das nimmt heute jeder ernst. Man fragt sich nur, wie schnell es geht? Wie lange brauchen wir, um den Himmel wieder blau zu machen? Wie teuer wird das? Können wir uns das leisten oder müssen wir etwas langsamer machen, weil es zu teuer ist?

Diejenigen, die zehn Jahre später über Heinemann die Nase gerümpft haben, als er der deutschen Öffentlichkeit das Verursacherprinzip vor Augen führte, die schreien heute auch nicht mehr – im Gegenteil! Wer die Entwicklung des Umweltschutzes im Laufe der letzten zehn Jahre in unserem Lande verfolgt hat, auch das, was tatsächlich von der Umweltpolitik zustande gebracht worden ist, der kann ganz zufrieden sein. Es wäre übrigens nicht schlecht, wenn einige sich mit dem, was sie geleistet haben, etwas mehr schmücken würden – das sage ich auch für die Kommunalpolitiker jeglicher Couleur. Es muß dieses falsche Bewußtsein einmal ein bißchen korrigiert werden, als ob bei uns der Umweltschutz klein geschrieben worden wäre im Laufe der letzten vier Jahre. Das Gegenteil ist wahr. Wir haben große Dinge zustande gebracht und werden in den achtziger Jahren nochmal darauf aufbauen.

Es ist ein bißchen Mode geworden, so zu tun, als ob wir

hier in den letzten zehn Jahren die natürliche Umwelt mißachtet hätten. Das Gegenteil ist wahr. Die Bundesregierung und die sie tragende Parteienkoalition wird ohne Bruch ihre Umweltschutzpolitik fortsetzen. Ich sehe überhaupt keinen wirklichen Ansatz oder Anlaß für irgendeinen Streit zwischen den Umweltschützern der ersten Stunde, die praktisch gehandelt haben, und der neuen Generation von Ökologen, die heute mit umfassenden Konzepten auf den Plan treten. Tatsache ist, daß man im Bewußtsein der ökologischen Zusammenhänge überall dort handeln muß, wo konkret das natürliche Wirkungsgefüge bedroht ist, wo es besonders bedroht ist.

Es wäre falsch, wenn wir die ökologischen Zusammenhänge vernachlässigen würden. Es wäre ebenso falsch, wenn wir alle ökologischen Vorgänge von heute auf morgen als oberstes Gesetz zur absoluten Geltung durchzwingen wollten. Das geht auch nicht. Es ist nicht das oberste Gesetz. Hohe Beschäftigung und soziale Gerechtigkeit sind auch wichtige Gesetze. Man kann nicht ein Prinzip absolut setzen über alle anderen. Man kann nicht ein Gesetz absolut setzen ohne Rücksicht auf internationale Wettbewerbsfähigkeit, auf hohe Beschäftigung unserer Wirtschaft. Und man kann nicht alles zugleich tun. Wer versucht, alles zugleich zu erreichen, wird nichts erreichen. Das ist eine alte Lebensweisheit. Sie beschränkt sich keineswegs auf den Umweltschutz – aber dort gilt sie auch.

Wir haben viel erreicht im Laufe der letzten Jahre. Wir haben noch viel vor im Laufe der kommenden zehn Jahre und der anschließenden neunziger Jahre. Wir sind im Augenblick dabei, neues Umweltstrafrecht zu schaffen; Verkehrslärmschutzgesetz – sind wir dabei; Chemikaliengesetz – sind wir dabei; Novelle zum Bundesimmissionsschutzgesetz – sind wir dabei. Alles das sind weitere richtige Schritte in der richtigen Richtung; dazu Fördermaßnahmen finanzieller Art in vielen Bereichen, von denen ich gesprochen habe – wir sind auf vielen Gebieten dran.

Aber es genügt nicht, Gutes zu tun, man muß auch darüber reden. Das ist hier zur Bewußtseinsbildung, was den Umweltschutz angeht, sehr notwendig: Daß über das, was tatsächlich geleistet wird, auch geredet wird. Auch die Unternehmen sollten darüber reden. Ich sehe gar nicht ein, warum ein großes Unternehmen in seinem Geschäftsbericht nicht einmal darstellt, was es im Laufe der letzten zehn Jahre aufgewandt hat – an Investitionen, an laufenden Betriebskosten – für den Umweltschutz.

Das sind erhebliche Kosten. Es werden sicherlich auch ein paar Unternehmen dabei übertreiben, aber insgesamt ist es wünschenswert, daß dieser ganze Bereich des Umweltschutzes aus dem Bereich des Theoretischen, abstrakt Geforderten übersetzt wird in das anschaulich Erlebbare – von einem Unternehmen zum anderen, von einer Gemeinde zur anderen. Je greifbarer und erlebbarer es für die Bürger gemacht wird, um so mehr, glaube ich, kann man den Normalbürger, den Verbraucher, den Arbeitnehmer, die Hausfrau dazu bringen, sich selber ein bißchen für diese Sache zu engagieren und durch eigenes Handeln oder Unterlassen zu dem Erfolg beizutragen.

Ich möchte an alle appellieren, Verbraucher oder Arbeitnehmer, Hausfrauen oder Betriebsleiter, Erfinder oder Autofahrer, Unternehmer oder Handwerker, von denen im Laufe dieser Bemerkungen, die ich Ihnen zu machen hatte, schon die Rede gewesen ist; an sie alle möchte ich appellieren, sich zu engagieren für die Sache des Umweltschutzes, sich mit Augenmaß und Vernunft zu engagieren.

Ich bin ganz sicher, daß wir im Laufe der achtziger Jahre ein noch höheres, vernunftmäßigeres Engagement zustande bringen und daß wir noch größere Erfolge zustande bringen werden als schon in den siebziger Jahren.

Erklärung zur Lage der Nation

vor dem Deutschen Bundestag
am 9. September 1982

Seit dem letzten Bericht zur Lage der Nation im April des vorigen Jahres sind die Spannungen im West-Ost-Verhältnis größer geworden. Infolgedessen ist auch die Schwierigkeit größer geworden, im Schatten solcher Spannungen Deutschlandpolitik zu betreiben.

Die SED und die politische Führung der DDR machen große Anstrengungen, ihr Ansehen und ihre politischen Auffassungen hier bei uns, beim westdeutschen Publikum, zu fördern. Dieses Ansehen hat durch die Verdoppelung der Mindestumtauschsätze sehr schwer gelitten. Die Bundesregierung fordert eine substantielle Korrektur.

Im übrigen wäre – wenn wir uns einmal in die Rolle der kommunistischen Propagandisten versetzen – das Minimum dessen, was sie aus ihrem eigenen Interesse tun müßten, die Herabsetzung auf das alte Maß wenigstens für Rentner, für sozial schwache Schichten und für Jugendliche.

Die Ostberliner Führung weiß, daß wir die Herabsetzung auf das alte Maß für alle wünschen. Im übrigen wäre dies auch gar keine finanzielle Einbuße für die DDR, denn es würden viel mehr Menschen reisen als heute. Wenn drüben bisher ein solcher Entschluß immer noch nicht gefallen ist, so handelt es sich wahrscheinlich um das Motiv, die Kontaktflächen zwischen beiden Teilen des deutschen Volkes einzuschränken; und ich will bürokratische Rechthaberei als Motiv dabei auch nicht ausschließen. Beides gilt für gegenwärtige Behinderungen im Reiseverkehr, zum Beispiel solcher Mitbürger, die früher einmal legal die DDR verlassen hatten.

Trotz dieser Belastungen ist es im letzten Jahr gelungen, die deutsch-deutschen Beziehungen und die Lage in und um Berlin in einem ruhigen Fahrwasser zu halten.

Meine Zusammenkunft mit Generalsekretär Honecker diente dazu, durch direkten Dialog füreinander verständlicher zu werden und sich gemeinsam der Verantwortung für den Frieden zu stellen. Die deutschen Mitbürger in beiden Staaten erwarten dabei von uns, daß die Regierungen auf der Basis der abgeschlossenen Verträge und der Schlußakte von Helsinki Beziehungen zueinander unterhalten und vertiefen.

Solche Begegnungen sollten nach Überzeugung der Bundesregierung in regelmäßigen Abständen stattfinden. Sie sollten zum normalen Umgang der beiden deutschen Staaten miteinander werden. Deshalb ist die Bundesregierung auch weiterhin daran interessiert, daß der vereinbarte Gegenbesuch von Herrn Honecker in der Bundesrepublik stattfindet. Über den Termin gab es und gibt es keine Absprachen. Soll dieser Gegenbesuch – was wir wünschen – fruchtbar werden, so muß allerdings das politische Klima der Gesamtbeziehungen zwischen den beiden Staaten in Ordnung sein.

Der Bundespräsident und ich haben Herrn Honecker kürzlich zum 70. Geburtstag gratuliert. Dies ist gewiß ein Datum, an dem man zurückblickt. Herr Honecker stammt aus dem Saarland und denkt wohl bisweilen daran – ähnlich wie Herbert Wehner oder Wolfgang Mischnick an ihre sächsische Heimat denken oder Rainer Barzel an Ostpreußen. Deutsche Schicksale ähneln einander.

Ich will auch nicht vergessen, daß Herr Honecker zehn Jahre seines Lebens als Gegner der nationalsozialistischen Machthaber im Zuchthaus Brandenburg verloren hat. Von jener deutschen Generation, die das hat ertragen müssen, sind nicht mehr allzu viele unter den Lebenden. Kurt Schumacher ist schon 30 Jahre tot.

Wir halten an der Forderung fest, daß Deutsche mit Deutschen reden können. Wir halten daran fest, daß die Hoffnungen der Bürger beider deutscher Staaten auf mehr Begegnung und Nähe nicht enttäuscht werden darf. Denn über alles Trennende hinweg ist das Gemeinsame und der Wille zur Gemeinsamkeit lebendig geblieben.

Ich habe in diesem Sommer im Urlaub den Ratzeburger

Dom besucht. Ratzeburg gehört auch heute noch zum Sprengel des mecklenburgischen Landesbischofs in Schwerin, zu demselben Sprengel, zu dem auch Güstrow gehört. Beide Dome entstammen der norddeutschen Backsteingotik, die von Schleswig bis ins Baltikum Zeugnis von der gewachsenen Einheit deutscher und europäischer Kultur ablegt.

Mich hat dieses doppelte Erlebnis – erst Güstrow in der Deutschen Demokratischen Republik, dann Ratzeburg diesseits der Grenze – innerlich sehr bewegt, auch die Gespräche mit den Menschen in diesen beiden Kirchen. Und so gibt es Millionen Deutsche auf beiden Seiten, die tief bewegt sind, daß sie nicht zueinander können, obgleich sie doch zueinander gehören wollen.

Wenn es richtig ist – und es ist ja richtig –, daß sowohl der Staatsratsvorsitzende der DDR als auch der Bundeskanzler sagen, von deutschem Boden dürfe nie wieder ein Krieg ausgehen, dann gehört dazu, daß nicht nur die beiden Regierungschefs miteinander reden, sondern daß die Deutschen insgesamt miteinander in Kontakt bleiben.

Dies gilt doch ebenso für den Frieden Europas und für alle Bürger Europas; es gilt für die Polen, die Ungarn, die Tschechen, aber ebenso für Skandinavier, für Österreicher, für Griechen usw.: Wer mit seinem Nachbarn nicht reden und ihm nicht zuhören will, der gefährdet seine eigene Fähigkeit, Frieden mit dem Nachbarn zu halten. Und noch viel mehr gilt dies – außerdem aus noch vielen anderen Gründen – für Deutsche und Deutsche.

Ich unterstreiche die Auffassung des Kollegen Genscher, daß beide deutsche Staaten ungeachtet ihrer Zugehörigkeit zu verschiedenen Bündnissystemen wesentliche Beiträge zur Friedens- und Abrüstungsdiskussion leisten können und sollten.

Die Sorge um den Frieden ist allerdings keine deutsche Besonderheit. In vielen Ländern der Welt breiten sich Angst und Sorge über die Bedrohung des Friedens aus. Das Verlangen nach Abrüstung und die Sehnsucht nach einer friedlicheren Welt finden gerade in diesem Jahr überall vielfältigen Ausdruck.

Wir teilen alle diese Sehnsucht. Deshalb bleibt Sicherheit durch ein vertraglich vereinbartes militärisches Gleichgewicht auf niedrigerer Rüstungsebene ein Hauptelement der Friedenspolitik der Bundesregierung. Waffen allein sichern den Frieden nicht auf Dauer, ja, sie können nicht einmal allein die Sicherheit auf Dauer verläßlich garantieren. Sicherheit ist nicht einfach das Ergebnis mathematischer Gleichungen. Frieden beruht auf Offenheit und Vertrauen, auf Gespräch, auf Verhandlungen. Wer sich vertragen will, der braucht Verträge. Ohne Verträge, insbesondere zur Abrüstung, gibt es keine Sicherheit auf Dauer zwischen West und Ost.

Nach langem Widerspruch und langer Debatte hier im Bundestag hat die Bundesrepublik den Vertrag über die Nichtverbreitung von Atomwaffen ratifiziert, ist ihm beigetreten. Wir Deutschen haben endgültig darauf verzichtet, über atomare Waffen zu verfügen. Wir halten uns an unsere vertragliche Pflicht.

Um so mehr ist die Bundesregierung gerechtfertigt, wenn sie im Namen Deutschlands immer wieder verlangt, daß auch die atomaren Mächte endlich ihren Teil des Vertrages erfüllen.

Mit innerer Leidenschaft wiederhole ich meinen zweimal vor den Vereinten Nationen ausgesprochenen Appell an die nuklearen Supermächte: Ihr habt euch in dem gleichen Vertrag zur nuklearen Abrüstung verpflichtet. Haltet diese Verpflichtung ein!

Für die Bundesrepublik als jenes Land, auf das sich die Mehrzahl der neuen sowjetischen Mittelstreckenraketen richtet, sind die amerikanisch-sowjetischen Verhandlungen über nukleare Mittelstreckenwaffen in Genf von besonderer Wichtigkeit. Die Bundesregierung hat ihren Beitrag zum Zustandekommen und auch zum Verhandlungsziel dieser Konferenz geleistet. Ich bin überzeugt, daß beide Seiten in Genf mit Ernst verhandeln, denn auch sie selbst müssen ja große Sorgen haben.

Diese Verhandlungen sind erst durch den sogenannten NATO-Doppelbeschluß ermöglicht worden, der die Antwort des Nordatlantischen Bündnisses auf die sowjetische

SS-20-Aufrüstung darstellt. Durch diesen Beschluß wird übrigens zum ersten Male eben nicht auf die Vorrüstung der einen Seite automatisch mit Nachrüsten der anderen Seite reagiert. Der Kern dieser Entscheidung liegt vielmehr in dem Vorschlag, gemeinsam vereinbart zu verringern. Er sieht für die Erreichung solcher Vereinbarungen eine Frist von vier Jahren vor. Die Vereinbarung soll Gleichgewicht schaffen durch Abrüstung – nicht durch Aufrüstung.

Die Bundesregierung wird sich weiterhin mit aller Kraft dafür einsetzen, daß die Genfer Verhandlungen vor Ende des nächsten Jahres zu einem Ergebnis kommen. Die wirksamste Möglichkeit dafür sehen wir in einer engen Abstimmung mit den Vereinigten Staaten von Amerika.

Aus unserem Festhalten an einem vertraglich gesicherten Gleichgewicht ergibt sich, daß wir auch künftig einseitige Abrüstung der eigenen Seite für ebenso destabilisierend halten wie einseitige Aufrüstung der anderen Seite.

Ich füge hinzu: Vertraglicher Verzicht auf eigene Gewaltanwendung bedeutet nicht, auf Widerstand gegen fremde Gewalt zu verzichten, wenn sie die eigene Menschenwürde, das eigene Menschenrecht verletzt. Das bedeutet es nicht! Wir wissen aus Ungarn, aus der ČSSR, aus Afghanistan, aus dem Libanon, aus Falkland, aus dem südlichen Afrika: Immer wieder setzen Staaten Gewalt gegen andere Völker ein. Wir erkennen daraus die tatsächlichen Gefahren, in denen wir leben und gegen die man sich sichern muß.

Über die militärische Strategie des Nordatlantischen Bündnisses hat in der Öffentlichkeit Nordamerikas und Europas ein heftiger Diskussionsprozeß eingesetzt. Menschen in Nordamerika, in Europa, in beiden Teilen Deutschlands – überall –, die sich für den Frieden engagieren, verlangen Antworten auf ihre drängenden Fragen. Deren Ängste hat der Wiener Kardinal König so gekennzeichnet: Nach einer atomaren Totalvernichtung werde es niemanden mehr geben, der klagen und neu beginnen könne. Er fuhr fort: »Wir sitzen auf einem Pulverfaß. Wir haben Angst, aber wir schaufeln immer noch mehr Pulver in dieses Faß hinein. Wir reden von Sicherheit, aber wir meinen unsere Sicherheit. Wir reden von

Abrüstung und meinen die Abrüstung der anderen. Aber die Sicherheit ist immer auch die Sicherheit des anderen, und die Abrüstung ist immer auch unsere eigene Abrüstung.«

Soweit Kardinal König, den ich seit Jahren kenne und sehr verehre.

Ich füge dem, was Kardinal König sagt, einen anderen Gedanken hinzu: Unsere Soldaten sollen nicht Krieg führen, sondern sie sollen einem Nachbarn für den Fall, daß er unfriedliche Gedanken hegen sollte, zeigen: Wir können uns wehren; du nähmest ein hohes Risiko auf dich, wenn du uns mit Gewalt angreifen wolltest oder mit Gewalt oder Drohungen dein eigenes politisches System uns aufzwingen wolltest. Dies ist das Konzept der Abschreckung.

Nun ist auch gegenseitige Abschreckung in der Geschichte nichts Neues. Neu aber ist die unerhörte Zerstörungskraft nuklearer Abschreckungswaffen. Neu ist, daß diese Zerstörungskraft ausreicht, die Menschen des jeweiligen Gegners nicht nur einmal zu vernichten. Neu ist, daß sie die ganze Menschheit auslöschen kann.

Ich habe zu diesem Dilemma vor wenigen Tagen, gemeinsam mit Herrn Dr. Kohl auf dem Katholikentag sprechend, gefragt: »Soll ein Christ zum Zwecke der Abschreckung auch den Einsatz von atomaren Waffen androhen, wenn er doch weiß oder wenigstens ahnt, daß er das tatsächliche Abschießen dieser Waffen sittlich nicht würde verantworten können?«

Ich habe die andere Frage hinzugefügt: »Und sind es eigentlich nur wir, die Christen, die dieses Dilemma auf sich lasten fühlen? Muß nicht der atheistische sowjetische Generalsekretär, müssen nicht seine Kollegen im Politbüro ähnliche tiefgreifende Zweifel haben?«

Wir Deutschen an der Nahtstelle zwischen beiden Pakten werden zu diesen Fragen mehr als andere gedrängt. Deshalb nehme ich die Diskussion über Stand und Entwicklungsmöglichkeiten der westlichen Strategie sehr ernst. Ich nehme ernst, was jüngst Herr Kollege Bahr und andere dazu gesagt haben. Ich nehme auch ernst, was jüngst Herr Kollege Biedenkopf öffentlich dazu angemerkt hat.

Ich wünschte, alle würden diese Erwägungen – auch die Opposition die Erwägung von Herrn Biedenkopf – in gleicher Weise wichtig nehmen. Ich teile Biedenkopfs Auffassung, wenn er sagt: »Das Interesse an der Erhaltung des Lebens auf der Erde und der Menschheit haben alle Menschen gemeinsam. Die nukleare Gefahr hat die Menschen und ihre Völker zu einer Überlebenspartnerschaft verbunden.«

Ich füge hinzu: Der Wille zum Überleben reicht allein nicht hin, um uns Schutz vor militärischer Bedrohung zu garantieren, sondern wir brauchen dazu Vereinbarungen zur Rüstungsreduzierung – und nicht bloß für nukleare Waffen. Vereinbarte Sicherheit ist aber nur durch Verhandlungen zu erreichen.

Der Oberbefehlshaber der NATO in Europa hat dies kürzlich folgendermaßen formuliert: »Der einzige Weg für die Zukunft einer Welt, wie wir sie wollen, führt meiner Überzeugung nach an den Verhandlungstisch. Wir müssen über Abrüstung und Rüstungskontrolle verhandeln, über alle Arten von Streitkräften und Waffen. Dies ist der einzige Weg, um den Rüstungswettlauf auf beiden Seiten zu stoppen.«

General Rodgers hat damit erkennbar gemacht: Auch die Soldaten beteiligen sich daran, jene Aufgabe zu erfüllen, die der Papst in einem Grußwort an den Katholikentag so formuliert hat: »Wenn die Weltsituation angesichts totalitärer Ideologien und eines erschreckenden Rüstungswettlaufs immer bedrohlichere Formen annimmt, sollt Ihr Euch an Eurem jeweiligen Platz um politisch verantwortliche Wege der friedlichen Konfliktlösung bemühen.«

Unser politisches Eintreten für Sicherheit und Frieden stützt sich auf eine gesunde und funktionsfähige Atlantische Allianz. Wir selbst tragen zu dem Bündnis mit 500 000 gut ausgebildeten und gut motivierten Soldaten bei. Wir sind vorbereitet, im Verteidigungsfall diese Zahl mehr als zu verdoppeln. Gleichzeitig sind auf unserem Territorium Soldaten aus sechs befreundeten Nationen des Bündnisses stationiert. Dies sind Tatsachen, die wir manchen unserer Verbündeten und deren öffentlicher Meinung von Zeit zu Zeit durchaus in Erinnerung rufen dürfen. Auch ich habe das jüngst in Kalifornien gesagt.

Der amerikanische Oberkommandierende in Europa weiß, daß am ersten Tag eines Konflikts die Europäer 90 Prozent seiner Landstreitkräfte und drei Viertel seiner See- und Luftstreitkräfte stellen würden.

An diesen Grundtatsachen ändern auch vorübergehende Meinungsverschiedenheiten in einer – ich zitiere die Bonner Erklärung vom NATO-Gipfel – »Partnerschaft von Gleichen, in der niemand herrscht oder beherrscht wird«, nichts. Schon vor Jahrzehnten – ich glaube, es ist 20 Jahre her – hat Henry Kissinger sein Buch über das europäisch-amerikanische Verhältnis unter der Überschrift »The troubled partnership« – Die gestörte Partnerschaft – veröffentlicht. Und sein Landsmann Robert Osgood hat ebenfalls vor 20 Jahren sein Buch »The entangled alliance« – Das verworrene Bündnis – geschrieben.

Ich zitiere diese beiden Bücher, 20 Jahre alt, um zu zeigen: Meinungsverschiedenheiten innerhalb des Bündnisses sind weiß Gott nichts Neues, sondern etwas Normales.

Aber sie dürfen nicht zur Dauerbelastung werden. Präsident Ronald Reagan hat dafür die Formel benutzt, mit der ich auf meiner Amerikareise jüngst einige Dinge in die richtige Perspektive und Größenordnung rücken wollte: Wir haben beide von Streitigkeiten innerhalb der Familie gesprochen; und sie können innerhalb der Familie beigelegt werden, wie in jeder anderen Familie auch.

Wie zutreffend diese Kennzeichnung ist, habe ich im Juli in den Tagen intensiver Gespräche gemerkt, die ich mit einem alten Freund, dem neuen Außenminister der Vereinigten Staaten, George Shultz, geführt habe. Es sind dabei alle Fragen des amerikanisch-europäischen, des amerikanisch-deutschen Verhältnisses angesprochen worden, natürlich auch die Frage des amerikanischen Embargos im Zusammenhang mit dem europäischen Erdgas-Röhren-Geschäft, ebenso aber auch unser deutsches Verhältnis zu unseren Nachbarn im Osten im allgemeinen und zur DDR im besonderen.

In allen diesen Fragen ist übrigens deutlich, wie groß die

Übereinstimmung auch zwischen den europäischen Allianzmitgliedern ist. Ich möchte in diesem Zusammenhang besonders die vertrauensvolle und intensive Zusammenarbeit herausstellen, die unser Verhältnis zu Frankreich und zu Präsident Mitterrand auszeichnet.

Diese Zusammenarbeit hat ihr Gewicht auch auf dem Felde der Europäischen Gemeinschaft. Die ist gegenwärtig nicht in einem guten Zustand. Viele Mitglieder setzen ihre Hoffnungen auf die deutsche EG-Präsidentschaft – wir wechseln ja alle sechs Monate –, die am 1. Januar beginnen wird. Sie erinnern sich, daß unter der letzten deutschen Präsidentschaft das Europäische Währungssystem geschaffen wurde, das sich inzwischen im Zeichen tiefgreifender Unruhe auf den Devisenmärkten und schnell fluktuierender Wechselkurse sehr bewährt hat.

Europäische und atlantische Zusammenarbeit ist auch nötig, um das KSZE-Folgetreffen von Madrid, das Anfang November wieder beginnen soll, zu einem Erfolg zu führen. Dieser Prozeß bleibt für die Bundesregierung ein wesentliches Instrument zur Gestaltung der West-Ost-Beziehungen und zu mehr Abrüstung und Sicherheit in Europa.

Wenn wir heute eine Zwischenbilanz dieses Prozesses ziehen wollten, so kämen wir trotz Enttäuschungen, trotz der Ereignisse in Polen, die wir gerade in diesen Tagen wieder mit tiefer innerer Besorgnis verfolgen, zu einem positiven Zwischenergebnis. Ohne die Schlußakte von Helsinki wären die Verbindungen zwischen West und Ost schwächer. Die Menschen in Europa haben erfahrbaren Nutzen aus diesem Vertragswerk gezogen, wenngleich keineswegs das Ausmaß ihrer Hoffnungen erfüllt ist.

Ich will zwei Beispiele nennen: Seit 1975, seit Helsinki, konnten aus Polen – innerhalb dieser sechs Jahre seither – über 225 000 Deutsche, beinahe eine Viertelmillion, in die Bundesrepublik ausreisen. In den sechs Jahren davor waren es 68 000 Menschen gewesen.

Zum anderen: Der Weltbund der Lutherischen Kirchen hat Nachrichten über lutherische Gemeinden weit weg im Osten, im sowjetischen Kasachstan, veröffentlicht. Daraus geht hervor, daß diese Gemeinden trotz der fortbestehenden schweren Sorgen, die sie haben, seit 1975 deutliche Verbesserungen ihrer Lage sehen, die sie ausdrücklich auf Helsinki zurückführen.

Aber der Helsinki-Prozeß ist gefährdet. Im Bereich der Menschenrechte, der menschlichen Kontakte, der Informationen drohen Rückschritte; dazu gehören auch die empfindlichen Einschränkungen im Fernsprechverkehr für private Bürger in der Sowjetunion. Aber wir können uns dagegen auf die Schlußakte berufen, die uns auch das Recht gibt, von der polnischen Regierung die Aufhebung des Kriegsrechts, die Freilassung der Inhaftierten, die Wiederaufnahme des gesellschaftlichen Dialogs zu verlangen.

Jede langfristige Politik rechnet mit Rückschlägen. Deshalb können nur das zähe Festhalten an unseren politischen Zielen, nur geduldiger Mut und das Vertrauen in die Vernunft aller Beteiligten unserem Kontinent eine friedliche Zukunft geben – unserem Kontinent, damit auch den Bürgern in beiden deutschen Staaten.

Jeder weiß: Friedenspolitik hat auch eine Nord-Süd-Dimension. Viele der Kriege der Dritten Welt sind kaum auf den Ost-West-Gegensatz, sondern vielmehr auf andere Gegensätze, auf andere Nöte zurückzuführen. Wir Deutschen haben begriffen, daß auch die Bewältigung der sozialen und wirtschaftlichen Ursachen dieser Konflikte ein Teil umfassender Friedenspolitik sein muß.

Wir haben deshalb unsere Entwicklungshilfe und die Zusammenarbeit mit der Dritten Welt verstärkt. Wir treten deshalb für den Gewaltverzicht auch in anderen Kontinenten ein, der ein Kernstück des modernen Völkerrechts der Charta der Vereinten Nationen ist. Deshalb respektieren wir nicht nur die Blockfreiheit der Staaten der Dritten Welt, sondern wir suchen geradezu durch unsere Entwicklungspolitik diese Blockfreiheit aktiv zu fördern und zu sichern. Denn wir erkennen in der Blockfreiheit einen wichtigen Stabilitätsfaktor für die Welt und damit einen Beitrag zum Weltfrieden.

Bei alledem hüten wir uns vor Selbstüberschätzung. Wir sind keine Weltmacht; wir wollen das auch nicht sein. Aber wir tragen unseren Teil mit Beharrlichkeit und mit dem ganzen Gewicht, das wir in der internationalen Staatengemeinschaft inzwischen bekommen haben.

Natürlich hat die politische Krise der Welt, die wir durchmachen, auch Einfluß auf die deutsch-deutschen Beziehungen. Sie erhöht Barrieren, die man schon meinte schrittweise abtragen zu können. Dennoch bleibt es dabei: Die Menschen in beiden Staaten haben trotz der ihnen auferlegten Teilung nicht aufgehört, sich als eine Nation zu empfinden. Die Deutschen auf beiden Seiten haben zwar verstanden, daß sie auf eine heute nicht absehbare Dauer in zwei voneinander unabhängigen Staaten mit unterschiedlichen Grundwerten leben müssen. Spätestens seit dem Bau der Mauer in Berlin sind die Hoffnungen auf eine baldige Überwindung der Teilung zunichte geworden. Aber seither hat sich die Einsicht vertieft, daß Änderungen in den Beziehungen zwischen den beiden Staaten in Deutschland zum Nutzen der Bürger angestrebt werden müssen und daß dies nur durch Verhandlungen, nur durch Dialog geschehen kann.

Ich will noch einmal unterstreichen und hier Herrn Dr. Kohl ausdrücklich zustimmen, der am 13. August aus Anlaß der Wiederkehr des Tages des Mauerbaus geschrieben hat: »Wenn der Wille zur Einheit in unserem Volke erhalten bleibt, werden Mauer und Stacheldraht auf die Dauer keinen Bestand haben.«

Zu dieser Dauerhaftigkeit des Willens hat sozial-liberale Politik beigetragen. Der Grundlagenvertrag hat die unterschiedlichen Positionen in Grundfragen nicht regeln können. Aber er macht es möglich, praktische Probleme zu lösen. Er muß stetig mit Leben erfüllt werden. Denn er macht es möglich, auf vernünftige Beziehungen zwischen beiden deutschen Staaten hinzuarbeiten, die für die Menschen auch praktisch erfahrbar sind.

Diese deutsch-deutsche Politik liegt zugleich im Interesse des europäischen Friedens. Herr Genscher hatte recht: »Deutschlandpolitik als europäische Friedensaufgabe bedeutet auch die Unterstreichung der besonderen Verantwortung der Bundesregierung und der Regierung der DDR für die

Lage in Europa.« Und Willy Brandt hat dem damals mit Recht hinzugefügt, daß beide Teile unseres Volkes vom jeweils eigenen Staat erwarten – und ». . . in gewisser Hinsicht doch auch von der Führung des anderen Staates –, der Verantwortung gerecht zu werden, die sich . . . aus dem ganz besonderen Interesse dieses gespaltenen Volkes ergibt«.

Dieses Haus weiß, daß diese Politik die Unterstützung unserer Verbündeten findet. Ich weise das Haus auf die Bonner Erklärung vom 10. Juni hin, worin es heißt: »Der fortgesetzte Erfolg der Bemühung der Bundesrepublik Deutschland, das Verhältnis zwischen den beiden deutschen Staaten zu verbessern, ist für die Sicherung des Friedens in Europa von Bedeutung.« – So von allen unseren Verbündeten vor wenigen Wochen hier in Bonn gemeinsam formuliert. Deshalb haben wir auch die Konsultationsgespräche mit der DDR über Fragen der Rüstungskontrolle und Abrüstung aufgenommen, und wir werden sie Ende des Monats fortsetzen. Beide deutschen Staaten müssen sich so verhalten, daß von ihrem Verhältnis zueinander keine zusätzlichen Belastungen für das Ost-West-Verhältnis ausgehen. Aber sie sollten außerdem ihren Einfluß in ihrem jeweiligen Bündnis dazu nutzen, den Frieden in Europa sicherer zu machen. Dabei wissen wir: Beide Staaten gehören verschiedenen Bündnissen an und können aus ihnen nicht herausgelöst werden. Und was uns angeht: Wir brauchen das Bündnis mit unseren amerikanischen und europäischen Freunden, und wir werden es auch in Zukunft pflegen.

Die längerfristigen Beziehungen zwischen der DDR und uns hängen natürlich auch von der inneren Entwicklung in der DDR und in ihrer Staatspartei, der SED, ab. Die SED stellt sich in ihrer Propaganda nach außen als monolithischer Block dar. Aber hinter der vorgegebenen Linientreue ist Bewegung, gibt es Kontroversen, gibt es unterschiedliche Einschätzungen der Zukunftsperspektiven, gibt es Zweifel am kommunistischen Fortschrittsglauben, und Generationsprobleme sind nicht ausgeschlossen. Auch in der Führung der SED gibt es »Tauben« und »Falken«, gibt es Leute, die mehr abgrenzen, und gibt es Leute, die eher kooperieren wollen.

Diese inneren Entwicklungen können durch unser Verhalten durchaus beeinflußt werden.

Ich hoffe, daß es auch in der SED Gegner der Sperranlagen an der Grenze gibt, die immer noch weiter perfektioniert werden und schwerste Verletzungen und Todesfälle verursachen. Ich hoffe, es gibt auch innerhalb der SED Menschen, die die politische Strafjustiz der DDR wesentlich einschränken und humanisieren wollen.

Für Berlin hat sich die Vertragspolitik bewährt. Das Viermächte-Abkommen hat in gut elf Jahren erfolgreich gewirkt. Entspannungspolitik und Konfliktbewältigung haben sich gerade für Berlin positiv ausgewirkt. Die Bundesrepublik wird in ihrem Engagement nicht nachlassen, die Lebensfähigkeit Berlins zu stärken, auch dann nicht, wenn es geboten ist, knapper werdende Mittel noch wirksamer einzusetzen. Mit dem Regierenden Bürgermeister von Berlin, Herrn von Weizsäcker, besteht eine gute Zusammenarbeit. Wir stimmen darin überein, daß es in wichtigen Fragen der Deutschland- und Berlinpolitik auch künftig auf den Gleichklang zwischen Senat und Bundesregierung ankommt. So wollen wir es auch halten. Das gilt auch für die besonderen wirtschaftlichen Sorgen, die Berlin gegenwärtig betreffen.

Nicht nur Berlin, nicht nur das ganze Deutschland, sondern alle Länder der Welt stecken gegenwärtig in einer Wirtschaftskrise. Die Ursachen dafür liegen vor allem in den beiden Ölpreisexplosionen im Zusammenhang mit der schon vorher weit fortgeschrittenen Weltinflation. Die erste Ölpreisexplosion von 1973/74 haben wir relativ schnell überwunden. Aber nach der zweiten Ölpreisexplosion von 1979 dauert die Rezession in allen Staaten inzwischen länger als alle Konjunktureinbrüche der Nachkriegszeit. Wir haben es jedenfalls nicht mit einer klassischen Konjunkturkrise im Sinne früherer nationalökonomischer Theorie zu tun. Vielmehr müssen alle Länder ihre Wirtschaftsstrukturen an die veränderten weltwirtschaftlichen Bedingungen und an die tiefgreifenden Umwälzungen der letzten Jahre anpassen.

Die Bundesrepublik, unsere Wirtschaft, verkauft fast 30 Prozent der Güter und Dienstleistungen, die wir produzieren, an das Ausland – fast ein Drittel. Wir sind deshalb von der Wirtschaftskrise in anderen Staaten natürlich stark in Mitleidenschaft gezogen. Jedes zweite Auto, das bei uns hergestellt wird, muß auf den Auslandsmärkten verkauft werden. Von zehn Werkzeugmaschinen, die in Hannover und überall in der Bundesrepublik Deutschland hergestellt werden, müssen sieben im Ausland verkauft werden, und zwar mit Gewinn, nicht mit Verlust. Unsere Wirtschaft spürt also unmittelbar die Auswirkungen, wenn andere Länder gezwungen sind, ihre Einfuhren zu drosseln, weil sie sich zu hoch verschuldet haben, weil sie ihre Einfuhren nicht mehr finanzieren können. Das gilt für Länder Lateinamerikas – zum Beispiel Mexiko – ebenso wie für die Länder des Ostblocks. Für die Bundesrepublik und für unsere Arbeitnehmer ist es deshalb von vitalem Interesse, daß die internationalen Kreditmärkte funktionstüchtig bleiben. Ich stimme Herrn Mischnick zu, der vor wenigen Tagen gesagt hat: »Es gilt, in stürmischer Zeit die wirtschaftliche, soziale und gesellschaftliche Stabilität zu sichern. Diese Aufgabe ist durch die weltweiten Krisenerscheinungen schwerer denn je geworden – wie jedermann weiß: für alle Industriestaaten.«

Dabei ist aber die Ausgangsbasis unseres Staates für die Bewältigung dieser Schwierigkeiten besser als in den meisten anderen Ländern. Wir haben die ganzen Jahre einen beachtlichen Stabilitätsvorsprung gegenüber dem Ausland behauptet und werden das auch künftig tun. In der Bundesrepublik sind heute die Verbraucherpreise nur um rund 5 Prozent höher als vor einem Jahr, in Belgien um 10 Prozent, in Frankreich um über 13 Prozent, in Italien um über 15 Prozent usw.

Was die Arbeitslosigkeit angeht, so stehen wir auch dort relativ besser da als die meisten anderen Industrieländer – ich nehme Japan aus. Bei uns sind gegenwärtig 6,5 Prozent aller Erwerbspersonen arbeitslos, in Frankreich über 8 Prozent, in England 12 Prozent, in Italien über 10 Prozent, in den Vereinigten Staaten sind fast 10 Prozent aller Erwerbspersonen arbeitslos.

Aber daß es uns relativ besser geht als anderen Industrieländern, ist kein großer Trost. Im Gegenteil: Die Tatsache, daß weltweit erheblich höhere Arbeitslosigkeit herrscht, hat inzwischen zu einer erschreckenden Ausweitung des Protektionismus geführt. Viele Regierungen der Welt erschweren – zum Teil offen und zum Teil versteckt – die Einfuhr von Gütern aus anderen Ländern in ihre Volkswirtschaften. Wir tun das nicht; denn in der heutigen Situation bleiben die Bereitschaft zu internationaler wirtschaftlicher Zusammenarbeit und die Bereitschaft zu gegenseitiger Rücksichtnahme notwendiger denn jemals. Sie ist stärker gefährdet als in den vergangenen Jahrzehnten.

Einer der Hauptgründe für die zu geringe Bau- und Investitionstätigkeit in der Welt und damit für die zu geringe Beschäftigung in der Welt ist das für eine Weltrezession unerhört hohe Zinsniveau. Es ist begründet einmal in den rasch gestiegenen, zum Teil immer noch steigenden Haushaltsdefiziten wichtiger Industrie- und Entwicklungsländer und in deren unerhörten Zahlungsbilanzdefiziten – von Polen bis Mexiko. Die Kreditanforderungen an die internationalen Finanzmärkte und an die Banken in der Welt sind zu groß. Deshalb steuern viele Zentralbanken der Welt mit restriktiver Geldpolitik dagegen. Dies dient natürlich nicht der Überwindung der Beschäftigungskrise.

Als im August in Amerika die Zinsen sanken, sind sogleich auch bei uns in Europa – auch hier in Deutschland – die Zinsen gesunken – ein Zeichen für das große Gewicht des wichtigsten Finanzmarkts der Welt in New York. Kaum eine Volkswirtschaft kann sich davon völlig abhängen, auch wir nicht.

Wenngleich unsere Zinsen in den letzten Jahren dank unserer Politik immer weit unterhalb der Zinsen in den Vereinigten Staaten oder in der anderen Welt lagen und liegen, so sind auch unsere Zinsen dennoch immer noch viel zu hoch für eine dynamische Investitionsfinanzierung. Das knappe Geld und die hohen Zinsen dämpfen die Preisentwicklung. Das ist gut. Aber sie dämpfen auch die Gesamtnachfrage. Das ist unerwünscht.

Aus allen diesen Gründen muß die Welt als Ganzes sich so verhalten, daß die Defizitländer die Ursachen ihrer Defizite eindämmen und daß die Überschußländer importieren. Ihre Nachfrage wird gebraucht; sie dürfen nicht dazu beitragen, die Zinsen hochzutreiben oder hochzuhalten.

Unsere deutsche Zahlungsbilanz ist inzwischen wieder gesund. Deshalb hat man anfangs dieser Woche bei der Tagung von Weltwährungsfonds und Weltbank in Toronto abermals – wie schon zu Zeiten der Lokomotiv-Theorie – auf Deutschland und auf Japan die Hoffnungen gesetzt. Wir haben in der Tat die Chance, erneut als eine der ersten Volkswirtschaften wieder nach oben zu fahren; aber sicher ist das nicht.

Es kommt hinzu, daß die politische Weltkrise zu einer ständigen Bedrohung des internationalen Handels und des internationalen Kapitalverkehrs geworden ist. Und leider ist auch die Neigung gewachsen, politische Konflikte mit wirtschaftlichen Sanktionen auszutragen. Das kostet Arbeitsplätze. Die Bundesregierung wird sich auch in Zukunft solchen Entwicklungen beharrlich entgegensetzen. Unsere Bemühungen um gute und sichere Wirtschaftsbeziehungen innerhalb der westlichen Welt, mit den Entwicklungsländern, aber auch mit den kommunistischen Staatshandelsländern sind ein wichtiger Teil auch unserer Beschäftigungspolitik.

Natürlich wirkt sich die weltwirtschaftliche Krise auch auf die kommunistischen Staaten aus, auch auf die DDR. Rohstoffknappheit, Energieprobleme, Zahlungsbilanzprobleme kennen keine ideologischen Grenzen.

Die DDR hat auf ihre schwierige Zahlungsbilanzsituation mit großen Exportanstrengungen und mit Importdrosselung reagiert. Dies hat auch Konsequenzen für ihre eigene Produktion. Es wirkt sich in einigen Bereichen schon fühlbar auf die Versorgung der Bürger der DDR aus. In vielen Staatshandelsländern schafft die Versorgung der Bürger mit wichtigen Konsumgütern inzwischen erhebliche und wachsende Probleme. Sie schafft Schlangen vor den Läden.

Bei uns dagegen geht es im Kern um die Frage der Beschäftigung und sodann darum, ob wir etwas mehr oder weniger materiellen Wohlstand produzieren und verteilen können. Aber wir können bei alledem nicht erwarten, daß sich die

Arbeitslosigkeit allein durch einen neuen Wirtschaftsaufschwung auf ein erträgliches Maß verringern würde. Die Lage am Arbeitsmarkt wird noch weit in die achtziger Jahre hinein dadurch verschärft, daß geburtenstarke Jahrgänge ins Erwerbsleben eintreten, während relativ schmale Jahrgänge, oben an der Spitze der Alterspyramide, ins Rentenalter kommen und aus dem aktiven Erwerbsleben ausscheiden.

Es ist zur Überwindung der Arbeitslosigkeit unumgänglich, daß ein größerer Teil unseres Bruttosozialprodukts für investive Zwecke verwendet wird und daß der Anteil der Konsumausgaben entsprechend eingeschränkt wird. Dies muß dann übrigens auch verbunden werden mit einer neuen Initiative zur stärkeren Beteiligung der Arbeitnehmer am Produktivvermögen. Daran wird gearbeitet.

Wenn gestern der Bundesverband der Deutschen Industrie eine, wie er es nennt, Gemeinschaftsinitiative von Bund, Ländern und Gemeinden zur Erholung der öffentlichen Finanzen, zur Steigerung der öffentlichen Investitionen vorgeschlagen hat, so ist das in die richtige Richtung gedacht.

Von 1970 bis heute, meine Damen und Herren, ist der Anteil der Investitionen an unserem Bruttosozialprodukt, an allem, was wir schaffen und leisten, von damals 26 Prozent auf weniger als 22 Prozent heute gesunken. Dabei sind die öffentlichen Investitionen von Bund, Ländern und Gemeinden noch stärker gesunken als diese Durchschnittszahl. In derselben Zeit sind jedoch umgekehrt die Anteile der gesamten öffentlichen und privaten Sozialleistungen am Bruttosozialprodukt von 26 Prozent damals auf 31 Prozent heute erheblich angestiegen. Es handelt sich um soziale Ausgaben, die wesentlich zur sozialen Stabilität in unserer Gesellschaft beigetragen haben und die außerdem zu einer wichtigen Grundlage für unsere wirtschaftliche Leistungsfähigkeit geworden sind.

Aber die unzureichende wirtschaftliche Entwicklung insgesamt zwingt uns, das dynamische Wachstum der konsumtiven Ausgabenblöcke zu begrenzen, damit mehr Spielraum für Investitionen entsteht, damit neue und dauerhafte Arbeitsplätze geschaffen werden und damit infolgedessen das soziale Netz sicher bleibt.

Nun ist die in diesen 12 Jahren, 13 Jahren eingetretene Verbesserung der materiellen Lage der Arbeitnehmer und der Rentner deutlich erkennbar. Zum Beispiel ist der tariflich bezahlte Urlaub für den Durchschnitt der Arbeitnehmer von 22 Werktagen im Jahr 1969 auf 32 Werktage im letzten Jahr angestiegen. Zum Beispiel haben die realen Einkommen der aktiven Beschäftigten in diesem Zeitraum im Durchschnitt um fast 30 Prozent zugenommen. Aber die Renteneinkommen im gleichen Zeitraum sind real sogar um 43 Prozent gestiegen.

Daß diese Schere so nicht beliebig fortgesetzt weiter geöffnet werden kann, machen die folgenden Zahlen deutlich. Vor 20 Jahren, im Jahr 1960, hatten 100 Arbeiter und Angestellte für 38 Rentner mitzuarbeiten. Heute sind es über 60 Rentner, und es wird vermutet, daß im Jahre 2000 – das ist nur noch 18 Jahre hin – auf 100 aktive Arbeitnehmer, die verdienen und produzieren und Steuern und Sozialversicherungsbeiträge zahlen, sogar über 70 Rentner kommen werden. Es werden hier also langfristig strukturelle Probleme sichtbar, die schon mittelfristig gelöst werden müssen. Wir bereiten uns darauf vor.

Auch wenn die wirtschaftliche Lage unseres Landes gegenwärtig, ich sagte es, im internationalen Vergleich nahezu auf allen Feldern erkennen läßt, daß wir mit der Anpassung unserer Wirtschaftsstruktur bisher sehr erfolgreich fortschreiten, zum Beispiel etwa in der Abkoppelung des Energieverbrauchs vom Wirtschaftswachstum, so bleibt unsere Lage dennoch auch und gerade strukturell sehr schwierig.

Wir brauchen für die Zukunft noch stärker Investitionen zur Energieeinsparung. Wir brauchen Fernwärme, wir brauchen Umweltschutzinvestitionen, wir brauchen vor allem anderen privatwirtschaftliche Investitionen in Leistungs- und Produktionskapazitäten für moderne, für neue Produkte, welche die anderen Volkswirtschaften so noch nicht liefern können.

Denn wir können wegen unserer hohen Löhne, unserer hohen Sozialleistungen – sie gehören zu den höchsten der Welt – und wegen der damit verbundenen hohen Lohnkosten und hohen Lohnnebenkosten, wir können mit unseren Produkten nicht billiger sein als viele andere Staaten der Welt. Infolgedessen müssen wir dann aber mit unseren Produkten schneller sein, besser anbieten als jene. Darin liegt unsere Zukunft.

Natürlich können die allermeisten privaten wie öffentlichen Investitionen nicht bar bezahlt werden. Sie bedürfen zu erheblichen Teilen der Kreditfinanzierung. Das ist bei der Stadt so, das ist bei der Industrieunternehmung so, beim Handwerker so. Das ist auch bei der Privatfamilie so. Wer ein Reiheneigenheim kaufen oder bauen will, der braucht einen Hypothekenkredit; der kann das nicht bar auf den Tisch legen. Das ist selbstverständlich. Allerdings: Kreditausweitung zum Zwecke der Finanzierung von nicht gedeckten Betriebskosten, dies wäre kein generelles Heilmittel, bei der Kommune ebensowenig wie in der Industrie. Deshalb sollen große Kredite und Bürgschaften zur Finanzierung von Betriebskosten, die ungedeckt geblieben sind, die große Ausnahme bleiben. Das spektakulärste Beispiel dafür ist gegenwärtig die AEG, deren Krise auch Auswirkungen auf Zigtausende kleinerer und mittlerer Unternehmungen hat. Ich halte diesen Fall allerdings nicht für symptomatisch für die deutsche Wirtschaft. Zwei andere Großunternehmen der gleichen Branche zeigen, daß es sich bei AEG um in diesem Unternehmen langjährig gemachte Fehler des Managements und übrigens auch um ein Versagen des Aufsichtsrats in all diesen Jahren gehandelt hat.

Einige der heute dort Arbeitenden haben die Probleme von ihren Vorgängern geerbt; aber die Vertreter der Banken in diesem Organ Aufsichtsrat arbeiten dort schon viele, viele Jahre, und sie tragen erhebliche Verantwortung. Die Banken tragen auch erhebliche Verantwortung für die Zukunft.

Die Bundesregierung will mit ihren beiden Bürgschaftsbereitstellungen dazu helfen, eine durchgreifende, dauerhafte Gesundung der AEG zu erreichen. Sie erwartet, daß sich daran auch die betreffenden Bundesländer beteiligen, was die Fabriken in ihren Bereichen angeht. Voraussetzung dafür ist aber, daß auch die Hauptbeteiligten zu Opfern bereit sind. Die Bundesregierung und der Bundeswirtschaftsminister werden sich jedenfalls nicht von den Banken Vorschriften machen lassen, die für die Vorgeschichte der Kalamitäten hohe Mitverantwortung tragen.

Wir haben besondere Probleme im Stahlbereich und, zum Teil davon ausgelöst, auch im Kohlebereich. Mit der Verabschiedung des Stahlprogramms im letzten Sommer hat die Bundesregierung ihre Bereitschaft erklärt, den notwendigen Umstrukturierungsprozeß in dieser Branche unter bestimmten, im Stahlinvestitionszulagengesetz festgelegten Voraussetzungen zu flankieren. Es liegt nun an den Unternehmen, alle zwischen ihnen selbst immer noch offenen Fragen im Zusammenhang mit ihren Förderanträgen endlich und rasch zu klären, damit die Bundesregierung bei der Notfinanzierung am 30. September 1982 der EG-Kommission ein erstes Votum wirklich auch abgeben kann. Es sind nicht wir, die die Zeit verbraucht haben.

Zur Kohlepolitik der Bundesregierung möchte ich sagen: Die Grundsätze der 3. Fortschreibung des Energieprogramms gelten unverändert. Die Kohle hat Vorrang bei der Stromerzeugung. Die Bundesregierung wird darauf achten, daß die Elektrizitätswirtschaft ihre Verpflichtungen zur steigenden Abnahme von Kraftwerkskohle aus dem Verstromungsvertrag, dem sogenannten Jahrhundertvertrag, erfüllen wird.

Ich sprach schon davon, daß die strukturellen und konjunkturellen Schwierigkeiten naturgemäß Berlin in seiner exponierten Lage besonders treffen. Deshalb ist die Bundesregierung zusammen mit dem Berliner Senat dabei, die Arbeit an der in Aussicht genommenen Änderung des Berlinförderungsgesetzes so schnell wie möglich abzuschließen, um strukturelle Fehlentwicklungen der Berlinförderung in den letzten Jahren zu korrigieren. Ich werde gemeinsam mit dem Regierenden Bürgermeister im Laufe des Herbstes führende Vertreter der Unternehmenswirtschaft, der Gewerkschaften zu diesem Thema, aber auch zu anderen Berlin betreffenden Themen nach Berlin einladen.

Meine Damen und Herren, ich sehe zu den Grundlinien unserer Wirtschafts- und Finanzpolitik keine vernünftige Alternative. Ich sehe sie nicht im Ausland, etwa dort, wo mit unterschiedlichen Rezepten experimentiert worden ist. Sie sind fehlgeschlagen. Wir sind nicht dem Trugschluß aufgesessen, daß sich alle Probleme von selber lösen, wenn nur der Staat seine Aktivitäten einschränkt oder sich zurückzieht. Die Folge wäre nach allen Erfahrungen im Ausland eine noch höhere Arbeitslosigkeit.

Wir sind aber ebensowenig jenen Beispielen gefolgt, wo Staaten einfach durch eine allgemeine große Nachfragebelebung ihre Lage verbessern wollten. Die Folgen waren zuerst inflationistische Entwicklungen und danach mehr Arbeitslosigkeit.

Wir werden unsere Wirtschaftspolitik des mittleren Weges fortsetzen, denn es hat sich gezeigt, daß wir mit dieser Politik die Auswirkungen der Weltrezession insgesamt besser überstanden haben als die meisten anderen westlichen Länder, ganz zu schweigen von den Ländern im Osten; die will ich gar nicht als Vergleichsbeispiele heranziehen.

Wir wissen, daß wir durch eine bloße Aufblähung der Nachfrage die Strukturprobleme unserer Volkswirtschaft nicht lösen können. Wohl aber müssen wir eine Schrumpfung der allgemeinen Nachfrage verhindern, weil sonst ein sich selbst verstärkender allgemeiner Schrumpfungsprozeß einsetzen würde.

Wir waren nicht und wir sind nicht bereit, jede neue wirtschaftspolitische Mode mitzumachen und jede neue Theorie an unserer Wirtschaft und an unseren Arbeitsplätzen auszuprobieren. Aber wir müssen in den öffentlichen Haushalten Schritt für Schritt mehr Mittel im konsumtiven Bereich freimachen und statt dessen für Investitionen einsetzen. Die ersten großen Schritte sind mit dem Haushalt 1982, mit der Gemeinschaftsinitiative dieses Frühjahrs sowie mit dem Haushalt 1983 und den begleitenden Gesetzentwürfen, die hier morgen eingebracht werden, unternommen worden, und wir halten an all diesen Dingen fest, meine Damen und Herren!

Eines will ich noch deutlich hinzufügen: Die Unsicherheit über die weitere Entwicklung der Weltwirtschaft und damit der wirtschaftlichen Aussichten auch für uns ist gegenwärtig groß, und es spricht dafür, daß die bisherigen Prognosen für dieses Jahr und auch für das kommende Jahr herabgesetzt werden müssen. Das Bundeskabinett hat deshalb gestern auf meinen Vorschlag hin den Sachverständigenrat gebeten, bis Mitte Oktober ein Sondergutachten zur wirtschaftlichen Lage vorzulegen. – Ich weiß, was ich sage!

Die Bundesregierung wird, wenn das Gutachten vorliegt, alsbald dazu Stellung nehmen, Schlußfolgerungen daraus ziehen und sich der rechtzeitigen Diskussion über zusätzliche Anpassungen nicht entziehen.

Morgen bringen SPD und FDP gemeinsam jenes Bündel von Gesetzentwürfen in den Bundestag ein, das nicht nur unsere Zielsetzung klarmacht, sondern sie auch gesetzestechnisch – in den Instrumenten – konkretisiert.

Die Frage bleibt: Was eigentlich schlägt die CDU und was eigentlich schlägt die CSU vor? Auf der einen Seite ist es Ihre Taktik, überall zu vermeiden, zu sagen, was Sie wirklich wollen; auf der anderen Seite – *(Zurufe von der CDU/CSU: Neuwahlen!)* – Ja, Sie wollen ran, das habe ich verstanden. Auf der anderen Seite setzen Sie im Bundesrat Ihre Mehrheit dafür ein, eine sozial ausgewogene Politik zu blockieren. So, Herr Kohl, wird man nicht regierungsfähig. Einerseits behauptet Herr Geißler, Ihr Generalsekretär, daß die Arbeitnehmer und sozial Schwachen »noch nie so benachteiligt worden sind wie in den letzten 13 Jahren«. *(Zustimmung bei der CDU/CSU)*. Ja, die ihm zustimmen, müssen mir aber sagen, warum dann andererseits Ihr Professor Biedenkopf, unser früherer Kollege, das Gegenteil schreibt, nämlich: »Die materiellen Bedingungen der Mehrheit der Bevölkerung haben sich im Laufe der letzten 15 Jahre deutlich verbessert.«

Einerseits lehnen Herr Kohl und Herr Strauß den Haushalt insgesamt ab und behaupten, er sei unausgewogen und nicht sozial genug – so haben Sie dem Deutschen Gewerkschaftsbund gesagt –, aber andererseits fordert die Opposition weitere Einschnitte in Leistungsgesetze, also jene, die den Beziehern der kleinen Einkommen besonders zugute kommen.

Sie machen nach jeder Seite hin freundliche Bemerkungen, Herr Dr. Kohl, aber Sie sagen niemandem, was Sie wirklich denken, vielleicht denken Sie gar nicht.

Es gab vor sieben Tagen eine Fernsehdiskussion mit Herrn Dr. Kohl. Mehrere Journalisten hatten die Gelegenheit, Herrn Dr. Kohl eine Reihe von Fragen zu stellen. Die erste Frage richtete sich auf das konstruktive Mißtrauensvotum. Darauf antwortete Herr Dr. Kohl: »Für mich und meine politischen Freunde kommt keine politische Lösung in Frage, in der nicht vor einer solchen Entscheidung ganz klar ist, wie es auch politisch in der Sache weitergeht.« – Ich habe an der Antwort auch nichts zu beanstanden. Ich finde nur die Frage, die dann kam, konsequent. Die nächste Frage lautete, logisch anschließend, wie denn nun sein Kontrastprogramm zur Koalition aussähe. Da antwortete Herr Kohl: »Die Sozialdemokraten haben ... Verluste hingenommen. Die FDP ist beispielsweise in Hamburg ... nicht ins Parlament gekommen, und es ist eine neue politische Kraft, eine neue Bewegung, die Grünen, aufgetreten.« Auf die Frage nach dem Kontrastprogramm! Auf die erneute Frage nach den konkreten Vorstellungen, wo Sie, Herr Dr. Kohl, die Schwachstellen des Haushalts sähen, sagen Sie: »Ja, das fängt mit den Zahlen an. Die Zahlen stimmen nicht. Und jeder von uns weiß, daß wir einen neuen Anfang setzen müssen.« Auf die abermalige Frage eines dritten oder vierten Journalisten in derselben Fernsehsendung – die Aufzeichnung, aus der ich hier vorlese, liegt jedem Abgeordneten vor –, ob dies nicht die Stunde sei, in der die Opposition präzise zeigen solle, wo was zu streichen sei und wie ein Haushalt Ihrer Auffassung nach auszusehen habe, weichen Sie zum drittenmal jeder Antwort aus.

Bitte, stellen Sie doch endlich klar, was Sie wirklich beabsichtigen. Ich war vorhin etwas zu scharf, es tut mir leid, aber Sie müssen klarstellen, was Sie beabsichtigen.

Sie haben jüngst dem Deutschen Gewerkschaftsbund zugestimmt und haben Ernst Breit gesagt, Sie seien auch für mehr soziale Gerechtigkeit, mehr als die Bundesregierung. Aber bitte, dann müssen Sie doch sagen, auf welchem Wege und zu wessen Lasten – zu wessen Lasten! –, sonst bliebe es doch eine Versprechung ohne Inhalt.

Natürlich, wenn es auf der Welt knapp wird, verstärken sich die sozialen Spannungen in den Ländern. Überall ist das so. In Demokratien mit freien Gewerkschaften fordern dann die Interessenvertretungen der Arbeitnehmer ihre Rechte ein. Deren stärkstes Mittel ist der Streik. Drüben in der DDR darf nicht gestreikt werden; in Polen darf nicht gestreikt werden. In Ländern der kommunistischen Gesellschaftsordnung gibt es keine unabhängige Gewerkschaft, die für die Interessen derjenigen kämpft, die am meisten unter Druck geraten.

Bei uns machen die unabhängigen, freien Gewerkschaften von ihren Rechten Gebrauch, und das ist auch gut so. Es gibt gegenwärtig Kritik der Gewerkschaften an der Wirtschafts- und Finanz- und Sozialpolitik der sozial-liberalen Koalition. Ich nehme diese Kritik ernst.

Was sagt diese Kritik? DGB und Gewerkschaften treten in einer kritischen Lage für mehr Gerechtigkeit bei der Lastenverteilung ein. Dies wird auf meinen Widerspruch gewiß nicht stoßen.

Gleichzeitig fordern sie zweitens zu massiver Kreditaufnahme durch den Staat zum Zwecke anschließender Investition dieser Finanzmittel auf. Hier allerdings müssen sich Gewerkschaften und DGB Gegenargumente gefallen lassen. Ich habe sie vorhin vorgetragen.

Zur dritten Forderung nach einer Arbeitsmarktabgabe werde ich noch ein Wort sagen.

Wenn der Deutsche Gewerkschaftsbund und die Gewerkschaften insgesamt ihre Verantwortung wahrnehmen, dann habe ich davor hohen Respekt. Umgekehrt bitte ich um Verständnis dafür, daß es die Verantwortung der Bundesregierung und des Parlaments ist, das Interesse des Gemeinwohls über die Interessen aller Gruppen zu stellen.

Übrigens erleben wir ja gegenwärtig außerdem, daß sich nahezu alle Interessenvertretungen – gerade auch die Interessenvertretung derjenigen, die wirtschaftlich stark sind – fordernd und protestierend zu Wort melden: der Bundesverband der Deutschen Industrie, Bundesvereinigung der Arbeitgeber, die Ärzte, die Landwirte usw. Die Regierung und die Parteien werden Kraft brauchen, um dem Druck der Interessenverbände zu widerstehen, um der Gerechtigkeit willen und im Interesse des Gemeinwohls.

Aber nicht nur die Gewerkschaften und nicht allein die Geschäftsführer der Interessenverbände sind unruhig – vor allem sind größere Teile unserer jungen Generation unruhig. Es schien jahrelang hindurch festzustehen, daß sich das politische Leben in der Bundesrepublik auf CDU und CSU, FDP und Sozialdemokratie konzentrierte. Die im Bundestag vertretenen Parteien waren in der Lage, alle wichtigen gesellschaftlichen Strömungen in sich aufzunehmen und hier darzustellen.

Dies hat sich geändert. Viele, insbesondere junge Menschen, suchen nach Alternativen zu den traditionellen Parteien, zu unserer Art, Politik zu machen. Das hängt unter anderem damit zusammen, daß viele Menschen das Gefühl haben, die hier im Bundestag vertretenen Parteien seien nicht mehr recht imstande, auf drängende Probleme rechtzeitig zu reagieren.

Als Sammelbecken solcher jungen Menschen, die nach einer Orientierung suchen, haben sich nun in einigen Bundesländern die Grünen oder Alternativen und Grünen zu einer dritten oder vierten oder fünften Kraft gemausert. Von einer neuen Partei kann da noch nicht gesprochen werden. Die inhaltlichen Konturen dieser Bewegung sind sehr unklar. Teilweise hängen sie konservativen, auch sozial restriktiven Vorstellungen an – etwa was Kürzungen im Sozial- oder Bildungsbereich angeht –, andererseits wollen einige die Sozialdemokraten links überholen; zum Teil verbreiten sie auch kommunistische Agitation. In einem unserer Landtage hat einer ihrer gewählten Wortführer letzte Woche die böse Behauptung aufgestellt, die CDU, aber auch Teile der SPD kalkulierten einen Krieg als Konsequenz ihrer Politik ein und so fort.

Vieles paßt bei den Grünen nicht unter den gleichen Hut. In der Frage der Anwendung von Gewalt bekennen sie sich einerseits zu Frieden und Gewaltlosigkeit, andererseits befürworten sie im Innern des eigenen Staats gewalttätige Durchsetzung der eigenen politischen Interessen. Was die rechtsstaatliche Ordnung angeht, nützen sie einerseits alle Mittel, die der Rechtsstaat zur Verfügung hat, andererseits legitimieren sie rechtswidriges Vorgehen. Einerseits drängen sie in die kommunalen und Landesparlamente, auf der anderen Seite sehen sie in den Parlamenten nur Hemmschuhe für das, was Fundamentalopposition genannt wird, oder für ihre basisdemokratischen Vorstellungen.

Auf all diesen Gebieten muß also innerhalb dieser Bewegung noch ein grundsätzlicher Gärungs- und Klärungsprozeß stattfinden. Keiner kann heute recht vorhersehen, zu welchem Ergebnis das führen wird.

Eines bleibt richtig: Die Grünen haben eine Reihe von richtigen Fragen gestellt, auf drängende Probleme hingewiesen, auch wenn ihre Antworten auf schwierige Fragen meist allzu einfach sind.

Es wäre im Sinne des Gärungsprozesses, des Klärungsprozesses falsch, wenn man sie dort, wo der Wähler sie in Parlamente entsandt hat, von vornherein ausgrenzen wollte. Denn es stecken auch viel Sehnsucht und viel jugendlicher Idealismus in dieser Bewegung.

Ich möchte an dieser Stelle, meine Damen und Herren, einige Bemerkungen einfügen, bei denen ich nicht beanspruche, für die Bundesregierung als ganze zu reden. Sondern ich berufe mich bei diesen Anmerkungen zur innenpolitischen Lage auf die Rechte, die das Grundgesetz dem Bundeskanzler einräumt.

Ich sehe, CDU und CSU streben ungeduldig die Regierungsmacht an. Ich wiederhole: Ein alternatives Konzept haben Sie dafür bisher noch nicht vorgelegt.

Herr Kohl lobt die konservative Wirtschaftspolitik, er lobt meine Kollegin Frau Thatcher, er lobt Präsident Reagan, aber deren viel höhere Arbeitslosigkeitsraten und Inflationsraten und Zinssätze und deren Steuererhöhungen lehnen Sie ab. Herr Strauß lehnt alles ab. Er steht immer noch bei der totalen Verweigerungsstrategie von Sonthofen. Die Ministerpräsidenten Späth und Weizsäcker, Albrecht und Stoltenberg von der CDU spüren und wissen von ihrer Mitverantwortung für das Ganze, aber sie haben sich noch nicht durchgesetzt.

Gestern wollten die Bundestagsfraktion und der Oppositionsführer schon im Vorwege den ganzen Haushalt ablehnen, aber sie setzen anders als zum Beispiel die Opposition in den Vereinigten Staaten keine eigenen wirtschafts- und sozialpolitischen, keine eigenen haushaltspolitischen Konzepte dagegen.

Sie wollen zwar die Regierungsmacht – das ist weiß Gott legitim –, aber ohne plausibel zu sagen, zu welchem Zweck. Regierungsmacht und Verantwortung gehören zusammen. Das Wort »Verantwortung« hängt mit dem Wort »antworten« zusammen, das heißt auf Fragen antworten. Sie müssen konkrete Antworten auf die Frage nach Ihren konkreten Absichten geben.

Offenbar gibt es auch bei der FDP den einen oder anderen Kollegen, der einen solchen Wechsel in einer ungewissen Zukunft erhofft. Die Zeitungen berichten seit Wochen darüber. Es handelt sich meist um doppeldeutige Äußerungen.

Wir Sozialdemokraten jedenfalls erstreben keinen Wechsel, ich auch nicht. Ich hantiere auch nicht mit einem sogenannten Minderheitenkabinett.

Ich sehe weder in der Deutschland- noch in der Außen- noch in der Sicherheitspolitik eine Regierung Kohl oder Kohl/Strauß, die dem öffentlichen Wohl der Nation besser dienen könnte. Ich sehe sie nicht in der Umweltschutzpolitik, nicht in der Rechtspolitik, nicht in Fragen der inneren Sicherheit, nicht in der Bildungspolitik, nicht in Sachen Kriegsdienstverweigerung und sogenannter Gewissensüberprüfung. Ich sehe nicht, daß sie dem öffentlichen Wohl besser dienen würden hinsichtlich der inneren Liberalität unseres Staates insgesamt.

Die Sozialdemokraten wissen: Wir stellen innerhalb der sozial-liberalen Koalition zwar die Mehrheit, aber wir stellen nicht die Mehrheit des Bundestages, erst recht nicht die des Bundesrates. Wenn sich im Bundestag eine andere Mehrheit für eine andere Politik finden sollte: Bitte sehr, dafür hält das Grundgesetz den Artikel 67 bereit. Machen Sie von Artikel 67 Gebrauch! Bringen Sie den Antrag auf ein konstruktives Mißtrauensvotum ein, Herr Dr. Kohl! Lassen Sie uns nächste Woche darüber abstimmen! Und wenn darüber auf Ihrer Seite gelächelt wird, dann muß ich sagen: Prüfen Sie selber, ob Sie andere Absichten haben als diese. Aber die Bürger im Lande haben mit Recht genug davon, daß ewig geredet wird, genug von den Finessen und Gerüchten, wie sie jeden Abend im Fernsehen präsentiert werden. Die Bürger haben Anspruch auf Klarheit, Herr Dr. Kohl! Innere Stabilität und eindeutige Handlungsfähigkeit nach außen sind in der doppelten Krise der Welt unverzichtbar.

Wer nach einem konstruktiven Mißtrauensvotum, das Sie eben belächelt haben, worauf aber doch allein Ihre ganze Hoffnung beruht – auf das Thema Neuwahlen komme ich gleich! –, wer nach einem konstruktiven Mißtrauensvotum Kanzler wird oder bleibt, der hat das Recht, über Artikel 68 nach einer Vertrauensfrage – wenn der Bundespräsident es so will – die Auflösung des Bundestages und Neuwahlen herbeizuführen.

Ich brauche gegenwärtig kein erneutes Vertrauensvotum. Die Wählerinnen und Wähler haben der sozial-liberalen Koalition und der Bundestag daraufhin mir ein vierjähriges Mandat gegeben. Das Vertrauensvotum im Februar 1982 entsprach diesem Auftrag.

Wenn Sie aber, Herr Dr. Kohl, in geheimer Wahl vom Bundestag zum Nachfolger gewählt werden sollten, so müßten Sie allerdings Neuwahlen erzwingen, und zwar aus zwei Gründen:

Erstens weil ein Bundeskanzler nicht nur grundgesetzliche Legalität braucht, sondern auch – über jede verschleierte Vorbereitung eines konstruktiven Mißtrauensantrags hinaus – die geschichtliche Legitimität braucht, die der Wähler ihm geben kann; und zweitens weil Sie dem Volke vorher sagen müssen, was Sie tatsächlich anders machen wollen, vom Kindergeld bis zur Ergänzungsabgabe, vom Verteidigungshaushalt bis zur Deutschlandpolitik und vom Umweltschutz bis zur Abrüstung, über das ganze Feld, was Sie wirklich anders machen wollen.

Wenn Ihnen die Wähler des Landes eine Mehrheit verschaffen, so könnten wir darüber zwar nicht froh sein, aber selbstverständlich hätten wir uns vor dem Urteil der Wähler zu verneigen. Es könnte trotzdem sein, daß einige Ihrer potentiellen Mißtrauensvotumspartner statt dessen Neuwahlen umgehen wollen – aus mir durchaus verständlichen Gründen. Auch derjenige, der das Risiko des Wechsels zu einer anderen Politik auf sich nehmen wollte, benötigte dafür Legitimität. Wir achten die Gewissensentscheidung jedes Abgeordneten. Höchster Maßstab der Gewissensprüfung müssen aber die Achtung vor dem Votum der Wähler, die Funktionsfähigkeit des demokratischen Systems und das Ansehen der politischen Parteien sein. So hat Walter Scheel heute vor zehn Jahren hier an diesem Pult gesagt. Und er hat hinzugefügt: »Wer hat denn jemals einen Volksvertreter daran gehindert, seinem Gewissen zu folgen und sein Mandat in die Hände der Wähler ... zurückzulegen?« Hüten wir uns davor, große Worte zu strapazieren, wenn es um ganz handfeste Dinge geht. Man kann nicht, sage ich, weder Sozialdemokraten noch Freie Demokraten, davonlaufen, wenn die Zeitläufe schwierig sind. Das kann man nicht.

Ich habe bisher, in über acht Jahren, von der Richtlinienkompetenz nach Artikel 65 des Grundgesetzes keinen Gebrauch gemacht. Ich habe es vielmehr als meine Pflicht angesehen, große Anstrengungen auf das Zustandebringen von vernünftigen, praktisch brauchbaren, beiden Seiten gleichermaßen zumutbaren Kompromissen zu verwenden. Insofern waren die Richtlinien der Politik immer gemeinsam erarbeitet. Aber sobald sie dann vom Bundeskanzler festgestellt sind, gilt für sie der Artikel 65 des Grundgesetzes. Dem kann man sich nur durch Ausscheiden aus der Bundesregierung entziehen. Und der Bundeskanzler weiß, daß man reisende Leute nicht aufhalten soll.

Wir haben bisher unser Land gemeinsam sehr viel besser durch die politische und wirtschaftliche Doppelkrise der Welt gesteuert als viele andere. Das können wir auch in Zukunft gemeinsam tun. Dabei ist kein Koalitionspartner jemals majorisiert worden. Das kann auch in Zukunft niemals anders sein.

Daß man in der Regierung Fehler machen kann, daß man sogar Schuld auf sich laden kann, das weiß ich wohl. Bei diesem Satz steht mir in den 13 Jahren der sozial-liberalen Koalition nichts deutlicher vor Augen als die zermürbenden langen

Wochen täglicher Entscheidungsnotwendigkeiten, täglicher Ungewißheiten über die Werteabwägungen, Zweckmäßigkeiten und Schuld, die wir damals während der Entführung von Dr. Schleyer und von dem »Landshut«-Flugzeug heute vor fast genau fünf Jahren zu tragen hatten. Ich bin heute noch dankbar, daß alle vier Bundestagsparteien diese Last über Wochen gemeinsam getragen haben.

Aber auch in weniger dramatischen, in weniger tragischen Situationen muß eine Regierung anderen immer wieder etwas zumuten. Demokratie bedeutet Zumutung, hat Hans Heigert jüngst geschrieben. Er hat recht.

Aber natürlich gibt es auch Grenzen des Zumutbaren, auch für uns Sozialdemokraten, auch für mich.

Erstens: Eine prinzipiell deflationistische Finanzpolitik ist uns nicht zuzumuten, und zwar weil sie im eigenen Lande, aber auch international alle nur noch in tiefere Rezession treiben würde. Wir müssen und wir wollen in den öffentlichen Haushalten den Rahmen aller unserer Möglichkeiten ausschöpfen, damit die Zinsen weiter sinken können – gewiß! –; aber wir wollen nicht die allgemeine Nachfrage und die Volkswirtschaft und das soziale Netz kaputtsparen. Das schafft keine Arbeitsplätze. Das führt zur Schrumpfung.

Zweitens: Für Sozialdemokraten ist eine bloße Hinnahme von struktureller Arbeitslosigkeit unzumutbar. Wenn und soweit die wirtschaftlichen Daten der Welt oder Deutschlands sich im Herbst weiterhin verschlechtern sollten, was leider anzunehmen ist, so werden wir über die Notwendigkeit zusätzlicher Schritte nachzudenken und zu entscheiden haben. Das gilt für den Bund, das gilt für die Gemeinden und die Städte, und das gilt auch für die Länder.

Drittens: Nur begrenzt kann dafür zusätzlich Kredit in Anspruch genommen werden. Zum anderen Teil bedürfte es in einem solchen Fall der zusätzlichen Ausgabenumstrukturierung in den öffentlichen Haushalten, und zum dritten Teil wird wohl 1983 infolge der weltweiten Hochzinsen ein deutlich höherer Bundesbankgewinn zur Verfügung stehen, als gegenwärtig veranschlagt ist. *(Kolb [CDU/CSU]: Schon wieder?!)* – Lieber Freund, das steht im Gesetz, und das seit über

25 Jahren. Sie haben bisher keinen Antrag eingebracht, dieses Gesetz zu ändern.

Viertens: Bei alledem muß die soziale Gerechtigkeit gewahrt werden. Es gibt 22 Millionen Arbeitnehmer und 12 Millionen Rentner und Pensionäre. Sie werden durch ihre kleinen Verzichte insgesamt sehr viel mehr Finanzmittel freisetzen als die 1,2 Millionen privater Haushalte, die im Monat ein Einkommen von mehr als 10000 DM haben. Unter den letzteren sind viele Selbständige, Freiberufler, leitende Angestellte, hochverdienende Manager usw. Diese sollten aber jeder einzeln, so denken wir, sehr viel höhere Opfer tragen als die Rentner, die zukünftig – schrittweise zunehmend – die Hälfte der Beiträge für ihre eigene Krankenversicherung aufbringen müssen. Wer dagegen als angeblich familienfeindlich ablehnt, daß der einkommensteuerliche Splittingvorteil von Ehepaaren auf 10000 DM pro Jahr begrenzt wird, das heißt, daß Ehepaare oberhalb von 100000 DM jährlichen Einkommens nur noch 10000 DM und nicht mehr wie heute bis zu 15000 DM Steuervorteil genießen, Herr Dr. Kohl, dient wirklich nur den finanziellen Interessen der Einkommensoberschichten und tarnt dies bloß mit dem Verfassungsgrundsatz des Schutzes der Familie. Ich teile hierzu weitgehend die Meinung der Frau Kollegin Matthäus-Maier. Ja, sie hat sich sehr luzide dazu geäußert. Im übrigen fängt der Schutz der Familie nicht bei 100000 DM Jahreseinkommen an, sondern er beginnt bei der Familie des unverschuldet Arbeitslosen, der weder 10000 DM noch 15000 DM Steuervorteil hat. Herr Dr. Kohl, gerade auch für den von Ihnen erhofften Fall Ihrer Kanzlerschaft fordere ich die Opposition auf, in diesem Punkte eindeutig Farbe zu bekennen.

Fünftens: Die Sozialdemokraten sind unter der Voraussetzung sozialer Ausgeglichenheit und Symmetrie bereit, über langfristige Veränderungen im sozialen Netz als Folge der geänderten gesamtgesellschaftlichen, gesamtwirtschaftlichen Strukturen nachzudenken. Wer aber meint, es müßten über die morgen einzubringenden Gesetzentwürfe hinaus den Mißbrauchsmöglichkeiten im sozialen Sicherungsnetz zusätzliche Riegel vorgeschoben werden, sollte dazu konkrete

Gesetzgebungsvorschläge machen. Aber er müßte dann, denke ich, ebenso bereit sein, zusätzliche Schritte zur Beseitigung von noch bestehenden Mißbrauchsmöglichkeiten zu tun, zum Beispiel im Geschäftsbereich einiger freier Berufe, im Einkommensteuerrecht im allgemeinen, im Steuerrecht der Landwirtschaft, im Gesellschaftsrecht und so fort. Er dürfte auch keine zusätzlichen Abstriche bei den Sozialleistungen verlangen, solange er jede zusätzliche Belastung der Höherverdienenden ablehnt.

Hierfür ist seitens der Gewerkschaften das Instrument einer allgemeinen Arbeitsmarktabgabe vorgeschlagen worden. Die Bundesregierung hält dies für verfassungsrechtlich mindestens zweifelhaft. Die im Grundgesetz vorgesehene Ergänzungsabgabe dagegen ist 1968 bis 1974 für die Einkommensteuer und 1976 für die Körperschaftsteuer in ähnlicher Form mit Erfolg praktiziert worden. Sie hat damals den von den Kollegen Schiller und Strauß gemeinsam herbeigeführten Boom von 1969/70 in keiner Weise behindert. Im Gegenteil, sie hat zur Finanzierung des Anstiegs staatlicher Investitionen und Beschäftigung beigetragen. Ich habe die Anregung des Kollegen Hölscher dazu in den letzten Tagen mit Interesse gelesen. Ich wiederhole vor dem Hause meine schon mehrfach bekundete Sympathie für eine zeitlich befristete Ergänzungsabgabe zu Lasten der besser gestellten Einkommensteuerpflichtigen – zeitlich befristet! –, und zwar sage ich das wohlgemerkt für den Fall, daß insgesamt zusätzliche Schritte zur Lösung der Haushalts- und der Beschäftigungsprobleme notwendig würden. Natürlich würde darüber und über alle zusätzlichen Schritte insgesamt sorgfältig zu reden sein.

Aber Sie, Herr Dr. Kohl, sollten uns klar sagen, ob Sie die Ergänzungsabgabe nur heute ablehnen oder ob Sie sie für den Fall Ihrer Kanzlerschaft dann doch im Köcher behalten wollen.

Ich klebe nach 13 Jahren Regierungsarbeit nicht an meinem Stuhl. Aber ich bin gegen eine Kanzlerschaft des Kollegen Kohl, weil ich unser Land weder außen-, noch sicherheits-, weder finanz- und wirtschafts- noch sozialpolitisch einer bisher profillosen anderen Mehrheit anvertrauen möchte. Einige werden gestern im konservativen Londoner »Daily Telegraph« gewiß den Leitartikel gelesen haben, in dem für den Fall von Herrn Kohls Kanzlerschaft vorausgesagt wird, er würde praktisch sehr ähnliche Politiken verfolgen wie die sozial-liberale Koalition, aber sie mit weniger Erfahrung handhaben. Wer nun trotz alledem wechseln will – das ist legitim –, soll das offen und ehrlich sagen.

Danach sollten dann allerdings die Bundestagswählerinnen und -wähler nicht übergangen werden. Übrigens denke ich dabei nicht an falsche Parallelen, nicht an 1930 oder 1932. Wenn mich neulich jemand mit dem Reichskanzler von Papen, dem späteren Vizekanzler Hitlers, verglichen hat, so war das eine doppelte Geschmacklosigkeit. Weder darf mich einer mit Steigbügelhalter Hitlers in Verbindung bringen, noch ist es erlaubt – wenn auch nur unausgesprochen –, den möglichen Nachfolger Dr. Kohl mit Hitler in Verbindung zu bringen. *(Zurufe von der CDU/CSU)* – Ich teile Ihre Empörung, und ich habe mich mit dieser Bemerkung zum Sprecher des ganzen Hauses gemacht. Ich fürchte, Sie haben mich akustisch nicht richtig verstanden; die Zwischenrufe müssen auf einem Mißverständnis beruhen. Ich habe Herrn Dr. Kohl genau wie mich vor solchen unerhörten Parallelen in Schutz genommen.

Wir Sozialdemokraten hatten jüngst Anlaß, des vor 30 Jahren verstorbenen Kurt Schumachers zu gedenken. Sein Vorbild zeigt jedem, daß man vor der Verantwortung nicht davonlaufen darf. Ich denke nicht an Rücktritt. Das versichere ich auch all jenen, die mir in den letzten Tagen besorgte Briefe geschrieben haben, auch aus anderen Parteien. Wenn eine geschichtliche Epoche in der Entwicklung unseres Staates abgebrochen werden soll, dann bitte mit offenem Visier und mit einem klaren Willensentscheid derjenigen, die das wollen, mit einer Begründung, die vor der Geschichte unseres Staats Bestand hat, und nicht mit nebensächlichen, kunstvollen Argumenten.

Ich bin überzeugt, es ist keineswegs notwendig, hier etwas abzubrechen. Im Gegenteil: Erst letzte Woche habe ich gespürt, wie wir auf mehreren wichtigen Feldern im Kabinett ohne große Mühe zur Übereinstimmung gekommen sind.

Das galt insbesondere für vielschichtige Umweltschutzprobleme.

Aber dies war deshalb möglich, weil es einen Bestand an prinzipieller Gemeinsamkeit gibt, weil es einen Bestand an prinzipieller Übereinstimmung auf vielen Feldern gibt. Ich bin zuversichtlich, daß wir in einer großen gemeinsamen Anstrengung auch die uns gegenwärtig bedrängenden Probleme gemeinsam lösen können.

Die Sozialdemokratische Partei Deutschlands blickt nächstes Jahr auf 120 Jahre ihrer Geschichte zurück. Wir sind stolz auf das, was unsere Partei in vier Generationen zur Entfaltung von Freiheit und Gerechtigkeit in Deutschland hat beitragen dürfen. Wir sind stolz auch auf die gegenwärtige sozial-liberale Koalition und auf den inneren Wandel, den sie in unserem Lande ausgelöst hat.

Wir sind ebenso stolz auf das gemeinsam mit der Freien Demokratischen Partei zustande gebrachte Ansehen, das die Bundesrepublik heute in Europa und in der Welt genießt. Wir sind stolz darauf, ein von Ost und West anerkannter Faktor des Friedens zu sein. Und das muß auch so bleiben!

Wir sind stolz darauf, daß wir in unserem Lande einen sozialen Frieden in einer Weise haben festigen können, wie das in der ganzen industriellen Welt sehr selten und in der kommunistischen Welt völlig undenkbar ist.

Viele von uns – ich gehöre dazu – sind zugleich Mitglied unserer Partei und Mitglied unserer Gewerkschaft. Die Gewerkschaften haben nicht nur zur Aufbauleistung nach dem Krieg, sondern auch zur Entfaltung von innerem Frieden, Gerechtigkeit, Freiheit nach innen und nach außen Entscheidendes beigetragen. Auch darauf sind wir stolz. Wir werden niemandem erlauben, Keile zwischen die Gewerkschaftsbewegung in Deutschland und die Sozialdemokratie zu treiben, die geschichtlich aus ein und derselben Wurzel stammen und die auch in Zukunft zusammenhalten wollen. Das gilt in der schwierigen Zeit heute, es gilt auch für morgen.

Wenn der Vorsitzende des Deutschen Gewerkschaftsbundes, Ernst Breit, vorgestern auf einem Gewerkschaftstag gesagt hat: »Die Gewerkschaften wollen nicht nur mitbestimmen, sondern auch mitverantworten. Ein solches Angebot ist in einer wirtschaftlich und damit auch in einer für jedes Unternehmen sehr schwierigen Zeit keine Selbstverständlichkeit«, wenn er ferner gesagt hat: »Die Gewerkschaften stehlen sich nicht davon, wenn es gilt, der Folgen der Wirtschaftskrise Herr zu werden« – und er hat dabei insbesondere auf die Unternehmen und Betriebe Bezug genommen –, dann weiß ich, daß dies aus innerer Überzeugung der Menschen kommt, die er zu vertreten hat.

Ich habe Vertrauen zum Verantwortungswillen der Gewerkschaften in Deutschland. Sie haben ihn bewiesen und werden ihn auch wieder beweisen. Dies alles habe ich in meiner Verantwortung als Bundeskanzler gesagt. Ich knüpfe zum Schluß bei den Gedanken an, die ich im Namen der Bundesregierung vorgetragen habe.

Wir Deutschen haben mehr Nachbarn als irgendeine andere Nation Europas, ja, der ganzen Welt. Im Grunde macht es die geopolitische Lage im Zentrum dieses relativ kleinen Kontinents dem deutschen Volk schwieriger als fast jedem anderen, mit allen seinen Nachbarn in Frieden zu leben.

Besonders in den letzten 100 Jahren sind die Deutschen mehrfach aus dem Zentrum Europas hervorgebrochen und haben Kriege auf den Territorien der Nachbarn geführt. Das furchtbarste Beispiel war Hitlers Krieg, der nach Frankreich und Polen, tief nach Rußland hinein, Norwegen, Finnland, Italien, Nordafrika, überallhin Verwüstung getragen hat.

Aber auch umgekehrt sind Nachbarn Deutschlands über Jahrhunderte immer wieder in unser Land eingefallen. Wenn man die Geographie und Geschichte betrachtet, so war durch die Jahrhunderte Friedlosigkeit deutsches Schicksal.

Mit dieser Geschichte hat die Bundesrepublik gebrochen. Sie will sie nicht auslöschen – das kann sie nicht –, aber sie hat einen neuen Anfang genommen. Konrad Adenauer hat mit den Verträgen mit dem Westen diesen Anfang gemacht. Aus dem sogenannten Erbfeind Frankreich ist, nachdem es – wie dann andere Nachbarn in West, Nord und Süd – uns die Hand zur Versöhnung gereicht hat, ein Freund und ein enger Bündnispartner geworden. Die sozial-liberale Koalition hat mit ihrer Vertrags- und Aussöhnungspolitik gegenüber den östlichen Nachbarn die zweite Säule, die notwendige Ergänzung zu friedlicher Nachbarschaft nach allen Himmelsrichtungen geschaffen. Inzwischen haben wir Deutschen alle verstanden, daß es unsere Aufgabe ist, den Frieden zu wahren in Richtung auf alle Nachbarn.

Wir haben inzwischen unsere inneren Konsequenzen gezogen. Ich bin sehr dankbar, daß sich diese grundsätzliche Orientierung in der Seele unseres Volkes durchgesetzt hat. Die Hunderttausende von Paketen, die Monat für Monat aus persönlicher, privater Initiative nach Polen geschickt werden, zeigen, daß wir trotz des Elends der Vertreibung aus Schlesien, Ostpreußen, Pommern, Westpreußen begriffen haben: Nur die Aussöhnung, nur eine Politik der guten Nachbarschaft, nur eine Politik, die auch im Gegner den Mitmenschen sieht, nur sie dient dem Frieden. Und die Polen haben gemerkt, daß diese Politik eben nicht nur von den Regierenden in Bonn betrieben wird, sondern daß dahinter das ganze breite deutsche Volk steht.

Wir erwarten auch von unseren Partnern im Bündnis, von unseren Freunden im Westen, daß sie verstehen, wie wichtig uns Deutschen nach unserer ganzen Geschichte der Friede und die gute Nachbarschaft mit allen unseren Nachbarn ist. Die deutsche Friedenspolitik nach innen wie nach außen muß vor der geschichtlichen Erfahrung unseres Volkes bestehen können.

Das ist eine schwere Aufgabe. Die Friedenswilligkeit, die ehrliche Friedenswilligkeit allein ist dafür noch nicht genug. Man muß handeln und verhandeln und Verträge schließen, erst recht zwischen den beiden deutschen Staaten.

Wir können diese Politik des Friedenswillens und des Friedenshandelns um so leichter verfolgen – wie alle hier in Bonn –, als wir den deutschen Staat aufgebaut haben, der moralisch, der demokratisch und der auch wirtschaftlich bei weitem der stärkere von beiden ist. Wir sind gefestigter in vielerlei Beziehung als die DDR. Wir haben deshalb auch die Kraft, manches zu ertragen und trotzdem nicht nachzulassen, Fäden neu zu knüpfen und zu stärken.

Wir meinen es ja ernst mit dem, was in der Präambel des Grundgesetzes steht. Wir werden aber diesem Gebot in der Präambel nur dann gerecht, wenn wir die politischen und menschlichen Voraussetzungen für den Zusammenhalt der Nation nicht verkommen lassen, auch wenn auf der anderen Seite manche den Zusammenhang mutwillig auflösen wollen. Anders als auf dem Wege, der beharrlich den Kompromiß sucht, weil er den Frieden will, anders ist die Präambel des Grundgesetzes nicht zu verwirklichen.

Unserer Politik geht es um die schrittweise Verbesserung, um die mögliche Veränderung auf das wünschbare Ziel hin. Das gilt für die deutsch-deutsche Politik, das gilt für die Friedenspolitik im West-Ost-Zusammenhang, im Nord-Süd-Zusammenhang, und es gilt auch für die Politik des inneren Friedens. Solche Politik besteht aus vielen kleinen Schritten aufeinander zu, aus einer Kette von Kompromissen. Ich weiß, daß sie deshalb in den Verdacht des prinzipienlosen Durchwurstelns, wie einige sagen, geraten kann. Ich weiß das.

Gerade gegenwärtig erhalten wieder einige Propheten der angeblich großen einfachen Lösungen Zulauf, die uns mit einem Schlage von allen Problemen befreien. Was wir machen, gilt als pragmatisch, und »pragmatisch« wird dann als Schimpfwort gemeint.

Diese Verachtung entspringt einem Mißverständnis. Politisches Handeln ergibt sich nicht schon ohne weiteres aus Moral, Ethik oder Theologie. Politisches pragmatisches Handeln bedeutet die vernunftgemäße Nutzung von Mitteln zu einem moralisch gerechtfertigten Ziel, und die Mittel dürfen auch nicht unmoralisch sein.

Das heißt: Politischer Pragmatismus vergißt über dem Tagesgeschäft nicht das Ziel, und er versäumt über dem Ziel und dem Reden über das Ziel auch nicht, das heute und jeden Tag tatsächlich Mögliche zu verwirklichen.

Ich denke oft, daß Politik insgesamt die Anwendung feststehender sittlicher Grundsätze auf sehr wechselhafte Situationen sein muß. Deshalb darf es auch kein pragmatisches, kein praktisches Handeln ohne die Pflicht, ohne die Bindung an sittliche Grundsätze und Grundwerte geben.

Zugleich gilt, daß dieses Handeln den Frieden innerhalb einer Gesellschaft und zwischen den Staaten ermöglicht, weil es den Kompromiß will. Zugleich entspricht dieses Handeln dem Wesen der Demokratie, weil es von der Vielfalt der Wertorientierungen ausgeht. Diese Politik stiftet Frieden, weil sie im Kompromiß auch den Nutzen des anderen anerkennt und sogar sucht. Das ist das Gegenteil von Opportunismus. Opportunist ist derjenige, der andere über die Notwendigkeiten, die Schwierigkeiten oder die Konsequenzen des Kompromisses hinwegtäuscht.

Ich habe mich dieser Bindung an die Pflicht, dieser Auffassung von Politik in der sittlichen Pflicht immer zu stellen gesucht und will mich dem gerade auch in schwieriger Zeit nicht entziehen.

Unsere Politik des Friedens nach innen und außen verspricht, weiterhin erfolgreich zu sein. Wer dies verleugnet, der sitzt einer Mode auf, die jüngst der amerikanische Journalist und Deutschlandkenner John Vinocur bei seinem Abschied aus Bonn so geschildert hat – ich zitiere –: »Ein bißchen Fremdenhaß, ein bißchen Romantik, ein bißchen das Gefühl, Opfer zu sein, und dicke Scheiben des Moralisierens und des Pessimismus: Westdeutschland im Jahre 1982.«

Kein Zweifel, wir haben eine harte Zeit durchzustehen, und mancher hat Anlaß zur Klage. Arbeitslosigkeit ist mehr als der Verlust von Einkommen. Ein Jugendlicher ohne Lehrstelle oder ohne Ausbildungsplatz hat – weiß Gott! – das Recht zu Kritik.

Aber wie steht es mit jenen, die sich ohne persönlichen Grund einer Stimmung des Pessimismus hingeben, die, wie jüngst ein konservativer Schreiber in der »ZEIT«, Diether Stolze, geschrieben hat, »zu taumeln beginnen, lange bevor ihnen eigentlich schwindlig werden müßte«? Wir Deutschen in der Bundesrepublik sollten uns von unseren Landsleuten in der DDR nicht in der Fähigkeit übertreffen lassen, Sorgen zu ertragen und dennoch unsere seelische Kraft zu behalten.

Wir haben in der Friedenspolitik Kurs gehalten und Orientierung für andere geben können. Wir haben in der Wirtschaftspolitik Kurs gehalten, und das hat uns weiter gebracht als manche Wunderkuren in der Welt. Wir haben den Sozialstaat nicht zum Verschiebebahnhof für wirtschaftliche Probleme werden lassen.

Mit dem raschen Abbau des Leistungsbilanzdefizits, der Abschwächung des Preisanstiegs und mit den maßvollen Lohnabschlüssen dieses Jahres sind die Chancen für Zinssenkungen und für neue Investitionen größer geworden. Die beschäftigungswirksamen Maßnahmen, die in diesem Jahr ergriffen wurden, werden ebenfalls Wirkung zeigen. Jeder Ausländer bescheinigt uns, daß wir ökonomisch guten Kurs gehalten haben.

Noch immer ist unser Lebensstandard einer der höchsten, noch immer sind die Deutschen Weltmeister beim Reisen ins Ausland, und noch immer sind die meisten mit ihrer persönlichen wirtschaftlichen Lage zufrieden und verlangen eigentlich nicht mehr.

Viele sind durchaus bereit, Opfer zu bringen, und die Opfer sind auch notwendig.

Auf diese Opferbereitschaft setze ich – und auf das Herz und den klaren Verstand, der in unseren Mitbürgern immer noch stärker ist als Selbstmitleid und Pessimismus. Der englische Journalist Jonathan Carr, der hier in Bonn unter uns ist, hat jüngst in der »Financial Times« über Deutschland geschrieben: »Wenn die gegenwärtige Krise vorüber sein wird, werden wir hoffentlich weniger über deutsche Wunder und deutsche Tragödien hören – und mehr über ein mittelgroßes Land, das in ähnlich schwierigen Umständen wie wir Engländer alle die Probleme ganz gut meistert.«

Meine Damen und Herren, die Anzeichen dafür, daß dies gelingt, mehren sich. Damit wir unsere Probleme meistern, brauchen wir etwas mehr Vertrauen auf die eigene Kraft und etwas mehr Mut in der Gegenwart. Dann ist mir um die Zukunft dieses Landes nicht bange – und auch nicht um die Zukunft der Nation.

Die Weltwirtschaft ist unser Schicksal

Beitrag in der ZEIT vom 25. Februar 1983

Vor neun Jahren, unmittelbar nach der ersten Ölpreisexplosion, schrieb ich in einem Aufsatz in »Foreign Affairs«: »Der Gedanke . . . bleibt, daß die Weltwirtschaft in eine Phase außerordentlicher Instabilität eingetreten ist und daß ihre künftige Entwicklung absolut ungewiß ist. Sie mag Stabilität bringen, aber genausogut noch mehr Instabilität, Desintegration, nationale Isolierung und Autarkiestreben.«

Damals wie heute lautet die Frage: Werden die Staaten ihre gemeinsamen Probleme in Kooperation zu lösen versuchen – gleichsam ein Spiel miteinander spielen, bei dem jeder gewinnt –, oder werden sie in Konfrontation gehen, also ein Spiel spielen, bei dem alle verlieren?

Noch in den frühen siebziger Jahren sah es so aus, als könnten alle zugleich Gewinner bleiben: die Industrieländer, die Schwellenländer, die Ölförderländer, selbst die Nicht-Öl-Entwicklungsländer. Spätestens seit der zweiten Ölpreisexplosion, seit 1979/80, stimmt dies nicht mehr. Seither stecken wir in einer tiefen Weltwirtschaftsrezession, der tiefsten Weltwirtschaftsrezession, der tiefsten Rezession seit den dreißiger Jahren. Wenn es gut geht, werden die Historiker diese Jahre als die »Große Stagnation« beschreiben. Wenn wir aber die Zeichen der Zeit mißdeuten und die Zügel weiterhin schleifen lassen, dann werden unsere Kinder sie mit der Katastrophe der dreißiger Jahre vergleichen. Sie werden unser wirtschaftliches und politisches System in Zweifel ziehen und in manchen Ländern möglicherweise – wie in Deutschland 1933 geschehen – über Bord werfen.

Niemand wird bestreiten, daß die Weltwirtschaft sehr krank ist. Aber sie ist nicht unheilbar krank. Denn: Unsere Probleme sind von Menschen gemacht, sie können auch von

Menschen behoben werden. Dazu gehört, daß die Regierungen ihrer Verantwortung gerecht werden. Wir dürfen nicht so sehr an die unsichtbare Hand des Marktes glauben, daß wir es vorziehen, »die sichtbare Hand gestaltender Politik gar nicht wahrzunehmen« (Joseph Kraft). Man darf die Lösung unserer Probleme nicht allein den »Selbstheilungskräften des Marktes« überlassen.

Als Regierungschef habe ich einen mittleren Weg zwischen den keynesianischen und den monetaristischen Übertreibungen verfolgt; aber natürlich konnten wir nicht verhindern, daß auch die deutsche Wirtschaft nach der zweiten Ölpreisexplosion zunehmend in den Sog der Weltwirtschaftskrise geriet. Ich bin immer dabei geblieben: Die Weltwirtschaft ist unser Schicksal. Sie kann nur gemeinsam gesteuert werden. Deshalb haben wir vor zehn Jahren die *Library Group* geschaffen, ein informelles Treffen der Finanzminister, und bald darauf die Weltwirtschaftsgipfel eingerichtet.

Heute erscheinen die Regierungen wie gelähmt. Der politischen Entschlußlosigkeit der Regierenden steht die private Hilflosigkeit der Arbeitslosen und der Hungernden gegenüber. Mit jedem Tag wächst die Gefährdung des Systems, das uns ein Weltsozialprodukt beschert hat, von dem weder unsere Großväter noch unsere Väter, noch wir selbst zu träumen gewagt hatten.

Das Risiko einer Depression

Mehr als 32 Millionen Menschen sind gegenwärtig in den westlichen Industrieländern (OECD) arbeitslos. Selbst wenn die Industrieländer wieder reale Wachstumsraten von drei Prozent erreichten, ginge die Arbeitslosigkeit in den nächsten Jahren nicht zurück. Bei Fortführung der gegenwärtigen Wirtschaftspolitik durch die entscheidenden Staaten wird die Arbeitslosigkeit unweigerlich weiter steigen. Tatsächlich schrumpft die Weltproduktion. Der Welthandel stagnierte 1980, seit 1981 geht er zurück. Die Auslastung der Kapazitäten ist extrem niedrig. Die Investitionen in Sachkapital gehen weiter zurück. Die Zahl der Insolvenzen hat 1982 weltweit einen neuen Höchststand erreicht. Wenn in Detroit Armenküchen eingerichtet werden mußten, herrscht dort Depression.

Die realen Zinsen liegen trotz des deutlichen Rückganges der nominalen Zinsen immer noch extrem hoch. In einigen Industrieländern sind die Realzinsen im vergangenen Jahr sogar weiter gestiegen. Die Realzinsen der Welt sind heute doppelt so hoch wie im Durchschnitt des Jahres 1981.

Die Wechselkurse der Schlüsselwährungen spielen verrückt. Beides, die hohen Realzinsen und die extremen Wechselkursschwankungen, verunsichern den Handel erheblich und tragen zur Zurückhaltung der Investoren bei.

Die realen Preise vieler Rohstoffe der Entwicklungsländer liegen auf dem niedrigsten Stand seit 30 Jahren. Die Entwicklungsländer können mit ihren Erlösen weit weniger kaufen als ehedem. Niedrige Rohstoffpreise, hohe Rohölpreise und exorbitant hohe Zinsen haben in den Entwicklungsländern zu einer immensen Verschlechterung der Leistungsbilanzen geführt. Ihre Defizite waren 1982 immer noch dreimal so hoch wie 1978: Die Nicht-Öl-Entwicklungsländer hatten 1978 gemeinsam ein Leistungsbilanzdefizit von 23 Milliarden Dollar; es ist bis 1981 auf 73 Milliarden angestiegen und 1982 nur leicht abgesunken.

Deshalb sind die Auslandsschulden der Entwicklungsländer 1982 auf über 600 Milliarden Dollar angewachsen; mehr als drei Viertel davon sind kommerzielle Kredite. Ein weiteres Jahr weltwirtschaftlicher Rezession kann die Entwicklungsländer in eine katastrophale Lage bringen (möglicherweise mit schlimmen Folgen für die kreditgebenden Banken).

Die Rezession hat die im OPEC-Kartell zusammengeschlossenen Staaten nicht verschont. Der Ölverbrauch in den westlichen Industrieländern ist seit 1979 um etwa 15 Prozent zurückgegangen, auch aufgrund von Energie-Einsparung. Da die nicht am Kartell beteiligten Förderländer ihre Produktion in den vergangenen drei Jahren kräftig gesteigert haben, hat sich die Förderung der OPEC – bei fallenden Marktpreisen – seit 1979 nahezu halbiert. Der offizielle Ölpreis von 34 Dollar/Barrel steht nur noch auf dem Papier.

Auch die plangesteuerten kommunistischen Wirtschaften

der RGW-Länder sind von der Rezession voll getroffen. Zu lange war man dort davon ausgegangen, daß die Krise lediglich ein Problem der kapitalistischen Industrieländer wäre. Die Planziele wurden weit unterschritten. Die Wachstumsraten des West-Ost-Handels haben sich seit 1981 deutlich verlangsamt. Die Auslandsverschuldung der kommunistischen Staaten ist bis 1981 erheblich gestiegen; seitdem stehen diesen Ländern praktisch keine frischen westlichen Bankkredite mehr zur Verfügung.

Die Tatsache, daß eine Reihe von Staaten – unter den Entwicklungsländern wie im Ostblock – sanierungsreifen Unternehmen gleichen, veranlaßte die Geschäftsbanken, die Vergabe neuer Kredite zu drosseln. Es kam zu Zahlungsrückständen, einseitig dekretierten Moratorien und schließlich zu spektakulären Umschuldungsaktionen, deren Ende noch nicht abzusehen ist.

Die Einschränkung der Exporte in die kranken Staaten hat die Beschäftigung in den gesunden Ländern getroffen. Immer mehr Länder versuchen jetzt, ihre Schwierigkeiten durch Subventionierung ihrer Ausfuhren und Abschottung ihrer Märkte zu lindern. Der Protektionismus wuchert. Er treibt immer mehr Unternehmen und Länder an den Rand des Ruins. Denn: *Markets are like parachutes – they only function when open:* »Märkte sind wie Fallschirme – sie funktionieren nur, wenn sie sich öffnen.«

Ich bin in einer Hafenstadt zu Hause. Was sich in Schiffbau und Schiffahrt abspielt, ist symptomatisch für die Weltwirtschaft. Die »Financial Times« schätzt, daß 12 Prozent der Welttonnage aufgelegt sind, obwohl mehr Tonnage als je zuvor abgewrackt wird. Die Frachtraten sind zusammengebrochen. Weder im Tankermarkt noch in der Trampschiffahrt, noch in der Linienschiffahrt zeichnet sich eine Besserung ab. Weil aber alle Regierungen unter dem Druck ihrer Parlamente den Schiffbau weiter subventionieren, wird mehr neue Tonnage fertiggestellt, als alte verschrottet wird. Banken und Schiffseigentümer sind in Bedrängnis.

Der einzige Lichtblick in der gegenwärtigen Lage und zugleich eine Chance liegt darin, daß die Inflation in den meisten Ländern eingedämmt ist und die Inflationserwartungen deutlich gedämpft, wenn nicht gebrochen sind. Die Bremsspuren sind freilich erschreckend.

Wie es soweit kommen konnte

Am Beginn des Niedergangs der Weltwirtschaft steht die rapide Geldentwertung der siebziger Jahre. Sie hatte komplexe Ursachen. Zum einen führte die Inflationierung des amerikanischen Dollars zum Zusammenbruch des Systems von Bretton Woods, das seit Kriegsende eine so wohltuende Rolle gespielt hatte. Es hatte die Wechselkurse stabil gehalten und die Regierungen und Notenbanken gezwungen, ihr Verhalten am Wert des Dollars zu orientieren. Der internationale Handel, das internationale Kreditgeschäft und die internationalen Investitionen konnten mit festen Wechselkursen operieren.

Die Verweigerung rechtzeitiger Anpassungen dieser festen Wechselkurse und die Finanzierung des Vietnam-Krieges führten gegen Ende der sechziger Jahre zu einem starken Interventionszwang für alle beteiligten Zentralbanken. Da die USA ihre Goldvorräte nicht zur Intervention einsetzen wollten oder konnten, brach das System 1971 bis 1973 schrittweise zusammen. Der Dollar verfiel einer schnellen Abwertung, die in diesem Umfang durch die fundamentalen Wertverhältnisse keineswegs gerechtfertigt war.

Die Entlassung fast aller Währungen der Welt aus dem Zwang, ein festes Wechselkursverhältnis zum Dollar aufrechtzuerhalten, entließ gleichzeitig die Regierungen aus dem Zwang, ihre budgetäre und monetäre Politik am Zustand der eigenen Zahlungsbilanz zu orientieren. Viele Regierungen leisteten sich hohe Budgetdefizite, die durch expansive monetäre Politik (Geldschöpfung) finanziert wurden. Inflation und Inflationserwartungen stiegen fortlaufend an. Damit war der Boden vorbereitet für die explosionsartige Durchsetzung erhöhter Preise durch das OPEC-Kartell. Die schnell erfundenen Mechanismen zum *Recycling* der Petro-Dollars taten ein übriges. Es erschien problemlos, aus kurzfristig angelegten Ölüberschußdollars einen riesenhaften Euro-Dollarmarkt und eine bis dahin unerhörte internationale Verschuldung aufzubauen.

In Wirklichkeit haben die Industriestaaten die höheren Ölpreise nur zum kleineren Teil real bezahlt; die größere Last haben die Entwicklungsländer in einer horrenden Verschlechterung ihrer *terms of trade* getragen. Aber inzwischen hat das Unglück hoher internationaler Verschuldung und drohender Insolvenz die Geschäftsbanken der industriellen Staaten eingeholt.

Der zweite Ölpreisschock der Jahre 1979/80 konnte nicht mehr auf die gleiche Weise bewältigt werden. Hierfür waren im wesentlichen psychologische und politische Gründe ursächlich: Viele Regierungen begannen – mit Recht –, die Inflation zu fürchten; sie ergriffen monetäre Restriktionen, die zu schnell zu weit gingen.

Budgetäre Restriktionen waren in der Tat in vielen Staaten der Welt schon seit längerem angezeigt gewesen. In den inflationistischen siebziger Jahren, hier und dort schon in den sechziger Jahren, hatte man in manchen Staaten die staatliche Finanzierung von Wohlfahrtsansprüchen stärker vorangetrieben, als durch reales Wachstum und Steuereingänge dauerhaft finanziert werden konnte. In vielen Staaten kamen unglückselige Indexierungen der Sozialleistungen hinzu (und die Indexierung der Löhne heizte die Inflation weiter an).

Gleichzeitig aber hatten Parlamente und Regierungen auch begonnen, in zu hohem Maße ihre heimische Landwirtschaft und große Zweige ihrer Industrie zu subventionieren. Die entwickelten Volkswirtschaften verloren einen guten Teil ihrer Flexibilität und Anpassungsfähigkeit. Zugleich setzten viele Entwicklungsländer sich viel zu ehrgeizige Entwicklungs- und Industrialisierungsziele; viele von ihnen haben sich im Laufe der siebziger Jahre als unrealistisch erwiesen.

Dem Zusammenbruch des Bretton-Woods-Systems und seiner festen Wechselkurse ist die weltweite Inflation gefolgt. Sie wurde begleitet von einer Umkehr des Trends zur Liberalisierung des Welthandels. Selbst innerhalb der Europäischen Gemeinschaft wird das Prinzip mehr und mehr erkennbar, das sich seit Ende der siebziger Jahre auf der ganzen Welt breitmacht: Kurzsichtiger nationaler Egoismus und Auslieferung nationaler ökonomischer Politik an den Druck der *pressure groups* überwuchert die internationale Kooperation.

Die Gefahr ist groß, daß die Weltwirtschaft zum zweitenmal in diesem Jahrhundert in eine lang anhaltende Depression schlittert. Benjamin Franklin könnte recht bekommen: *We must all hang together else we shall all hang separately:* »Wir müssen zusammenhängen, sonst werden wir einzeln hängen.«

Was zu tun ist

Wenn die Regierungen nicht die Kraft zur Zusammenarbeit aufbringen, so werden sich die Fehler der dreißiger Jahre *mutatis mutandis* wiederholen: übertriebene geld- und fiskalpolitische Restriktion, Abwertungswettläufe, Protektionismus und Brüche in den internationalen Kreditketten und im Bankensystem. »Man sollte eigentlich im Leben niemals die gleiche Dummheit zweimal machen; denn die Auswahl ist so groß« (Bertrand Russell). Im Ernst können wir uns eine Auswahl unter mehreren Dummheiten nicht leisten; dafür ist die Lage zu ernst. Regierungen haben es aber schwer, weil sie auf *vested interests* in ihren Gesellschaften und Parlamenten stoßen. Nur in gemeinsamer Verabredung der Regierungen untereinander kann jede einzelne Regierung hoffen, sich diesem Druck zu widersetzen. Es ist Zeit, daß die Regierungen gemeinsam in die ökonomische Offensive gehen, wenn sie ihre Verantwortung für die Arbeitslosigkeit wahrnehmen wollen.

Arbeitslosigkeit kann nicht über Nacht mit Patentverfahren beseitigt werden. Wer solche Illusionen gehegt hat, ist durch die rezessiven Erfahrungen in Amerika und England belehrt. Es bedarf vielmehr eines langen Prozesses. Aber die Ziele müssen jetzt gesetzt werden. Die westlichen Industrieländer müssen die Führung ergreifen. Die Vereinigten Staaten müssen sich an die Spitze stellen.

Worauf es ankommt, ist eine enge Abstimmung der einzelnen wirtschaftspolitischen Schritte in den wichtigsten Ländern. Diese Schritte werden selbstverständlich sowohl Maßnahmen zur Stabilisierung der Nachfrage als auch zur Verbesserung der Investitionstätigkeit enthalten müssen. Sie werden von Land zu Land unterschiedlich ausfallen; sie müssen jedoch miteinander verträglich sein und aufeinander aufbauen. Nur so kann vermieden werden, daß national durchaus sinnvolle Politiken verpuffen oder gar in ihr Gegenteil verkehrt werden.

Für den Fall, daß keine solche konzertierte Aktion zustande kommt, hat Henry Kissinger kürzlich das Risiko klipp und klar definiert: »Wenn die Völker des Westens den Glauben verlieren, daß demokratische Regierungen ihr ökonomisches Schicksal meistern, könnte aus der Wirtschaftskrise eine Krise der westlichen Demokratie werden.«

Auf dem Wirtschaftsgipfel im Mai in Williamsburg muß eine konzertierte Aktion der Sieben das zentrale Thema sein. Es darf sich nicht wiederholen, daß der Streit um drittrangige Fragen die erstrangigen Fragen von der Tagesordnung verdrängt. Die erstrangigen Fragen können nur gelöst werden, wenn die Teilnehmer zu gegenseitigen Zugeständnissen bereit sind. Wechselseitige Schuldzuweisungen bringen uns nicht voran.

Was ist nötig?

Erstens: Die kontraktiven Wirkungen, die von der heute betriebenen Geld-, Finanz-, Währungs- und Handelspolitik sowie neuerdings von den Unsicherheiten im internationalen Kreditgeschäft auf die Weltwirtschaft ausgehen, müssen beseitigt werden. Dabei steht die Notwendigkeit an der Spitze, die realen Zinsen herunterzubringen – sonst wäre der Marsch in die Weltdepression sicher.

Zweitens: Mit nachfragepolitischen Parforceritten und mit ungezügelter Schaffung von internationaler Liquidität würden sich die Probleme binnen kurzem nur verschlimmern. Das wäre der Weg zurück in die Weltinflation.

Drittens: Wir müssen einen mittleren Weg gehen. In die Wirtschaftspolitik der Industriestaaten müssen insgesamt wieder expansivere Elemente einbezogen werden, die eine weitere Kontraktion der Weltwirtschaft verhindern und Anstöße für eine dauerhafte Expansion geben. Dies hat im engen Zusammenwirken von Geld-, Finanz- und Einkommenspolitik zu geschehen, die ihrerseits von der Handels-, Währungs- und internationalen Kreditpolitik flankiert sein müssen.

Viertens: Der Policy-mix der großen Industriestaaten muß zwischen ihnen abgestimmt werden. Dabei ist der Spielraum der einzelnen Länder, je nach ihrer nationalen Situation, verschieden groß. Dieser Spielraum kann mit Fortschreiten dieser konzertierten Aktion ausgedehnt werden. In der Abstimmung zwischen den Staaten müssen deren nationale Interessen und die internationalen Erfordernisse gleichen Rang erhalten.

Fünftens: Die in Gang befindliche Anpassung der nationalen Volkswirtschaften an den Strukturwandel der Weltwirtschaft darf nicht behindert werden. Ebenso darf der im Gang befindliche Prozeß zur Überwindung struktureller Fehlentwicklungen nicht unterbrochen werden. Das gilt für Budgetstrukturen, für Sozialleistungsstrukturen, für Subventionsstrukturen, für die Umstrukturierung des Energieangebotes und des Energieverbrauches; es gilt für den stärkeren Schutz der natürlichen Umwelt und ihrer Ressourcen; es gilt auch für die eingeleiteten Prozesse zur Erleichterung ausreichender Vermögens- und Eigenkapitalbildung.

Sechstens: Zur Überwindung der krisenhaften Zuspitzung bedarf das Weltfinanzsystem einer noch viel stärkeren, institutionalisierten Zusammenarbeit zwischen den Regierungen, den Zentralbanken, den Bankaufsichtsbehörden und den privaten Gläubigerbanken. Der Internationale Währungsfonds und die Weltbank müssen deutlich gekräftigt werden – nicht nur hinsichtlich ihrer finanziellen Ausstattung, sondern auch hinsichtlich ihrer Möglichkeiten, nationale Wirtschaftspolitiken von Schuldner- und Gläubigerländern zu beobachten und zu beeinflussen. Eines der wichtigsten Ziele muß in der Verstetigung der Wechselkurse liegen. Frische Kredite an verschuldete Länder müssen durch Beteiligung von IWF und Weltbank nicht nur hinsichtlich ihrer finanziellen Ausgestaltung unter Konditionen gestellt werden, sondern auch hinsichtlich der nationalen Wirtschaftspolitik des Schuldnerlandes. Die Funktionsfähigkeit des Weltfinanzsystems aufrechtzuerhalten, liegt gleicherweise im Interesse der Schuldner- wie der Gläubigerstaaten.

Siebtens: Die öffentliche Entwicklungshilfe muß real verstärkt, auf keinen Fall darf sie weiter reduziert werden. Die Geschäftsbanken müssen auch weiter bereit sein, neue Kredite an Entwicklungsländer auszureichen. Unabdingbar für die Gesundung der Entwicklungsländer ist jedoch eine Erholung in den Industrieländern.

Achtens: 1983 müssen erste Erfolge im Kampf gegen den grassierenden Protektionismus sichtbar werden. Als Minimum müssen sich die Sieben bindend verpflichten, in den nächsten 24 Monaten keine zusätzlichen handelsbeschränkenden Maßnahmen untereinander und gegenüber Dritten zu ergreifen.

Ich werde sogleich die vorstehenden acht Punkte näher erläutern. Schon jetzt will ich feststellen: Die Vorbereitungen für ein konzertiertes Handeln der sieben wichtigsten Industriestaaten sollten unverzüglich eingeleitet werden. Darüber hinaus bleibt es unabweisbar, mit den ölexportierenden Überschußländern über ihre zukünftige Rolle nicht nur in der Ölversorgung, sondern auch in den Kreditbeziehungen der Welt zu sprechen und sich abzustimmen. Zweifellos haben Ölüberschußländer legitime nationale Interessen zu verfolgen. Zweifellos gilt aber auch für sie: Nationale Interessen und internationale Erfordernisse müssen im gleichen Rang stehen. Die Fehlschläge in Cancun und bei anderer Gelegenheit dürfen nicht zur Resignation führen. Wenn die Regierungschefs der industriellen Welt auf höchster Ebene miteinander reden, so sollten sie anschließend auch ein Gespräch mit den wichtigsten Ölländern auf höchster Ebene ins Auge fassen.

Wer trägt was bei?

Ein nachhaltiger Aufschwung in der Weltwirtschaft wird nicht zustande kommen, solange die Realzinsen extrem hoch bleiben. Es bedroht das ganze System, wenn ein Unternehmen als Geldanleger über längere Zeiträume höhere Rendite erzielt, als es mit Sachinvestitionen zu verdienen hoffen kann. Mit dem Umverteilen von Geld- und Vermögenstiteln kann man auf die Dauer ebensowenig Wachstum und Arbeitsplätze schaffen wie mit dem Umverteilen von Einkommensansprüchen.

Bei der notwendigen Senkung des Weltzinsniveaus fällt den Vereinigten Staaten die Führungsrolle zu, allein wegen ihres Gewichts auf der Welt. Auf sie entfallen etwa 40 Prozent des Sozialprodukts aller OECD-Länder; rund zwei Drittel aller offiziellen Devisenreserven der Welt werden in US-Dollar gehalten; etwa drei Viertel der Euromarktkredite sind in US-Dollar denominiert und tragen amerikanischen Zinsfuß.

Die tiefe Rezession der amerikanischen Wirtschaft wurde durch die Kombination einer äußerst restriktiven Geldpolitik mit einer hochdefizitären Finanzpolitik verursacht. Extrem hohe Zinsen und ein überbewerteter Dollar waren die Folgen. Eine geldpolitische Vollbremsung geschah gleichzeitig mit massiver Steuersenkung und einer Aufblähung der Verteidigungsausgaben. Der Versuch, unter diesen Bedingungen den Haushalt auszugleichen, kam von Anfang an der Quadratur des Kreises gleich. Das Defizit des laufenden Haushaltsjahres wird mittlerweile auf über 200 Milliarden Dollar geschätzt.

Die negativen Wirkungen dieser Politik sind über die Rückkopplungseffekte aus der Weltwirtschaft noch erheblich verstärkt worden. Die hohen Dollar-Zinsen ließen die Überschuldung vieler Länder überhaupt erst zum Problem werden. Rückläufige Exporte der USA in wichtige Abnehmerländer waren die Folge. Amerikanische Banken, die in diesen Ländern stark engagiert sind, müssen um ihre Forderungen bangen. Der starke Dollar verteuert die amerikanischen Güter und führt zu erheblichen Ausfuhreinbußen der USA. Für das laufende Jahr wird ein Leistungsbilanzdefizit von über 30 Milliarden Dollar erwartet. Die Vereinigten Staaten müssen also von den hohen Realzinsen und von dem infolgedessen überbewerteten Dollar herunterkommen. Die *Fed* muß den pragmatischeren Kurs, den sie im Sommer des vergangenen Jahres eingeschlagen hat, fortführen.

Eine stärkere Orientierung der Realzinsen an den konjunkturellen Erfordernissen ist dringend nötig. In der heutigen Situation wäre ein langfristiger Realzins von 2 Prozent angemessen. Mindestens aber ist eine Senkung des Realzinses um 2 Prozent auf höchstens 3,5 Prozent dringend nötig; historisch gesehen wäre dies immer noch ein sehr hoher Zinsfuß.

Die *Fed* wird jedoch einen solchen Kurs nur steuern können, wenn abzusehen ist, daß der amerikanische Bundeshaushalt in Ordnung kommt. Das heutige Defizit ist teilweise konjunkturbedingt; solche Defizite müssen hingenommen werden; bei besserer Wirtschaftslage werden sie sich automatisch zurückbilden. Die für 1984 und danach erwarteten Fehlbeträge sind jedoch überwiegend struktureller Art. In dieser Höhe führen sie bei der niedrigen Sparquote der amerikanischen Wirtschaft zu einer Überforderung der Kapitalmärkte. Die von der Administration vorgeschlagenen Schritte in Richtung Defizitabbau reichen deshalb keineswegs aus, um das Vertrauen in eine Trendumkehr herzustellen. Wenn diese Umkehr nicht zur Richtschnur der Budgetpolitik gemacht wird, wird es weder in den Vereinigten Staaten noch anderswo eine solide Wiederbelebung der Wirtschaft geben.

Natürlich darf die Geldpolitik mittelfristig nicht das Ziel einer an den Produktionsmöglichkeiten ausgerichteten, stabilitätsorientierten Geldmengenentwicklung aus dem Auge verlieren. Letztlich entscheidet die Geldmengenentwicklung im mehrjährigen Durchschnitt, nicht die Entwicklung von Monat zu Monat oder von Quartal zu Quartal. Dies gilt nicht nur für die Vereinigten Staaten, sondern für alle wichtigen Industrieländer. Mittelfristig sollte für Dollar, D-Mark und Yen geprüft werden, ob die Zentralbanken ihre Geldmengenpolitik nicht stärker an der internationalen Nachfrage nach diesen Währungen ausrichten müssen.

Am Beispiel Frankreichs hat sich gezeigt, daß bloß nationale Expansionsmaßnahmen kaum Erfolg haben können, wenn sie nicht unterstützt werden durch abgestimmtes Verhalten anderer Länder. Das steigende Leistungsbilanzdefizit und der Druck auf die französische Währung erzwangen bereits nach einem Jahr einen erneuten Kurswechsel. Die Zahlungsbilanzlage ist nach wie vor zu prekär und die Inflationsrate immer noch zu hoch, als daß trotz der relativ günstigen Haushaltslage schon wieder Gas gegeben werden könnte. Eine vorsichtige Geldpolitik und eine Einkommenspolitik, die zur Stärkung der Ertragskraft der Unternehmen beiträgt, könnten das internationale Vertrauen in die französische Wirtschaft und in den Franc entscheidend stärken. Erleichterungen würde Frankreich vor allem durch ein koordiniertes Vorgehen jener Länder erfahren, die sich ein Umschalten auf mehr Expansion leisten können. Im Gegenzug müßte Frankreich aber seine protektionistischen Neigungen unterdrücken.

Auch Italien können expansive Impulse nicht empfohlen werden. Im Gegenteil: Nur bei Verschärfung des monetären Kurses und nur bei Abbau des immensen Haushaltsdefizits kann Italien von einem weltweiten Aufschwung profitieren. Vor allem aber: Ohne einen weiteren schrittweisen Abbau der automatischen Lohnanpassung *(scala mobile)* können Italiens große wirtschaftliche Probleme nicht gelöst werden.

Kanada hat zwar jüngst einen kleinen Leistungsbilanzüberschuß erwirtschaftet, aber das Haushaltsdefizit (als Anteil am Bruttosozialprodukt) hat sich im letzten Jahr verfünffacht. Obwohl Kanada wegen seiner engen wirtschaftlichen Verflechtung mit den USA zu einer binnenwirtschaftlich unvertretbaren geldpolitischen Restriktion gezwungen war, konnte die Inflationsrate kaum gesenkt werden. Kanada dürfte mehr als jedes andere Land von einem weiteren Rückgang der amerikanischen Zinsen profitieren.

Mit expansiven Schritten können jedoch jene Länder vorangehen, die ihre Inflation im Griff haben, deren Leistungsbilanz im Gleichgewicht oder im Überschuß ist oder deren Kapitalmärkte durch Haushaltsdefizite vom Staat nicht übermäßig in Anspruch genommen sind: Japan, die Bundesrepublik Deutschland, Großbritannien, aber auch die Niederlande, Norwegen, Österreich und die Schweiz. Dem britischen Schatzkanzler Geoffrey Howe ist zuzustimmen: »Wo das Budgetdefizit unter Kontrolle und die Außenhandels- und Währungsposition stark ist, mag Raum sein für einen Anstieg der einheimischen Aktivität zur Verstetigung des Aufschwungs.«

In Japan sollte eine expansivere Finanzpolitik gewagt werden. Die hohen Steuerausfälle als Folge der weltweiten Konjunkturverschlechterung lassen die Haushaltslage schlechter erscheinen als sie ist. Die so entstandenen Haushaltslücken werden sich beim Wiederanspringen der Weltkonjunktur selbsttätig zurückbilden. Obendrein ist die private Sparrate sehr viel höher als in fast allen anderen Ländern; auch dies schafft finanzpolitischen Spielraum. Höchst erwünscht ist außerdem eine Lockerung der Geldpolitik; dafür ist allerdings ein weiterer Rückgang der amerikanischen Zinsen Voraussetzung.

In der Bundesrepublik Deutschland haben sich die Voraussetzungen für eine Wiederbelebung seit Frühjahr 1982 spürbar verbessert: der Preisanstieg liegt inzwischen unter vier Prozent; die Leistungsbilanz wies schon 1982 einen deutlichen Überschuß aus; das Haushaltsdefizit hat seinen Höhepunkt schon hinter sich. Zusätzliche investitions-, wachstums- und beschäftigungsfördernde Maßnahmen sind also möglich. Natürlich muß gleichzeitig am mittelfristigen Konsolidierungskurs für den Haushalt festgehalten werden. Der Spielraum der Bundesbank für weitere Zinssenkungen ist zwar durch die Zinsentwicklung in den Vereinigten Staaten begrenzt; er sollte jedoch voll ausgeschöpft werden.

Großbritannien zählt ebenfalls zu jenen Ländern, die in der Finanzpolitik expansive Impulse geben können. Das Haushaltsdefizit ist rückläufig, der öffentliche Kapitalbedarf hat sich (als Anteil am Bruttosozialprodukt) in den vergangenen beiden Jahren halbiert. Auch im laufenden Haushaltsjahr wird – trotz des Falkland-Krieges – der Ausgabenplafond nicht ausgeschöpft. Die übertriebene Sparpolitik hat nicht zu der erwarteten Stimulierung der privaten Investitionen geführt; im Gegenteil: Der *fiscal overkill* hat die Rezession in die Länge gezogen und zu einer Steuerquote geführt, die höher ist als unter der vorausgegangenen Labour-Regierung. Mittlerweile gibt es in Großbritannien mehr Arbeitslose als 1932. Steuererleichterungen und gezielte öffentliche Investitionen, in weit größerem Umfang als geplant, wären ohne weiteres möglich. Der Kursrückgang des Pfundes in den letzten Wochen, der freilich auch auf die gegenwärtige Instabilität an den Ölmärkten zurückzuführen ist, läßt im Augenblick weitere Zinssenkungen der Bank von England nicht zu.

Im Verein mit Japan, Großbritannien und der Bundesrepublik Deutschland sollten Holland, Norwegen, Österreich und die Schweiz keine Scheu haben, in das Konzert einzustimmen. Die konzertierte Aktion sollte im übrigen in allen teilnehmenden Staaten mit den am Wirtschaftsleben Beteiligten gründlich erörtert werden: je breiter der Konsens, desto eher können *vested interests* überwunden werden.

Mit einem mutigen Vorgehen in den nächsten Monaten wird zugleich auch Zeit gewonnen für die Bewältigung der mittelfristig anstehenden Probleme. Viele von ihnen bedürfen späterer Konzertierung. Dazu gehört die Energiepolitik, die ich noch behandeln werde. Dazu gehören aber auch Probleme, die den Rahmen dieses Aufsatzes sprengen würden. Zum Beispiel ein weltweites Abkommen zum Schutze der natürlichen Ressourcen, vor allem des Wassers und der Atmosphäre; eine weltweite Politik zur Vermeidung der drohenden Bevölkerungsexplosion und zur Sicherung der Ernährungsgrundlagen. Innerstaatlich bedürfen fast überall die öffentlichen Finanzen der Konsolidierung: denn fast überall sind die Einnahme- und Ausgabestrukturen der Budgets auf der Erwartung eines relativ hohen Wirtschaftswachstums aufgebaut – diese Voraussetzung ist aber auf absehbare Zeit nicht mehr gegeben. Die Konsolidierung der sozialen Transfer- und Sicherungssysteme muß natürlich in diesen Prozeß einbezogen werden.

Mehr Stabilität in den Währungsbeziehungen

Zehn Jahre nach dem Zusammenbruch des Währungssystems von Bretton Woods, das auf festen Wechselkursen für alle Länder beruhte, geht es zwischen den großen Währungsblökken (Dollar, Yen, Ecu) hektischer denn je zu. Die ökonomischen Fundamentalfaktoren, nämlich die Unterschiede der

Inflationsraten oder der Produktivitätsfortschritte, scheinen in den Wechselkursen dieser Währungsblöcke eine immer geringere Rolle zu spielen.

Die Qualität eines Währungssystems läßt sich messen an den Kriterien zuverlässiger, kalkulierbarer Wechselkurse, freien Kapitalverkehrs, stabiler Preise und stetigen Wachstums von Welthandel und -produktion. Gemessen an diesen Kriterien hat das allseits ungeregelte Floating seit dem März 1973 keine guten Zensuren verdient: Mit der Ausnahme weitgehender Freiheit des Kapitalverkehrs ist auf allen übrigen Feldern eine Verschlechterung eingetreten (Valéry Giscard d'Estaing, George Shultz und ich waren neben anderen die Urheber der Entschlüsse im Jahre 1973; falls jemand von uns damit längerfristige Hoffnungen verbunden haben sollte, so sind diese jedenfalls enttäuscht worden).

Das gegenwärtige »Weltwährungs-System« verdient diesen Namen nicht; bestenfalls handelt es sich um eine instabile Konstellation oder ein Arrangement. Trotz freien Floatings haben sich stabilitätsbewußte Länder dem weltweiten Inflationstrend nur in begrenztem Ausmaß entziehen können, dem internationalen Konjunkturzusammenhang konnte sich niemand entziehen.

Innerhalb Europas ist es durch die Schaffung des Europäischen Währungssystems (EWS) gelungen, den Fundamentalfaktoren mehr Geltung zu verschaffen und wieder mehr Ordnung in die Wechselkursbeziehungen zu bringen. Der Erfolg drückt sich in einer größeren Robustheit des europäischen Handels im Vergleich zum allgemeinen Welthandel aus. Vor allem hat das System fester, aber anpassungsfähiger intra-europäischer Wechselkurse die beteiligten Regierungen zu größerer monetärer und budgetärer Disziplin gezwungen. Großbritannien, dessen Regierungen mit sich einander widersprechenden Argumenten bisher den Beitritt zum EWS abgelehnt haben, hätte wohl besser die Klippen der Weltrezession umschifft, wenn es dem EWS beigetreten wäre.

1977/78 mußten Europäer und Japaner sich mit den Auswirkungen eines unterbewerteten Dollars herumschlagen: Damals dauerte es zwei Jahre, bis die amerikanische Administration überzeugt werden konnte, daß ein schwacher Dollar den Vereinigten Staaten zwar ökonomisch eher zum Vorteil gereichte, ihr politisches Prestige jedoch unterminierte. Dem Unterschießen des Dollars folgte seit März 1980 ein ebenso deutliches Überschießen. Heute gibt es viele Amerikaner, die stolz sind auf ihren starken Dollar, aber dafür behindert er den amerikanischen Export und provoziert Protektionismus-Mentalitäten.

Die beinahe totale Abstinenz, welche die amerikanischen Währungsbehörden seit Anfang 1981 an den Devisenmärkten üben, hat den Höhenflug des Dollars nicht ausgelöst. Wie Präsident Reagan richtig schreibt, waren die Ursache dafür in erster Linie vielmehr die hohen Realzinsen in den USA. Wechselkurspolitik ist selbstverständlich nicht nur eine Angelegenheit von Interventionen. Aber die Wechselkurse der wichtigsten Währungen dürfen auch nicht zum Spielball gemacht werden – dies hatte man in Bretton Woods (nämlich Harry D. Withe und John Maynard Keynes) sehr richtig erkannt.

Notenbanken und Regierungen müssen der Weltwirtschaft zuverlässig zeigen, wohin die währungspolitische Reise geht. Deshalb müssen Notenbanken und Regierungen die Wechselkurse stabilisieren, sie müssen an den Devisenmärkten Flagge zeigen; denn alleingelassen benehmen sich Devisenhändler wie eine Hammelherde.

Um einem Mißverständnis vorzubeugen: Die Notenbanken und Regierungen wären schlecht beraten, wenn sie versuchen wollten, die Fundamentalfaktoren durch Interventionen zu korrigieren oder zu verdecken. Das wäre nicht nur kostspielig, sondern letztlich auch fruchtlos. In Versailles haben die Sieben eine gemeinsame Interventionsstudie in Auftrag gegeben. Diese Studie wird zeigen, daß Dollar-Interventionen in der Tat nützlich gewesen sind. Ich hoffe, daß die amerikanischen Währungsbehörden daraus die nötigen Konsequenzen ziehen.

Es ist nötig, die ebenfalls in Versailles vereinbarte multilaterale Beobachtung und Beeinflussung der fünf Schlüsselwährungen (Dollar, Yen, D-Mark, Sterling, F-Franc) unter dem

Dach des Internationalen Währungsfonds zu verwirklichen. Wenn die Freiheit des Zahlungsverkehrs und damit die Freiheit des Waren- und Dienstleistungsverkehrs nicht einem wachsenden Bilateralismus zum Opfer fallen soll, so bleibt nur der Weg enger Zusammenarbeit unter den Schlüsselwährungsländern; offenbar denkt US-Secretary Regan in ähnlicher Richtung.

Ich plädiere nicht für eine Rückkehr zum alten Bretton-Woods-System. Aber ein künftiges Weltwährungssystem sollte erheblich mehr Stabilität als das heutige und mehr Flexibilität als das gestrige gewährleisten. Es sollte Sicherheit und Kalkulierbarkeit für Handel und Investitionen bieten, größere Kontinuität gewährleisten. Dazu bedarf es größerer Kooperation als heute und gestern.

Dies ist eine dringende Aufgabe der achtziger Jahre. Sie kann nicht von den Vereinten Nationen gelöst werden. Sie bedarf dringend amerikanischen Engagements und amerikanischer Führung. Und sie bedarf europäischer und japanischer Beteiligung, und schließlich auch der Beteiligung der Ölländer und der Nicht-Öl-Entwicklungsländer.

Kredit schafft Handel, Handel sichert Kredit

Die Banken der Welt haben den gewaltigen Aufschwung, den die Weltwirtschaft nach dem Zweiten Weltkrieg genommen hat, nicht nur möglich gemacht, sondern auch entscheidend gestaltet. Das internationale Bankgeschäft hat allerdings in den letzten zehn Jahren einen so großen Umfang und eine so große Bedeutung erlangt, wie keiner es erwartet hat. Ohne die verheerenden Folgen der beiden Ölpreisexplosionen wäre es auch kaum dazu gekommen, daß die Geschäftsbanken heute eine Schlüsselrolle für Wohl und Wehe der Weltwirtschaft spielen.

Das Bankgeschäft lebt national wie international vom Vertrauen. Es wäre schlimm, wenn das Vertrauen just dann schwände, wenn es am dringendsten gebraucht wird. In den dreißiger Jahren gab es tiefgreifende Ketten von Bankkrisen, die schwere weltwirtschaftliche Erschütterungen ausgelöst haben. Daraus haben die großen Staaten ihre Lehren gezogen. Sie haben seither strenge Maßstäbe an Liquidität und Bonität der Banken angelegt und den Einlegerschutz verstärkt. Bis in die siebziger Jahre herrschte Ruhe. Auch die Fälle Franklin National und Herstatt haben keine allgemeine Vertrauenskrise ausgelöst, weil die beiden Notenbanken und die beiden Regierungen energisch eingriffen.

Inzwischen hat sich das Bild schlagartig gewandelt. Die Beispiele: Polen, Ambrosiano und Mexiko haben zwar jeweils ihre eigene Vorgeschichte. Aber gemeinsam lösen sie den Soupçon aus, daß viele Geschäftsbanken in den siebziger Jahren ihre internationale Kreditvergabe etwas übertrieben und daß die Notenbanken und Regierungen ihre Aufsichtsfunktion vernachlässigt und ebenso ihre Rolle als *lender of last resort* im unklaren gelassen haben.

Es wäre falsch, aus den Beispielen den Schluß zu ziehen, das internationale Banken- und Finanzsystem sei nicht in der Lage, mit den schweren Belastungsproben fertig zu werden, welche die gegenwärtige Weltwirtschaftslage ihm auferlegt hat. Allerdings müssen dazu alle an einem Strang ziehen: Notenbanken, Regierungen, internationale Organisationen und private Gläubigerbanken.

Ganz obenan steht die Notwendigkeit, einen Bruch in den internationalen Kreditketten zu vermeiden. Das Auslandsengagement der Banken ist auf wenige Entwicklungsländer konzentriert. Entsprechend hoch ist das einzelne Länderrisiko im Verhältnis zum Eigenkapital der Banken; so machen zum Beispiel die Kredite amerikanischer Banken allein an brasilianische und mexikanische Adressen zusammen rund zwei Drittel des gesamten Eigenkapitals aller amerikanischen Banken aus.

Müßten die Banken Engagements dieser Größenordnung auf Null abschreiben, so wäre ihre eigene Solvenz gefährdet. Solange sie aber insgesamt bereit bleiben, die Kredite bei Zahlungsschwierigkeiten der Schuldnerländer umzuschulden, wird dieser Extremfall nicht eintreten. Weit wahrscheinlicher ist deshalb, daß es allenfalls zu Teilabschreibungen kommt –

eventuell auf längere Zeiträume verteilt. Hierzu sind gesetzliche oder administrative Möglichkeiten denkbar, um eine Erosion des Eigenkapitals der Banken zu verhindern.

Natürlich bleibt jede einzelne Bank für ihre Liquidität und Solvenz verantwortlich. Die tatsächliche oder vermeintliche Erhöhung der Länderrisiken hat 1982 im internationalen Bankgeschäft zu verständlicher, aber insgesamt gefährlicher Zurückhaltung geführt; auch im Interbankengeschäft hat es Nervosität gegeben. Aber der Internationale Währungsfonds (IWF) und die Bank für Internationalen Zahlungsausgleich (BIZ) haben in einer Reihe von ausgezeichneten Feuerwehraktionen bisher jede Krise abgewendet.

Auch für die Zukunft bleibt die Einschaltung des IWF eine *conditio sine qua non,* weil nur er seinen Mitgliedsländern bei der Kreditvergabe wirtschaftspolitische Auflagen erteilen kann. Die Geschäftsbanken können dies nicht. In den siebziger Jahren haben auch reiche Industrieländer wie Großbritannien und Italien sich Auflagen gefallen lassen müssen. Nur Auflagen des IWF können sicherstellen, daß Länder in Zahlungsbilanzschwierigkeiten ihr Haus in Ordnung bringen.

Die Auflagen müssen aber realistisch sein. Man darf nicht allen Ländern gleichzeitig empfehlen, den Gürtel enger zu schnallen, die Einfuhren zu drosseln und die Ausfuhren zu steigern. Solche Rechnung könnte nicht aufgehen, denn sie bedeutet eine drastische Absenkung des Welthandels. Wirtschaftliches Chaos wäre die Folge, politische Destabilisierung mindestens in den betroffenen Entwicklungsländern würde wahrscheinlich – und Konsequenzen für das West-Ost-Gleichgewicht wären nicht auszuschließen.

Natürlich müssen die Schuldnerländer, die Kreditnehmer des IWF, große eigene Anstrengungen unternehmen: Viele ehrgeizige und prestigeorientierte Entwicklungsvorhaben müssen gestreckt oder vertagt werden. Das wichtigste ist die Sicherung der eigenen Ernährungsgrundlagen. Der Korruption muß Schach geboten werden. Ernsthafte Anstrengungen sind nötig, um das Bevölkerungswachstum zu dämpfen.

Zurück zur kreditpolitischen Kooperation. Auch die Weltbank und die BIZ in Basel haben eine wichtige Rolle zu spielen. Die BIZ hat in den vergangenen Monaten im großen Stil Vorausfinanzierungen für spätere Kreditgewährung durch den IWF übernommen; sie hat damit nervöse Gläubigerbanken beruhigt. Ich verstehe, daß der BIZ-Verwaltungsrat (nämlich die wichtigsten europäischen Notenbankchefs) mit dieser Feuerwehrrolle nicht ganz glücklich ist. Aber die BIZ leistet damit der Weltwirtschaft einen großen Dienst; sie sollte ihn deshalb fortsetzen.

Nicht weniger wichtig war der Druck, den der IWF auf die Geschäftsbanken ausgeübt hat, Fälligkeiten zu prolongieren und neue Kredite auszureichen. Denn nichts wäre zum jetzigen Zeitpunkt fataler als eine Kontraktion im internationalen Kreditgeschäft. Kredit schafft Handel, Handel sichert Kredit.

Die heutige Situation der Gläubigerbanken ähnelt jener, in der sich viele Unternehmen in der Weltwirtschaftskrise der dreißiger Jahre befanden: Als alle gleichzeitig versuchten, ihre Bilanzen durch Entlassungen, Lohnkürzungen, Lagerabbau und Investitionsaufschub zu verbessern, mußte dieser Versuch insgesamt schiefgehen. Deshalb gibt es heute keine Alternative zu der Notwendigkeit, den Entwicklungsländern auch seitens der Banken zusätzliche Kredite zu gewähren. Ich stimme ausdrücklich Wilfried Guth (Deutsche Bank) zu, der kürzlich eine denkbare Kehrtwendung der Banken eine »Brüning-Politik im Weltmaßstab« genannt hat.

Notwendig ist dazu jedoch, daß der IWF die Führung übernimmt. Er bedarf dazu auch der finanziellen Mittel. Ich begrüße deshalb die Vereinbarungen der letzten Wochen in der Zehnergruppe und im Interimsausschuß des IWF. In den USA bedürfen diese Vereinbarungen der Zustimmung des Kongresses. Ein zeitraubendes innenpolitisches Tauziehen wäre an dieser Stelle gefährlich. Es würde abermals das Vertrauen in Amerikas Führungskraft untergraben.

Ich wiederhole: Kredit schafft Handel, Handel sichert Kredit. Die Zahlungsschwierigkeiten wichtiger Entwicklungsländer werden sich nicht beheben lassen, wenn wir uns gegen sie abschotten. In mancher Hinsicht ähnelt die heutige Lage der Entwicklungsländer derjenigen des Deutschen Reiches in den zwanziger Jahren: Deutschland konnte die ihm auferlegten

»Reparationen« nicht zahlen, weil die Alliierten nicht bereit waren, deutsche Handelsüberschüsse zu ertragen. Deshalb konnte Deutschland seinen Schuldendienst nicht leisten und büßte seine Kreditwürdigkeit ein.

Vieles ist heute im internationalen Kreditgeschäft zu kurzfristig gedacht. Wir werden mit Sicherheit im Laufe der Jahre noch über manches nachdenken müssen, was uns im Augenblick noch undenkbar scheint. Alljährliche Umschuldungen, wie sie jetzt üblich sind, scheinen mir bei weitem zu kurz gegriffen. Die einseitige Verlagerung des Zinsrisikos auf die Entwicklungsländer ist keine vernünftige Grundlage für langfristig solide Beziehungen zwischen Schuldnern und Gläubigern. Wir brauchen aber stabilere Beziehungen zwischen Schuldnern und Gläubigern. Dazu gehört die Möglichkeit, die äußere Schuld längerfristig zu festen Zinssätzen zu prolongieren oder zu konsolidieren. Dazu bedarf es auch eines Beitrages der Öl-Überschuß-Staaten.

Dazu gehört die Notwendigkeit, die Kreditbeziehungen zwischen Gläubigern und Schuldnern übersichtlich zu ordnen. Zu diesem Zweck ist ein Informations- und Frühwarnsystem zwischen den Geschäftsbanken notwendig; es muß mit dem IWF eng zusammenarbeiten. Aber auch die nationalen Bankaufsichtsbehörden müssen auf international konsolidierten Bankbilanzen und auf voller Transparenz des internationalen Kreditgeschäftes bestehen.

In jedem Fall wird ein weit höheres Maß an internationaler Zusammenarbeit erforderlich, bei der unter Umständen die Grenzen zwischen privatem und staatlichem Handeln sich verschieben können. Henry Kissinger hat recht:

»Die gegenwärtige weltweite Wirtschaftskrise ist zu ernst, als daß sie den Finanzexperten überlassen werden dürfte.« Ich selbst würde sagen: Die Regierenden dürfen die Zukunft des Weltkreditsystems nicht allein den Managern auf den Euromärkten überlassen.

Protektionismus – Flucht in den Selbstmord

Je mehr die Arbeitslosigkeit zum Trauma wird, desto mehr macht sich regionaler, branchenorientierter und nationaler Protektionismus breit. Das jüngste GATT-Ministerratstreffen hat den weltweiten Marsch in den Protektionismus nicht gestoppt. Die Teilnehmer feierten es bereits als Erfolg, daß die Konferenz nicht geplatzt ist, obgleich die wichtigsten Themen gar nicht erst auf ihrer Tagesordnung gestanden hatten. Ich denke dabei insbesondere an den fruchtbaren Zusammenhang zwischen Wachstum, Handel und Kredit. Er ist in größter Gefahr, in einem *circulus vitiosus* umzuschlagen. Ich denke auch an den schädlichen Zusammenhang zwischen falschen Wechselkursen und Protektionismus.

Besonders gefährlich ist die um sich greifende Tendenz, die Handelspolitik zu bilateralisieren, indem man beispielsweise den Handelsbilanzsaldo zwischen zwei Ländern zum Kriterium dafür macht, ob der freie Warenaustausch zwischen diesen beiden Ländern nützlich oder schädlich ist. Wenn diese Unsitte um sich greift, sind wir bald wieder dort, wo wir in den dreißiger Jahren waren.

Der Einfallsreichtum der Regierungen ist in der Not schier unerschöpflich, wenn es darum geht, den freien Handel zu beschränken. Die schlimmsten Beispiele bieten die Agrarmärkte: Die Europäische Gemeinschaft und die Vereinigten Staaten subventionieren mit hohem Aufwand den Export von landwirtschaftlichen Gütern. Der lachende Dritte bei dem sich abzeichnenden verschärften Subventionswettlauf könnte wieder einmal die Sowjetunion sein, wenn sie unsere Butter und andere Grundnahrungsmittel billiger einkaufen kann als unsere Arbeitslosen.

Protektionistische Maßnahmen sind innenpolitisch populär; sie lassen sich scheinbar damit rechtfertigen, daß andere es noch viel schlimmer treiben. In der Tat sind wir alle Sünder. Wir dürfen uns von der verführerischen Anziehungskraft protektionistischer Argumente nicht blenden lassen. Protektionismus schafft keine Arbeitsplätze. Auch die Hoffnung, man könne damit bedrohte Arbeitsplätze sichern, ist trügerisch; denn wer weniger einführt, muß mit Bumerangeffekten bei der eigenen Ausfuhr rechnen. Die Arbeitsplätze gehen dann in den Exportindustrien verloren.

Meist ist Protektionismus nur ein Kurieren am Symptom. Der Stahlstreit zwischen den Vereinigten Staaten und der Europäischen Gemeinschaft konnte zwar im vergangenen Herbst durch eine Selbstbeschränkungsverpflichtung der europäischen Anbieter beigelegt werden. Die Ursachen hat man damit aber nicht angepackt: Der Dollar blieb weiterhin überbewertet, und die meisten europäischen Stahlunternehmen blieben nach wie vor massiv aus der Staatskasse subventioniert; die Leistungsfähigkeit der amerikanischen Stahlunternehmen hat sich nicht verbessert; die weltweiten Überkapazitäten haben sich nicht vermindert. Den jungen Stahlnationen – Brasilien, Südkorea, Nigeria, Taiwan – wird ihr Platz auf dem Weltmarkt verwehrt. Die internationale Arbeitsteilung wird in einem wichtigen Bereich zunehmend außer Kraft gesetzt. Das multilaterale Handelssystem ist in hohem Maße bilateralisiert. Die handelspolitischen Grundsatzfragen, die der europäisch-amerikanische Stahlkonflikt aufwirft, sind nicht von der dafür zuständigen Instanz, nämlich dem GATT, entschieden worden.

Im Dreieck zwischen Nordamerika, Japan und EG ist es handelspolitisch nicht zum besten bestellt. Im Agrarsektor spitzt sich der Konflikt zwischen den Vereinigten Staaten und der EG zu. Die USA haben Japan unter Druck gesetzt, das Selbstbeschränkungsabkommen für Automobile zu verlängern. Zwischen der EG und Japan ist gerade eine ganze Liste von japanischen Selbstbeschränkungsverpflichtungen für »sensible« Produkte vereinbart worden. Selbstbeschränkungsabkommen sind nur eine Camouflage für Protektionismus.

Eine formelle, bindende Selbstverpflichtung der sieben großen Industriestaaten, in den nächsten 24 Monaten keine zusätzlichen handelsbeschränkenden Maßnahmen untereinander und gegenüber Dritten zu ergreifen, ist das Minimum dessen, was nötig ist. Die schleichende Denaturierung des offenen, multilateralen Welthandelssystems führt in die

Zwangswirtschaft, blockiert Wachstum und Beschäftigung. Protektionismus stranguliert die Weltwirtschaft.

Für diejenigen, die nicht zur EG gehören, muß übrigens gesagt werden: Wenn wir in der Handelspolitik von der Europäischen Gemeinschaft sprechen, so entsteht der Eindruck, als ob es sich um eine voll handlungsfähige Einheit handele. Die Wirklichkeit ist anders. Der Europäischen Gemeinschaft fehlt der Motor, der sie einst angetrieben hat. Von einer gemeinsamen ökonomischen Politik kann nur mit großen Einschränkungen die Rede sein. Das gilt nicht nur für die Handelspolitik gegenüber Drittstaaten, es gilt für das völlige Fehlen gemeinsamer Energie- oder Verkehrspolitik. Es gibt keinen zwischen den beteiligten Regierungen abgestimmten ökonomischen *Policy-mix*. Die Risse im Gefüge können auch durch institutionelle Tricks nicht überdeckt werden – der Plan einer sogenannten »Europäischen Akte« hat nicht die Absicht, an den Tatsachen etwas zu ändern.

Daß es auch anders gehen kann, haben Giscard und ich mit der Schaffung des Europäischen Währungssystems (EWS) bewiesen. Es war ein positiver Beitrag Europas zu einem stabileren Weltwährungsgefüge. Das ist fünf Jahre her. Heute dagegen fehlt jedwede europäische Initiative zur Behebung der Weltwirtschaftskrise. Es tut mir leid, abermals sagen zu müssen: In dieser Lage muß die Führung aus Amerika kommen.

Zündstoff Erdöl – Zündstoff Kernenergie

Die Aussicht auf fallende Ölpreise löst bei den einen Hoffnungen aus und bei den anderen Sorgen. Die Förderländer innerhalb und außerhalb der OPEC merken, daß auch ihr Wohlstand von dem der anderen abhängt. Sie haben 1979/80 versucht, ihren Wohlstand durch eine zweite exorbitante Preiserhöhung zu Lasten der Verbraucher in Nord und Süd zu mehren. Dieser Versuch wurde zur entscheidenden Ursache für die tiefe Rezession der Welt. Diese hat im Ergebnis auch für die Ölländer zu einem Rückgang der Einnahmen und in vielen Fällen zu drastischen Abstrichen an ihren Entwicklungsplänen geführt. Auch die Ölländer müssen heute erkennen, daß sie voll in den weltwirtschaftlichen Zusammenhang einbezogen sind.

Die Hoffnung, die einige an die heutige Ölschwemme knüpfen, richtet sich auf den Rückgang der Preise in den Verbraucherländern, der die Zahlungsbilanz entlastet, die Inflation dämpft, Kaufkraft freisetzt und neue Wachstumsspielräume schafft. Die Sorgen der anderen sind das Spiegelbild dieser Hoffnungen, weil gleichzeitig in den Förderländern Nachfrage wegfällt, weil für manche von ihnen die Verschuldungsprobleme sich verschärfen und weil dies wiederum das internationale Bankensystem belastet.

Entsprechend zwiespältig fielen die kurzfristigen Reaktionen an den Finanzmärkten aus. Die Massenausweisung von Ausländern aus Nigeria bietet einen Vorgeschmack von dem menschlichen Elend und der politischen Destabilisierung, die im Verlaufe der Weltkrise möglich werden. Zwar wäre insgesamt ein Rückgang des Weltrohölpreises durchaus erwünscht. Je drastischer aber die Ölpreise heute verfallen, desto stärker – muß man befürchten – werden sie später wieder steigen.

Förderländer wie Verbraucherländer müssen lernen, daß ruckartige Entwicklungen des Ölpreises längerfristig niemandem nützen. Weil die Reifungszeiten für Energieinvestitionen besonders lang sind, stiften kurzfristige Brüche mehr Verwirrung als Orientierung. Längst ist die Welt schon wieder dabei, die Fehler von 1976 bis 1978 zu wiederholen, als unter dem Eindruck sinkender realer Rohölpreise und schwindender OPEC-Überschüsse die Energie-Einsparung und das Tempo der Aufschließung alternativer Energiequellen nachließen. Eigentlich sollten wir spätestens 1979/80 gelernt haben, daß eine sichere Energieversorgung ein Schlüssel zum Wachstum ist. Im Gefolge der Ereignisse im Iran haben wir erlebt, wie störanfällig der Ölmarkt ist. Um so wichtiger wird die wenigstens teilweise Diversifizierung der Energie-Arten und der regionalen Bezugsquellen.

Es gibt keine Garantie für die innere Stabilität mancher Staaten im Nahen Osten, und – unabhängig von dem stets latenten Konflikt zwischen Israelis und Arabern – es gibt offene Rivalitäten innerhalb des islamischen Lagers. Schließlich versucht die Sowjetunion immer wieder, ihren Machtanspruch in diese Region hineinzutragen, von Afghanistan bis Südjemen und Äthiopien.

Es wäre fahrlässig, der heute sinkenden Ölpreise wegen das Ölproblem als gelöst anzusehen. Der Ölbedarf wird mit Sicherheit wieder steigen. Schon der geringfügige Rückgang des realen Ölpreises seit Mitte 1981 hat dazu geführt, daß die Bohrtätigkeit in den USA rückläufig wurde. Weitreichende Projekte zur Ausbeutung von Ölschiefer und Teersänden in Kanada fielen dem Rotstift zum Opfer. Ähnlich erging es europäischen Plänen zur Kohlevergasung und -verflüssigung in großtechnischem Maßstab. Der Bau von Kernkraftwerken geriet angesichts reduzierter Prognosen der Energienachfrage ins Stocken. Das gleiche gilt für energiesparende Investitionen in der Industrie und in den privaten Haushalten. Insgesamt ist die Welt hinsichtlich des Öls wieder allzu sorglos geworden. Der temporär gesunkene Ölpreis führt in die Irre. Der Ölmarkt ist ein unzureichender Ratgeber.

Wer die Kohle verdrängen läßt, der vergrößert unsere zukünftige Erpreßbarkeit. Wenn irgendwo mehr staatliche Führung notwendig ist, dann im Energiebereich. Die Vorlaufzeiten sind zu lang, die Risiken zu groß, als daß man darauf vertrauen könnte, der Markt werde es schon richten. Selbstverständlich hat der Preis auch im Energiebereich langfristig die wichtigste Steuerungsfunktion. Es sind jedoch in der Tat die langfristigen Perspektiven und die langfristigen Preisentwicklungen, an denen sich Investoren und Verbraucher ausrichten müssen.

Deshalb halte ich es für legitim, die längerfristigen Preiserwartungen durch ein Bündel von Maßnahmen zu stabilisieren: Preis- und Mengenabsprachen zwischen Ölförder- und Verbraucherländern; Verstetigung der Verbraucherpreise für Öl und Ölprodukte durch Steuern oder Abgaben; öffentliche Hilfen für Investitionen in alternative Energiequellen und zur Energie-Einsparung in den industriellen Verbraucherländern; Anstrengungen zur Diversifizierung der Energiequellen der Nicht-Öl-Entwicklungsländer.

Dies alles benötigt Zusammenarbeit zwischen Öl-Förder- und Verbraucherländern, Zusammenarbeit auch mit den Nicht-Öl-Entwicklungsländern. Aber eines der wichtigsten Felder internationaler energiepolitischer Zusammenarbeit ist bisher überhaupt noch nicht entdeckt worden: Ich rede von der in der ganzen Welt bisher nicht endgültig gelösten Frage nach der Entsorgung nuklearer Brennstoffe, die bei der friedlichen Verwendung der Kernenergie anfallen.

Bisher werden zwei Methoden angewandt: Entweder Wiederaufarbeitung in Verbindung mit der Gewinnung von waffengrädigem Plutonium oder aber sogenannte Zwischenlager (in verschiedener Form). Viele dichtbesiedelte Staaten haben kaum eigene Möglichkeiten zur Zwischenlagerung. Sie werden dadurch energiepolitisch und politisch von den großen Flächenstaaten, vor allem aber von den Nuklearstaaten abhängig. Außerdem steigt in eng besiedelten Industriestaaten der ungelösten Entsorgungsfrage wegen die vehemente moralische Ablehnung von Kernkraftwerken – wobei übersehen wird, daß die konventionellen Kraftwerke die natürliche Umwelt in hohem Maße belasten.

Internationale Energiepolitik muß aus diesen Gründen ein internationales Abkommen zur Entsorgung einschließen. Der Entsorgungspakt ist eine notwendige Ergänzung des Nicht-Verbreitungsvertrages, der in Artikel 4 den nichtnuklearen Staaten die friedliche Nutzung der Kernenergie ausdrücklich garantiert. Es ist klar, daß sich unwirtliche Gebiete im äußersten Norden oder Süden ohne große Schwierigkeiten für langfristige, später rückholbare Zwischenlager eignen. Hier müssen sich die entsprechenden Staaten zu vertraglicher Hilfe entschließen. Vor allem müssen sich die Nuklearstaaten zur Hilfe für Nicht-Nuklearstaaten bei deren Entsorgung verpflichten.

Gesunder Süden – gesunder Norden

In diesen Tagen hat die Brandt-Kommission einen Bericht vorgelegt: Er trägt den Titel »Hilfe in der Weltkrise«. Die wirtschaftliche Krise der Welt betrifft alle – unabhängig von Hautfarbe, Einkommen und Region. Der Bericht erinnert auch an den Rüstungswettlauf und daran, daß die Rüstungsausgaben in der Welt zwischen 1979 und 1982 um 450 Milliarden Dollar auf 650 Milliarden Dollar gestiegen sind.

Diese Doppelkrise der Welt betrifft nicht nur die Staaten im Nord-Süd-Verhältnis, sondern auch im Süd-Süd-Verhältnis und im Verhältnis zwischen West und Ost. Die gemeinsame Krise reicht weit über den traditionellen Bereich der Nord-Süd-Beziehungen hinaus.

Die einstige »Dritte Welt« ist dabei schon lange keine homogene Gruppierung mehr. Neben den OPEC-Ländern stehen Schwellenländer der Industrialisierung wie Brasilien oder Mexiko. Hinter diesen stehen die in ihrer Frühphase des Industrialisierungsprozesses begriffenen Staaten wie zum Beispiel Kenia. Aber schließlich gibt es auch eine große Zahl von Ländern, die wie Bangladesh von den Vereinten Nationen als *least developed countries* klassifiziert werden.

Es kann unter diesen Umständen keine einheitliche Rezeptur für alle Probleme des Südens geben. Für die Schwellenländer ist sicher das Offenhalten unserer Märkte und Kreditlinien wichtiger als eine Steigerung der Entwicklungshilfe. Für die OPEC-Länder mit niedriger Absorptionsfähigkeit müssen andere Empfehlungen gelten als für die volkreichen unter den Ölländern. Die am wenigsten entwickelten Länder sind ohne Zweifel von der andauernden Weltwirtschaftskrise am stärksten betroffen; sie bedürfen am dringendsten der Steigerung öffentlicher Entwicklungshilfe.

Auch unser außenpolitisches Interesse muß auf die Erhaltung der wirtschaftlichen und sozialen Stabilität in den Entwicklungsländern gerichtet sein. Es wäre aber verhängnisvoll, wenn immer mehr Länder im Westen die Entwicklungshilfe nur aus der Optik des West-Ost-Konfliktes beurteilen würden. Ideologische Kriterien sind keine Hilfe im Nord-Süd-Konflikt. Wir täten uns einen schlechten Gefallen, wenn wir den Staaten im Süden den Eindruck vermittelten, sie seien nur Bauern auf einem Schachbrett hegemonialer Interessenspiele. Soziale und wirtschaftliche Konflikte in Entwicklungsländern können nicht durch Militärhilfe oder durch politische Einmischung gelöst werden. Von Außenminister Shultz hat jüngst ein Journalist berichtet, er lege mehr Wert auf wirtschaftliche Fragen als seine Vorgänger, »als wolle er sagen, daß Probleme wie Verschuldung, Refinanzierung, Handelsdefizite und Rohstoffpreise mehr Unheil anrichten als kommunistische Subversion und die üblichen Probleme des State Department«. Shultz hat recht. Zwar liegen wichtige Schlüssel auch bei den Entwicklungsländern selbst, aber die gegenwärtige Entwicklung der Weltwirtschaft muß die besten Eigenanstrengungen dieser Länder zunichte machen. Sie brauchen dazu Hilfe.

Natürlich gehören dazu auch unternehmerische Investitionen, *joint ventures* und dergleichen. Aber der »private Sektor« kann keineswegs alle Probleme allein lösen. Auch bei uns hat der Staat in der Frühphase der wirtschaftlichen Entwicklung die Hände keineswegs in den Schoß gelegt. Die Regierungen der Entwicklungsländer müssen das Klima für privatwirtschaftliche Investitionen verbessern. Aber es wäre illusorisch zu erwarten, daß mitten in einer weltweiten Rezession die Investitionsneigung unserer Unternehmen ausreicht, gleichzeitig massive Investitionen in unseren eigenen Ländern und außerdem in den Entwicklungsländern zu tätigen.

Die Regierungen dürfen am Verfall der Rohstoffpreise nicht vorbeisehen. Er ist ein wichtiger Grund für die Schwierigkeiten. Sie wären geringer, wenn es ein weltweites Exporterlös-Stabilisierungssystem gäbe, nach dem Modell des STABEX-Systems, welches die EG mit einer Reihe von Entwicklungsländern in Afrika, der Karibik und im Pazifik vereinbart hat.

Ich trete seit vielen Jahren dafür ein, ein solches System zu schaffen, weil ich grundsätzlich eine Stabilisierung des Rohstoff-Exporterlöses eines Entwicklungslandes für vernünftiger halte als Versuche, die Marktpreise für jeden einzelnen Rohstoff zu stabilisieren. Die deutsche Bundesregierung hat einen solchen Vorschlag 1978 in die internationale Diskussion eingebracht. Er ist leider nicht weiter verfolgt worden. Es ist an der Zeit, diesen Vorschlag erneut vorzutragen.

Es ist wahr: Das Leben vieler Menschen in den Entwicklungsländern hängt ab von der Gesundung der Weltwirtschaft und von westlichen Hilfen aller Arten. Aber ebenso wahr ist: Lebensstandard und Beschäftigung in den westlichen Volkswirtschaften hängen davon ab, ob die Gesundung der Weltwirtschaft auch den Süden umfassen wird. Das Beispiel der Umschuldungen für Entwicklungsländer macht deutlich: Deren Wohlergehen ist unser Wohlergehen.

Für eine langfristige Gesundung des Südens bleibt einstweilen das Bevölkerungswachstum das größte Hemmnis. Als ich Schüler war, zählten wir zwei Milliarden Menschen auf der Welt; als ich Kanzler war, waren es vier Milliarden; für das Ende des Jahrtausends sind uns über sechs Milliarden gewiß. Zwischen 2020 und 2040 könnten es nach Meinung der Bevölkerungswissenschaftler zwischen acht und zehn Milliarden sein. Niemand kann überzeugend darlegen, daß die Ressourcen der Erde eine tragfähige Grundlage für eine derartige Bevölkerungsexplosion sein können.

Es ist nicht vermessen, wenn ich Zweifel hege, ob die erhoffte und weitere Abschwächung des Bevölkerungswachstums Wirklichkeit wird und ob dies rasch genug geschieht. Hier haben die Regierungen, aber auch Kirchen und Religionsgemeinschaften eine besondere Verantwortung. Das Bevölkerungswachstum läßt sich schwer von den Fragen des Lebensstandards trennen. Das Beispiel der Volksrepublik China gibt aber allen Anlaß zum Nachdenken; China hat jedenfalls – auch durch Geburtenplanung – die Ernährung seiner Bürger aus eigener Kraft gesichert. Takeo Fukuda ist zuzustimmen: Der Zusammenhang zwischen Bevölkerungswachstum und Entwicklung wird zu einem Weltproblem – es bleibt aber nicht bloß ein sozio-ökonomisches Problem.

Die Bürde der Führung

Ich möchte diesen Aufsatz mit fünf Thesen abschließen:

Erste These: Die Sicherheit des Westens ist heute in zweifacher Weise gefährdet: durch die Verschärfung der Spannung und des Rüstungswettlaufes zwischen Ost und West und durch die Gefahr einer anhaltenden Weltwirtschaftskrise. Wenn es den Regierungen der westlichen Industrieländer nicht gelingt, das Vertrauen in ihre Fähigkeit wieder zu stärken, mit dieser Doppelkrise fertig zu werden, dann wird eine politische Destabilisierung in diesen Ländern denkbar. Jedoch sehe ich die Verhinderung eines Umschlagens der gegenwärtigen Weltrezession als zeitlich vorrangig an. Dieses Thema sollte deshalb auf dem nächsten Gipfeltreffen im Zentrum stehen. Wenn dieser Gipfel kein Vertrauen in die Fähigkeiten der großen Industrieländer schafft, ihr wirtschaftliches Schicksal zu meistern, dann wird auch für die Bewältigung der gefährlichen Probleme zwischen West und Ost nicht genug Kraft vorhanden sein.

Zweite These: Die innenpolitische und parlamentarische Diskussion in unseren Ländern leidet darunter, daß sie die internationale Dimension der wirtschaftlichen Problematik systematisch unterschätzt: Alle Wahlkreise liegen im Inland; jede Opposition neigt dazu, die eigene Regierung allein für schuldig zu halten; die Regierungen neigen dazu, ihre unmittelbaren Vorgänger für schuldig zu halten. Kein vernünftiger Mensch wird bestreiten, daß es in allen Industrieländern auch hausgemachte Probleme gibt. Wenn es aber in der Weltwirtschaft drüber und drunter geht, so kann kein Land eine Insel der Stabilität sein oder bleiben. Ebenso falsch ist die Illusion, jede Regierung dürfe wirtschaftspolitisch tun oder lassen, was ihr innenpolitisch opportun erscheint, ohne Rücksicht auf die anderen Länder. Die ökonomische Interdependenz der Welt war noch niemals größer als in diesem Jahrzehnt. Noch niemals war es notwendiger, auf gegenseitige Ergänzung und auf internationale Verträglichkeit der ökonomischen Politiken zu achten. Niemals war Kooperation so notwendig wie heute. Demokratien können nicht Bestand haben, ohne einen allgemeinen Konsens über die Spielregeln. Genauso braucht eine funktionierende Weltwirtschaft Übereinkunft über Spielregeln und Rollenverteilung.

Dritte These: Schon wegen ihrer wirtschaftlichen Gewichte ist die Zusammenarbeit zwischen Nordamerika, Japan und der Europäischen Gemeinschaft für das Wohl und Wehe der Weltwirtschaft ausschlaggebend. Wenn die Zusammenarbeit in diesem Dreieck nicht funktioniert, so wird die Zusammenarbeit erst recht nicht funktionieren in dem sehr viel diffizileren Polygon der Weltwirtschaft, das auch die übrigen OECD-Länder, die OPEC-Länder, die RWG-Länder, die Schwellenländer und die übrigen Nicht-Öl-Entwicklungsländer umfaßt. Die trilaterale Kooperation muß ein Beispiel für alle geben.

Vierte These: Weder die trilaterale Zusammenarbeit noch die weltweite Zusammenarbeit ist gegenwärtig ohne amerikanische Führung vorstellbar. Dies gilt nicht nur für die ökonomische Krise der Welt, es gilt auch für ihre politische Krise. Die Versuchungen zu amerikanischem Isolationismus haben bisher abgewechselt mit der Versuchung zu amerikanischer Hegemonie. Manchen Amerikanern ist es lästig, Verantwortung für die ganze Welt tragen zu sollen. Manchen Europäern ist es widerwärtig, amerikanischen Wünschen oder gar Weisungen zu folgen. Führung unter den freien und souveränen Staaten des Westens kann weder im politischen noch im militärischen noch im ökonomischen Raum aus Weisung und Anordnung bestehen. Sie beruht auf Diskussion, auf Fragen und Antworten, auf neuen Fragen und neuen Antworten; sie beruht auf *give and take.* Ökonomische Größe wie politische und militärische Macht prädestinieren die Vereinigten Staaten zur Führung. So sieht man es in Tokio, und so sehen es – wenn häufig auch ungern – die Europäer. Die Vitalität und die Großzügigkeit der im Verhältnis zur Geschichte der Europäer und Japaner sehr jungen amerikanischen Nation erleichtern diese Aufgabe. Amerika muß wissen: Wenn es in der ökonomischen Führung versagt, kann es auch die politische Führung verspielen.

Fünfte These: Wenn die Staaten der westlichen Welt amerikanische Führung akzeptieren, so müssen sie auf Urteilskraft und Augenmaß des amerikanischen Präsidenten vertrauen. Sie sollen Vertrauen setzen in die gewählten Organe und Personen an der Spitze der amerikanischen Demokratie. Dies Vertrauen darf nicht durch leichtfertige Reden und eilfertige Handlungen irritiert werden. Amerika darf bei den Europäern nicht den irrtümlichen Eindruck erzeugen, als ob es ökonomisch oder durch Rüstung die Sowjetunion und die übrigen kommunistischen Staaten an die Wand drücken wollte. Die Europäer wissen, daß dies nicht möglich ist. Sie kennen die ungewöhnlich große Leidensfähigkeit des russischen Volkes und die ungewöhnlich große Bereitschaft kommunistischer Diktaturen, die Leidensfähigkeit der Menschen in Anspruch zu nehmen. Europa will Gleichgewicht, und Europa will Frieden durch Gleichgewicht. Europa will ökonomische Gesundung und sozialen Frieden – und dies unabhängig von konservativer, liberaler oder sozialdemokratischer Schattierung seiner politischen Führer. Die Europäer haben die Notwendigkeit zur engen Zusammenarbeit verstanden. Aber ihr eigener Versuch in der Gestalt der Europäischen Gemeinschaft hat keine ausreichende Kraft zur Herausbildung eines Führungszentrums entwickelt. Dies ist weder Schande noch Schuld. Amerika sollte aufhören, den Europäern mangelnde Vitalität vorzuwerfen. Europa muß aufhören, Amerika seine Größe vorzuwerfen. Die Zeit zum gemeinsamen Handeln ist gekommen. Wie es in Shakespeares »Julius Cäsar« heißt:

Es gibt Gezeiten auch für unser Tun,
Nimmt man die Flut wahr, führet sie zum Glück;
Versäumt man sie, so muß die ganze Reise
Des Lebens sich durch Not und Klippen winden.
Wir sind nun flott auf solcher hohen See,
Und müssen, wenn der Strom uns hebt, ihn nutzen,
Wo nicht, geht unser Schiff und Gut verloren.

Weltwirtschaft zwischen Hoffnung und Rezession

*Rede auf dem Kongreß
»Weltwirtschaftsprobleme Mitte der achtziger Jahre«
am 19. und 20. November 1984
in Bonn-Bad Godesberg*

Ich habe mich immer bemüht, in der Politik weder in den Fehler des Pessimismus zu verfallen noch in den Fehler des Optimismus. Ich halte beide Attitüden für einen politisch verantwortlichen Menschen für eigentlich verboten. Und ich schicke diese Bemerkung vorweg: das, was ich zu sagen habe, klingt in einigen Bereichen günstiger, in anderen Bereichen weniger günstig. Bitte verwechseln Sie das nicht mit Pessimismus oder Optimismus. Verwechseln Sie es bitte auch nicht mit Prognosen. Ich halte nichts von den Ökonomen, die mit der Regelmäßigkeit von Quartalsschlüssen oder jedenfalls einmal im Jahr, wenn sie Sachverständige heißen, Prognosen abgeben: Prognosen, bei denen immer die politischen Daten, und das sind die entscheidenden, und die psychologischen Daten, die mindestens genauso entscheidend sind, konstant gelassen werden, denn man macht Prognosen innerhalb eines festgesetzten Datenkranzes. Das ist die entscheidende Schwäche, was die politische Verwendbarkeit national-ökonomischer Prognosen angeht, daß sie alle von feststehenden Datenkränzen ausgehen, während diese in Wirklichkeit sich sehr verändern.

Es kann sein, daß beispielsweise in den Beziehungen zwischen Ost und West im Laufe der nächsten zwei, drei Jahre wesentliche Veränderungen eintreten und sich diese Beziehungen im Verhältnis zu der zweiten Periode des kalten Krieges und des äußersten Wettrüstens, die wir in den achtziger Jahren bisher erlebt haben, wesentlich verbessern. Es spricht vieles dafür, anzunehmen, daß es zwischen West und Ost erneut zu Rüstungsbegrenzungs- und Abrüstungsverhandlungen kommt, und es spricht vieles dafür, daß das auf das Klima der Welt einen Einfluß haben wird. Die Kapitalflucht aus Ländern z. B., die ein bißchen näher an dem vermuteten Ort der Konfliktaustragung liegen, in die Vereinigten Staaten von Amerika oder in andere Erdteile mag in den kommenden Jahren eine kleinere Rolle spielen als in den Jahren seit 1980.

Ich mache dazu keine Prognosen, sondern ich will rund um die Welt gehen und die wirtschaftlichen Aussichten der wichtigsten Länder oder der wichtigsten Gruppen von Ländern schildern, wie sie sich den dort Regierenden, den dort Verantwortlichen heute darstellen.

Lassen Sie mich mit der Volksrepublik China beginnen. Von den Weltwirtschaftlern wird sie immer noch etwas unterschätzt, weil die Verzahnung der Volksrepublik China in die güterwirtschaftlichen Zusammenhänge der Welt nicht sehr erheblich ist. Noch viel weniger schlägt übrigens die chinesische Verzahnung auf finanzwirtschaftlichem und international monetärem Gebiet zu Buche. Gleichwohl, die Volksrepublik China umfaßt heute eine Milliarde Menschen, etwas weniger als ein Viertel der gesamten Menschheit. Auch am Ende des Jahrhunderts mit ca. 1,2 Milliarden Menschen wird dies deutlich mehr sein als ein Fünftel der Menschheit. Vorausgesetzt, daß nicht wieder jemand auf die Idee kommt, hundert Blumen blühen zu lassen oder einen großen Sprung vorwärts zu machen oder die Kultur revolutionieren zu wollen, vorausgesetzt, daß es eine gewisse innere Stetigkeit in der Volksrepublik China geben wird (diese Voraussetzung darf man machen, darf sie aber nicht für sicher halten), wage ich die Erwartung zu äußern, daß am Ende dieses Jahrhunderts die Volksrepublik China nicht nur weltpolitisch ins Gewicht fallen wird als die dritte Weltmacht, sondern daß sie auch weltwirtschaftlich in erheblichem Maße ins Gewicht fallen wird, vornehmlich allerdings in der fernöstlichen und südostasiatischen Region.

Politisch ins Gewicht fallen wird China nicht etwa als Führungsmacht eines großen Bündnisses – China findet keine Bündnisgenossen auf der Welt, braucht aber auch keine –, wohl aber als denkbare, möglicherweise als geistige Vormacht der großen Zahl von non-allied-countries, von Ländern, die nicht einem Bündnis zugehören wollen und die als solche in zunehmendem Maße ihre Bedeutung in den Vereinten Nationen und in anderen internationalen Gremien bis hin zum IMF fühlbar machen werden.

In China ist eine gewaltige Umstülpung der wirtschaftspolitischen und finanzpolitischen Verfahrensweisen im Gange. Sie ist ganz eindeutig auf etwas mehr Markt gerichtet, was bedeutet, etwas größere Freiheit bei der Preisbildung für einzelne Unternehmen, eine klare Präponderanz der Verwendung der Investitionsquote der chinesischen Volkswirtschaft für industrielle und nicht für militärische Investitionen, auch wenn der Anschein der großen Parade vor ein paar Wochen einen anderen Schluß nahegelegt zu haben scheint.

Der außerordentliche Erfolg der landwirtschaftlichen Reformen, die vor 5 bis 6 Jahren eingeleitet wurden, und zu einer deutlichen Anhebung des Lebensstandards auch in den Städten, nicht nur auf den Dörfern, führten, hat die chinesische Führung ermutigt, nun ähnliche Methoden auf die städtische Wirtschaft – das ist der dort geläufige Ausdruck für Industrie und Gewerbe – zu übertragen.

In China leben, wie ich sagte, über eine Milliarde Menschen, 80 Prozent davon auf den Dörfern, 20 Prozent in den Städten. Deng Xiaoping sagte mir, wenn es uns gelingt, die Lage auf den Dörfern so, d. h. – unausgesprochen – bevorzugt, zu gestalten, daß diese 80 Prozent auf den Dörfern bleiben, dann haben wir schon 80 Prozent unseres chinesischen Gesamtproblems gelöst. Mein Eindruck ist, daß z. B. der pro Person verfügbare Wohnraum auf den Dörfern bis fünfmal so groß ist wie in den großen Städten wie Shanghai oder Peking.

Der Hauptnutznießer der unter diesen Prämissen zu erwartenden wirtschaftlichen Entwicklung wäre außerhalb Chinas vermutlich Japan. Ich würde glauben, daß der chinesische Außenhandel zu mehr als der Hälfte sich auf einen Austausch mit Japan beziehen wird. Ich würde mich nicht wundern, wenn die Explorationen im chinesischen Schelf doch zu Ölfördermengen führen werden, wie China selbst sie nicht benötigen wird, zumal es über große Quantitäten Steinkohle verfügt, so daß Japan gegen Ende dieses Jahrhunderts in erheblichem Maße chinesisches Rohöl beziehen könnte und im übrigen vorher (gegen Kredit) mit Investitionsgütern, aber auch mit Massenkonsumgütern und vor allem mit Technologie China zur Verfügung steht. Später wird das möglicherweise eine sehr komplementäre wirtschaftliche Verbindung werden; eine wirtschaftliche, mit Sicherheit nicht eine politische oder gar bündnispolitische.

Wie Sie wissen, ist China schon Mitglied des Weltwährungsfonds, der Weltbank und dergleichen, mit Recht, dort gehört es auch hin. Die Rolle Chinas wird steigen und sie wird in einer Weise gespielt werden, daß weder die von den USA geführte westliche Staatengemeinschaft noch die von Moskau geführte Gemeinschaft der sozialistischen Staaten à la longue einen überwiegenden Vorteil hätte. Man muß davon ausgehen, daß China eine strikt äquidistante Politik verfolgen wird, was nicht ausschließt, daß es je nach Lage mal den Russen die amerikanische Karte, mal den Amerikanern die russische Karte als Möglichkeit zeigen wird.

Mit chinesischen Augen betrachtet, ist die gegenwärtige Krise der Weltwirtschaft nicht von großer Bedeutung, weil China davon kaum betroffen worden ist. Ebenso ist die Krise des Kreditsystems der Welt nicht von großer Bedeutung, weil China davon überhaupt nicht betroffen worden ist. China hat in den letzten Jahren eine übergesunde Außenwirtschaftspolitik betrieben und hat sogar Währungsreserven aus Überschüssen seiner Leistungsbilanz gebildet; das wird wohl in der Zukunft aufhören. China ist zur Zeit wirtschaftlich sehr weitgehend selbstgenügsam. Das wird sich ändern in dem Maße, in dem die Chinesen wirtschaftlichen Fortschritt zustande bringen und in dem sie sich in den Güteraustausch mit der übrigen Welt, aber auch wohl finanziell verflechten. In dem Maße wird dann auch die Volksrepublik China etwa am Ende des Jahrhunderts vom Auf und Ab in der Weltwirtschaft, von den strukturellen Umbrüchen und Korrekturen ebenso wie von den konjunkturellen Entwicklungen betroffen sein.

Wenn man ein Haus weitergeht nach Japan, so haben wir es hier mit einem der drei westlichen Länder zu tun, die von der gegenwärtigen strukturellen Krise der Weltwirtschaft nicht betroffen zu sein scheinen. Die drei Länder sind die Vereinigten Staaten von Amerika, Japan und Südkorea. Dazu zählen noch zwei Stadtstaaten, die ich der Vollständigkeit halber erwähnen will, nämlich Singapur und Hongkong, und dann gibt's noch Taiwan. Alle anderen Länder wissen, daß sie betroffen sind, manche wollen es nicht wissen, aber sie wissen es irgendwo im Unterbewußtsein. Japan scheint, jedenfalls im eigenen Verständnis, kaum betroffen, wenngleich natürlich auch in Japan die Wachstumsraten in den letzten Jahren geringer sind. Insbesondere sind sie geringer seit der zweiten Erdölpreisexplosion 79/80, als in deren Gefolge die Zahlungsbilanzen einer großen Zahl von Staaten der Welt ins Minus gingen und entsprechende Schwierigkeiten auftraten, die Einfuhren bezahlen zu können.

Im Gegensatz zu der Vermutung, die bei uns und vor allem auch in Amerika immer wieder geäußert wird, wonach die Japaner sehr viel länger arbeiten, viel fleißiger sind, Dumping betreiben und sich mit viel geringeren Löhnen zufriedengeben, ist es in Wirklichkeit so, daß die japanische Wirtschaft nach wie vor von einer Disziplin gekennzeichnet ist, die auch in Deutschland bis etwa Mitte der sechziger Jahre üblich gewesen ist; und zweitens sind die japanischen Unternehmensleiter im Durchschnitt eindeutig tüchtiger als die Europäer und sogar noch tüchtiger als die heutigen amerikanischen Unternehmer.

Ein signifikanter Unterschied zwischen den japanischen und den amerikanischen Unternehmern liegt darin: die japanischen Unternehmer haben nicht die Absicht, ein großes persönliches Vermögen aufzuhäufen. Sie wohnen auch nicht in einer großen Villa irgendwo in einem der fashionablen Vororte, wie wir sie in Düsseldorf oder an der Elbchaussee in Hamburg kennen, sondern sie wohnen bescheiden. In Amerika muß ein Unternehmensleiter mit 40 Jahren die erste private Million Dollar an Vermögen gebildet haben, wenn man in der Computerindustrie tätig ist möglichst schon mit 28, in Japan ist das anders. In Japan beruht das Sozialprestige des erfolgreichen Unternehmensleiters auf dem Erfolg seines Unternehmens. Wer will, kann da »preußische« Parallelen ziehen. Mir scheint, dies ist einer der Hauptgründe für den wirtschaftlichen Erfolg Japans.

Ein weiterer Grund liegt in der ungeheuren japanischen Anpassungsfähigkeit an ausländische Märkte und Situationen. Dies haben die Japaner im Laufe der letzten hundert Jahre, etwa seit der Meidschi-Restauration, den Reformen in den siebziger/achtziger Jahren des vorigen Jahrhunderts gelernt. Eine geringe Rolle spielt dagegen die japanische Grundlagenforschung; sie ist mit der deutschen nicht zu vergleichen. Insofern wird die japanische Technologie in Europa überschätzt, denn bisher steckt keine entsprechende Grundlagenforschung dahinter, sondern im wesentlichen eine eindrucksvolle Fähigkeit zur Anwendung.

Ein wesentlicher Fehler in der japanischen Wirtschaft, der sich in den kommenden zehn Jahren zeigen kann oder korrigiert werden muß, wenn er anfängt, sich auszuwirken, ist die Tatsache dieser habituellen Handels- und Leistungsbilanzüberschüsse. Güterwirtschaftlich betrachtet, häufen die Japaner papierene Forderungen auf, die sie für die Netto-Exporte von Gütern bekommen. Auf diese Weise bleiben große nationale Aufgaben, z. B. die drängende Wohnungsnot (die qm-Zahlen pro Kopf in Japan sind nicht viel größer als in China), weiterhin ungelöst.

Ich glaube, dieser Fehler wird korrigiert werden müssen. Nicht so sehr aus binnenwirtschaftlichen oder sozialstrukturellen Motivationen, sondern einfach deshalb, weil die gegenwärtige Lage Japan zum alleinigen Angeklagten der Welthandelspolitik hat werden lassen. Jeder Politiker oder Industrielle, in Amerika, in Deutschland oder in Brüssel, schimpft auf die Japaner. Es ist ein eigenartiges Vergnügen, was die Japaner sich machen, daß sie für die Gewißheit, in der Leistungsbilanz Jahr für Jahr große Überschüsse zu erzielen, sich leisten, zum Hauptangeklagten der ganzen Weltwirtschaft gemacht worden zu sein.

Es gibt einen wirklichen, auch meßbaren Vorzug, den die japanische Volkswirtschaft gegenüber den europäischen und amerikanischen Volkswirtschaften hat. Er liegt auf dem Felde der Verteidigung. Japan gibt für die Verteidigung ungefähr

1 Prozent seines Bruttosozialprodukts aus. Das wird auch im Laufe der nächsten anderthalb Jahrzehnte kaum auf mehr als 2 Prozent steigen können, weil es in ganz Ostasien und Südostasien niemanden gibt, kein Volk, keinen Staat, keine Regierung, die einen solchen Anstieg ertragen wollte, einschließlich der Regierung in Peking. Die Erinnerung an den japanischen Imperialismus der dreißiger und vierziger Jahre ist in all diesen Staaten ungeheuer lebendig und wird auch zum Ausdruck gebracht, und Japan muß darauf Rücksicht nehmen, egal wieviel Druck in Richtung auf mehr Rüstung von Washington aus auf die Japaner ausgeübt wird. Es ist also damit zu rechnen, daß Japan auch in den nächsten zehn Jahren weniger als 2 Prozent für seine Verteidigung ausgeben wird (verglichen mit Deutschland 4 Prozent, USA 7 bis 8 Prozent). Damit steht ein großer Bonus für andere Zwecke der Volkswirtschaft, für produktive Zwecke zur Verfügung.

Die Sparrate, bezogen auf die persönlich verfügbaren Einkommen, ist ungeheuer hoch; sie tendiert gegen 20 Prozent. Japan kann aufgrund der eigenen Ersparnisse nicht nur mühelos ein hohes Haushaltsdefizit finanzieren, sondern sich auch noch leisten, pro Jahr noch 30 bis 35 Milliarden Dollar zu exportieren, im wesentlichen in die Vereinigten Staaten von Amerika. Ich würde mich nicht wundern, wenn sich dieser Kapitalexport am Ende des Jahres 1984 auf 40 Milliarden Dollar summieren würde. Es sind dies nicht so sehr Direktexporte, weniger direkte Investitionen, sondern es ist im wesentlichen der Kauf von Wertpapieren, darunter weit überwiegend amerikanische Schatzamtspapiere (Treasury-Bonds).

Die Schwäche der japanischen Wirtschaft liegt in der Verwundbarkeit der Seewege (alle Rohstoffe müssen importiert werden). Ich sprach von der Möglichkeit eines zukünftigen Ölbezugs aus China. Gegenwärtig kommt das Öl weit überwiegend aus dem Persischen Golf, und Japan ist über die Situation im Persischen Golf stärker beunruhigt als etwa die USA oder als etwa wir Europäer. Japan bleibt aus der Gesamtlage heraus stark angewiesen auf die Allianz mit den Vereinigten Staaten von Amerika und fast ausschließlich angewiesen auf den strategischen Rückhalt durch die Vereinigten

Staaten von Amerika. Es wird deshalb auch in handelspolitischer, in weltwährungspolitischer, in fast jeder weltwirtschaftlichen Hinsicht sehr viel Rücksicht auf die jeweiligen Auffassungen nehmen müssen, die in Washington D. C. als amerikanisches Interesse vertreten werden. Man kann nicht davon ausgehen, daß in all diesen Feldern Japan als erstes seinen eigenen Interessen folgend sich bemühen wird.

Die gegenwärtige wirtschaftliche Lage in Japan sieht ein bißchen schöner aus, als sie im Laufe des Jahres 1985 und 1986 bleiben wird. Die Arbeitslosigkeit ist praktisch Null, und die Inflation liegt bei etwa 2 Prozent, die Wachstumsraten sind weit über dem Durchschnitt der OECD, aber dies wird ein bißchen geschönt durch den ungeheuren japanischen Export in den Dollarraum kraft der Tatsache, daß im Verhältnis zum Dollar der Japanische Yen eben um 25 oder 30 Prozent unterbewertet ist oder der Dollar überbewertet ist aufgrund von Zusammenhängen, auf die ich gleich noch zu sprechen komme.

Ich will jetzt über Südkorea oder Taiwan nichts mehr sagen; da liegt das alles ein bißchen ähnlich. Ich will aber in bezug auf die übrigen asiatischen Staaten (Bangladesh, Pakistan, Sri Lanka, Thailand, Burma, Malaysia) darauf hinweisen, daß im Gegensatz zu dem amerikanischen Optimismus, die Weltwirtschaft sei im Aufschwung, in all diesen Staaten von einem Aufschwung überhaupt nicht die Rede sein kann. Da kann nur die Rede sein von Elend. Dies sind alles Staaten, die kaum in der »New York Times« oder in der Londoner »Financial Times« oder im »Handelsblatt« vorkommen, auch nicht im »Economist«, auch nicht im »Wall Street Journal« (im »Economist« noch am ehesten; das ist eine fabelhaft objektiv und flächendeckend berichtende Wochenzeitung). Warum nicht? Weil sie schon zur Zeit des ersten Ölpreisschocks 73/74 und erst recht zur Zeit des zweiten Ölpreisschocks 79/80 nicht kreditwürdig waren und infolgedessen überhaupt keine Kandidaten waren für das damals sogenannte Recycling of Petrodollars. Sie haben keine Kredite bekommen, sie haben deswegen heute kaum Schuldenprobleme. Sie haben ganz andere Probleme viel vitalerer Art. Sie sind natürlich auf der anderen Seite nicht gerade die großen aufnahmebereiten Märkte für die industriellen Produkte, kämen sie aus Japan oder aus Europa oder sonstwoher, denn sie können nicht bezahlen.

Es gibt diesen Witz, wonach ein junger Mann nach New York kommt von irgendwoher aus dem Mittelwesten, wo keine Arbeitsplätze sind. Er bekommt tatsächlich in New York einen Job für 50 Dollar die Woche; das ist nicht gerade viel. Er trifft seinen Onkel und fragt ihn: »Sag mal, Onkel, kann eigentlich ein junger Mann für 50 Dollar die Woche in New York City ein anständiges, christliches Leben führen?« Der Onkel überlegt sich das einen Augenblick und sagt: »Mein Junge, das ist so ziemlich das einzige, was du für 50 Dollar tun kannst.«

Die Menschen in den Entwicklungsländern Asiens, von denen ich eben sprach – und das gilt noch mehr für die Entwicklungsländer Schwarz-Afrikas –, haben im Durchschnitt keine 50 Dollar pro Kopf und Woche, auch nicht 50 Dollar pro Kopf und Monat, sondern 50 Dollar pro Kopf und Quartal. Der Lebensstandard liegt bei 200 Dollar pro Jahr. Wenn man dies als eine Richtgröße nimmt, die für eine große Zahl von Ländern gilt, so wird man erkennen können, daß von einem weltwirtschaftlichen Aufschwung für Milliarden von Menschen überhaupt keine Rede sein kann.

Wenn wir uns von Asien in Richtung Westen bewegen – über Schwarz-Afrika habe ich eben schon gesprochen –, so haben wir dabei den mittleren Osten übergangen. Und dazu muß ich im Zusammenhang mit der OPEC wohl noch ein paar Worte hinzufügen.

Saudi Arabien, auch die anderen Golfstaaten, Israel, alle diese Länder haben Sorgen vor der Sowjetunion. Afghanistan ist für viele von ihnen nur etwa 20 Flugminuten entfernt, und dies angesichts der großen Basen, die die sowjetische Luftwaffe dort inzwischen zu ihrer Verfügung hat. Es gibt außerdem sowjetischen Einfluß in Syrien, Ägypten, Libyen, am Horn von Afrika, am Südende der arabischen Halbinsel. Einige haben Angst vor der US-israelischen sogenannten strategischen Allianz, andere haben eine falsche Hoffnung auf eine europäische Rolle in dem Konflikt zwischen den Nachbarn Israels und dem Staate Israel.

Wirtschaftlich geht es dort nur denjenigen gut, die Öl haben. Aber mit der Ausnahme der Vereinigten Arabischen Emirate und Kuwaits sind inzwischen auch alle OPEC-Staaten des mittleren Ostens – ich spreche nicht von Libyen – im Leistungsbilanz-Defizit. Wenn ich es richtig im Kopf habe, hat Saudi Arabien in den Jahren 84 und 83 zusammen wohl 30 Milliarden Dollar von seinen Guthaben im westlichen Geschäftsbankensystem abgezogen. Dies wurde notwendig, um die eigenen pro rata temporis Zahlungen für die Fertigstellung von langfristigen, über Jahre sich hinziehenden infrastrukturellen Projekten innerhalb des eigenen Landes zu leisten (Krankenhäuser, eine Riesen-Universität in Riad, neue Seehäfen, neue Flughäfen). Alles das sind langfristige Investitionsvorhaben, begonnen zu einer Zeit, in der der Ölpreis steil in den Himmel zu klettern schien. Er ist inzwischen zurückgekehrt. Er ist zwar noch nicht wieder auf der Erde, aber er ist nicht mehr bei 35 bis 36 Dollar pro Barrel, sondern gegenwärtig schwankt er um 28 Dollar, so daß selbst Saudi Arabien, das bei weitem reichste und bevölkerungsärmste dieser Länder, gezwungen gewesen ist, in erheblichem Maße Depositen im westlichen Geschäftsbankensystem zurückzurufen und zu versilbern, um damit den Aufwand für große Investitionsprojekte abzudecken.

Sollte der Krieg zwischen Iran und Irak aus irgendeinem Grunde aufhören, würde das – wie schon gesagt – natürlich den Japanern angenehm sein, weil die Gefahr, von ihrer Ölversorgung abgeschnitten zu werden, kleiner würde, aber andererseits würde dadurch auch der Ölpreis gedrückt. Man kann wohl annehmen, daß das Ende des Krieges zwischen Iran und Irak ungefähr anderthalb Millionen Barrel pro Tag zusätzlich auf den Markt bringen würde. Schon der gegenwärtige Ölpreis reicht in keiner Weise aus, um die großen Projekte der siebziger Jahre zur Gewinnung von Rohöl aus dem Küstenschelf und aus Teersänden wieder aufzunehmen. Mir kommt es so vor, als ob der Ölpreis, von dem ab die Produktion von Öl aus Teersänden und dem Schelf sich rentiert, immer weiter steigt. Gegenwärtig rechnet man mit einem *break-even-point* von 35 Dollar pro Barrel. Und wenn Öl dann eines Tages wirklich 35 Dollar pro Barrel kostet, dann wird neu gerechnet und gesagt werden, es müßte nun 50 Dollar pro Barrel kosten. Es sieht nicht danach aus, daß in absehbarer Zeit irgendwo auf der Welt ernsthafte Investitionen, die zu Buch schlagende Produktionsvolumina zur Folge haben, in Ölsände und Ölschiefer vorgenommen werden. Soviel zum Nahen Osten. Eine politisch und wirtschaftlich keineswegs von Aufschwung gekennzeichnete Situation.

Wir sprachen über Afrika, vielleicht ein Sprung über den südlichen Atlantik nach Südamerika. Mit der Ausnahme von Mexiko und Venezuela brauchen alle südamerikanischen Staaten Ölimporte. Es sind 25 Staaten in Lateinamerika, und fast alle stehen unter einem sehr starken Druck auf ihre Zahlungsbilanz. Noch zu Anfang der achtziger Jahre zeigten sie aggregierte Leistungsbilanzsalden von plus 60 bis 70 Milliarden Dollar, im letzten Jahr waren es unter dem Druck der Zinstransfersituation vielleicht noch 7 bis 8 Milliarden. Diese Länder stehen unter dem Zwang, auch unter dem Zwang des Währungsfonds, mit allen möglichen Mitteln so wenig wie möglich zu importieren und soviel wie möglich zu exportieren, um aus dem so erzielten Handelsüberschuß wenigstens einen wichtigen Teil ihres Zinstransfers leisten zu können. Ein Land wie Brasilien müßte eigentlich 12 Milliarden Zinstransfer leisten, 12 Milliarden Dollar pro Jahr; es ist völlig außerstande, das zu tun. Ein solcher Handelsüberschuß ist nicht zu erzielen und wenn, dann auf ein oder zwei Jahre, und nach dem dritten Jahr gibt's eine Revolution. Ob Miguel de la Madrid in Mexiko das lange durchhalten kann, ist sehr fraglich, obwohl man ihm nun nach großen Anstrengungen und unter Inkaufnahme großer innenpolitischer Risiken erhebliche Erleichterungen und mittelfristige Umschuldung zugestanden hat.

Angesichts dieser Verringerung des Lebensstandards kann man sich durchaus vorstellen, daß es in einigen Staaten, die ich nicht beim Namen nennen will, eine Tendenz zur Gewaltanwendung geben kann. Wenn sie nicht mehr importieren, drücken sie den Lebensstandard, wenn sie nicht mehr subventionieren – Grundnahrungsmittel und dergleichen –, drükken sie den Lebensstandard. Das führt zu sozialen Unruhen, das kann zur Gewalttat führen, und dann kann durchaus in einigen dieser Staaten das gerade erst in die Kasernen zurückgekehrte Militär wieder auftreten.

Hier sind also politische Faktoren im Spiel, die dann möglicherweise uns alle und jedenfalls wohl einige in den USA dazu bringen könnten zu sagen: nein, so weit wollten wir es eigentlich nicht treiben, dann wollen wir lieber in der Konsolidierung der Schuldensituation und bei der Regelung der Zinsen etwas zurückhaltender sein. Ich kann mir nicht vorstellen, daß in den hochverschuldeten Staaten Südamerikas auf die Dauer dieses Ausmaß an zusätzlicher Bedrückung für die kleinen Leute durchhaltbar ist.

Wir haben die Sowjetunion bisher ausgespart. Und, ehe ich nach Mitteleuropa komme, vielleicht ein Wort über die Sowjetunion, die sich zu ihrer eigenen Überraschung tiefer in die strukturelle Krise der Weltwirtschaft verstrickt sieht, als sie das erwartet hat. Noch weitaus stärker gilt dies für ihre Klientenstaaten (Polen, Kuba, Vietnam, aber auch Rumänien etc.). Die Sowjetunion hat es zu tun mit einer überaus leidenserfahrenen, leidenswilligen Nation. Wahrscheinlich gibt es außer den Juden kein Volk auf der Welt, das bereit ist, soviel zu leiden wie die Russen, die in diesem Staat immer noch zwei Drittel der Bevölkerung ausmachen. Durch Verzicht auf Lebensstandard hat sie ihre eigene Lage, auch was ihre internationale Verschuldung angeht, die im übrigen nie bedeutend war, etwas bessern können (in Polen ist das ganz anders). Auf der anderen Seite kostet sie der vietnamesische Eroberungskrieg in Kambodscha Milliardenbeträge.

Die Sowjetunion krankt nicht nur an einem ineffizienten Wirtschaftssystem (es gibt andere kommunistische Staaten, die besser wirtschaften), sondern sie krankt ganz besonders an einem ineffizienten landwirtschaftlichen System. Ein Land von 250 Millionen Menschen, das jedes Jahr 40 Millionen Tonnen Getreide importieren muß, um seine Brot- und seine Fleischversorgung aufrechterhalten zu können, ist auf das äußerste verwundbar. Und wenn ich mich an die Stelle von Herrn Andropow oder seines Nachfolgers Tschernenko oder an die Stelle von Herrn Gorbatschow zu versetzen bemühe, dann wäre mir diese Abhängigkeit in der Ernährung vom quasi feindlichen Ausland eine schreckliche Besorgnis. Zumal ja hinzukommt, daß selbst in friedlichsten Zeiten, in denen selbst Ronald Reagan froh ist, die Agrarüberschüsse aus Iowa und aus dem Farmbelt in Rußland absetzen zu können, die Sowjets diese Getreideimporte nicht in Rubel bezahlen können – wer von uns wollte schon Rubel haben? –, sondern in harter Währung bezahlen müssen. Und die harte Währung will verdient sein. Ganz sicherlich wird auch zum Teil in Gold bezahlt. Die Sowjets produzieren Gold und versilbern es in Zürich, aber im wesentlichen müssen sie mit dem Hartwährungsertrag aus eigenen Exporten bezahlen. Es bedurfte des überragenden ökonomischen Sachverstands, der manchmal bei einigen unserer Freunde sich breitmacht, sich vorzustellen, daß es gut ist, an die Russen Getreide zu verkaufen, aber gleichzeitig auch vernünftig ist, ihnen die Bezahlung des Getreides durch Erdgasverkäufe unmöglich zu machen.

Ich würde vermuten, daß die Sowjetunion gerade wegen ihrer Getreideabhängigkeit, aber auch wegen der Tatsache, daß das Militär nach wie vor zu Verteidigungszwecken mindestens 12 Prozent des Bruttosozialprodukts in Beschlag nimmt, in den kommenden Jahren in stärkerem Maße noch als bisher – ob sie es nun besonders gern haben oder nicht – in die westliche Weltwirtschaft integriert werden wird. Diese 12 Prozent Militäranteil sind sehr viel mehr als in den USA, und es sind die qualitativ besten 12 Prozent, die kompliziertesten, *the most sophisticated* 12 Prozent.

Man darf das heutige Integrationsmaß in die Weltwirtschaft nicht unterschätzen. Es liegt, in Relation zum Bruttosozialprodukt gerechnet, beinahe auf der gleichen Ebene wie das der Vereinigten Staaten von Amerika: knapp unter 10 Prozent des Bruttosozialprodukts. Wenngleich wir zum Beispiel den deutschen Anteil daran, den deutschen Osthandel, nicht überschätzen dürfen, da neigen manchmal unsere französischen und amerikanischen Freunde zur Überschätzung. Wenn ich das richtig im Kopf habe, ist der deutsche Rußlandhandel mit einem 250-Millionen-Volk ungefähr von derselben Größenordnung wie der deutsche Handel mit Österreich, einem 7-Millionen-Volk. Er ist also nicht so erheblich, wie sich das manche Leute in Washington vorstellen, und nicht wir werden abhängig von der Sowjetunion, sondern eher noch ist die Sowjetunion von der westlichen Weltwirtschaft abhängig.

Lassen Sie mich zu Westeuropa kommen. Die wirtschaftliche Situation in ganz Europa, mit der Ausnahme von ein paar Kleineren, die die Regel bestätigen (Schweiz, Österreich, Schweden, Norwegen mit seinem Nordseeöl), ist unbefriedigend. Zwar haben wir alle auch ein bißchen – lange nicht so sehr wie Japan – partizipiert an dem Aufschwung des Exports in den Dollarraum wegen der Überbewertung des Dollars, resp. Unterbewertung unserer eigenen Währung, aber das wird keinen Bestand behalten, und man kann jeden Industriellen nur warnen, den gegenwärtigen Aufschwung der Exporte in den Dollarraum zum Anlaß zu nehmen, um seine Kapazitäten zu erweitern. Jedenfalls darf dies nie allein ein Grund sein, Kapazitäten zu erweitern; das kann ein schreckliches Erwachen geben. Aber gerade weil diese Exporte vermutlich im Laufe der nächsten zwei Jahre auf ein normales Maß zurückgehen werden, kann niemand für Europa insgesamt besonders günstige wirtschaftliche Erwartung hegen. Im Gegenteil, man wird davon ausgehen müssen, daß die Produktivität in Europa erneut stärker wächst als die Produktion, d. h. daß die Arbeitslosigkeitsziffern Europas nochmals leicht zunehmen, jedenfalls keineswegs deutlich zurückgehen können.

Vielleicht einen energiepolitischen Seitenblick: Es ist interessant zu sehen, daß der Ausfall von zwei Dritteln der englischen Kohlenförderung nun schon seit beinahe 3 Monaten ohne jedweden fühlbaren Effekt gewesen ist. Weshalb? Weil man technisch die Elektrizitätswerke schnell auf Öl hat umstellen können und weil es Öl in so großem Maße gibt, daß trotzdem immer noch der Preis sinkt. Es ist gegenwärtig, weil die Wirtschaft nicht so richtig läuft in Europa, von Energieknappheit überhaupt keine Rede.

Das englische Nordseeöl wird in wenigen Jahren seine maximale Fördermenge erreichen, und gegen Ende der achtziger Jahre wird die Produktion zurückgehen. Damit wird eine große Stütze nicht nur des englischen Staatshaushalts, sondern auch der englischen Leistungsbilanz schwächer, und in der britischen Wirtschaftspolitik muß ein bißchen mehr geschehen, als nur die Royalties aus dem Nordseeöl in den Haushalt einzustellen.

Frankreich hat sich bisher stärker auf die nukleare Energie gestützt; das wird so bleiben. Und Deutschland hat wie früher unter der sozialliberalen Koalition energiepolitisch die alte Linie fortgesetzt, nämlich die Versorgung auf Kohle, zugleich Braunkohle, zugleich Erdgas, zugleich Öl und zugleich Nuklearenergie aufzubauen. Diese Risikostreuung ist sinnvoll, da man schwer abschätzen kann, welche dieser fünf verschiedenen Primärenergiequellen bis Ende des Jahrhunderts die größten Risiken mit sich bringen wird.

Kohle hat größere Risiken, als den Deutschen bewußt ist. Ich nenne an erster Stelle 60 bis 100 Bergbautote pro Jahr, trotz sehr viel modernerer Technik unter Tage im Laufe der letzten anderthalb Jahrzehnte. Und als zweites das Umweltrisiko, das allerdings bei der Braunkohle noch sehr viel stärker ist. Kohle und Braunkohle haben den einzigartigen Vorteil der völligen Unabhängigkeit von ausländischen Zufuhren und damit der Unabhängigkeit von politischen Weltkrisen.

Erdgas und Öl haben das Risiko politischer Abhängigkeit, wenn am Persischen Golf oder z. B. in Libyen wirklich etwas passiert. Und sie haben das Risiko der Umweltgefährdung, das wir alle kennen, das ich nicht auszuführen brauche. Sie haben den Vorteil, daß sie billig sind, daß sie nicht subventioniert werden müssen, im Gegenteil, daß man sie noch hoch besteuern kann, sogar den Staatshaushalt in Deutschland, nicht nur in England, vom Öl her ein bißchen aufpolstern kann.

Bleibt die nukleare Energie, wo nicht nur psychologische und technologische Probleme, sondern auch Versorgungsprobleme eine Rolle spielen können. Ich kann mich erinnern, daß Präsident Jimmy Carter uns schon mal den Hahn hat abdrehen wollen, was die Versorgung mit nuklearen Brennstäben angeht. Vor allen Dingen aber hat die Nuklearenergie bisher nicht recht abgreifbare Probleme auf dem Felde der Wiederaufbereitung, der Endlagerung usw.

Die Konsequenz, die sich aus all dem ergibt, ist typisch für Europa, auch typisch für die DDR und andere, typisch für ganz Zentral- und Westeuropa: man kann sich gegenwärtig unter Abwägung der Risiken bei jedwedem dieser fünf Primärenergieträgern nicht für den einen oder gegen den anderen entscheiden.

Ich will auf die ökonomischen Aspekte Europas noch mal zurückkommen. Fast alle europäischen Regierungen, vielleicht mit der Ausnahme Luxemburgs, und fast alle europäischen Oppositionsparteien, ob sie links sind wie in Deutschland oder rechts wie in Frankreich, und fast alle Gewerkschaften und fast alle Zentralbanken leiden an dem gleichen Fehlurteil, das sie aus der Mitte des Jahrhunderts herübergeschleppt haben in das vorletzte Jahrzehnt und vielleicht noch herüberschleppen werden in das letzte Jahrzehnt: sie glauben, daß mit nationaler ökonomischer Politik etwas durchgreifend gebessert werden könne an dem Zustand der Volkswirtschaft. Man kann aber leider geradezu von einem Anachronismus nationaler ökonomischer Konzepte sprechen. Ich will ein paar Beispiele geben:

Wenn z. B. in einem Lande wie der Bundesrepublik durch forciertes Sparen in den öffentlichen Haushalten der deutsche Kapitalmarkt geschont wird und infolgedessen zur Verfügung steht, dann wird er offenbar nicht genutzt von der deutschen Wohnungsbauindustrie, sondern wird genutzt von der dänischen Regierung und von der Europäischen Kommission in Brüssel und vor allen Dingen genutzt von Herrn Donald Regan in Washington, der außerdem noch den Steuerzahlern in Europa verspricht, ihre Anonymität zu wahren, damit sie bei ihrem heimischen nationalen Finanzamt nicht aufplatzen. Die Vorstellung, daß der eine Staat sparen könne und der andere macht alles ganz anders, führt angesichts der Verbundenheit der Kapitalmärkte völlig in die Irre. Ich will erst gar nicht reden von der engsten Verbundenheit der heutigen

Geldmärkte. In den nationalökonomischen Lehrbüchern steht er noch, aber es gibt schon lange keinen nationalen Geldmarkt mehr.

Lassen Sie mich ein anderes Beispiel geben: Als Frankreich heute vor drei Jahren unter einem neuen Präsidenten eine keynesianische Deficit-Spending-Policy begann und im Staatshaushalt in großem Stil mehr Geld ausgegeben als eingenommen hat, führte dies trotzdem nicht zu einem Wirtschaftsaufschwung in Frankreich, sondern zu vermehrten deutschen Exporten auf den französischen Markt, und zwar zu gewaltigen Zunahmen der deutschen Exporte auf dem französischen Markt.

Wenn man die verschiedenen nationalen Statistiken, die nun inzwischen, unabhängig von Bundestagswahlkämpfen und anderen Schlaumeiereien, zur Verfügung stehen, für die letzten drei, vier Jahre seit dem zweiten Ölpreisschock 79/80 nebeneinanderlegt, dann haben alle Staaten der Europäischen Gemeinschaft in den Jahren 80, vor allen Dingen 81 und 82 tiefe Rezessionen erlebt. Die Kurven gehen alle gleichmäßig nach unten mit geringen zeitlichen Verschiebungen, die außerdem noch mit verschiedenen statistischen Methoden zu tun haben können. Daß das eine deutsche Rezession, eine französische oder eine englische gewesen wäre, ist dummes Zeug. Der Blick auf die Statistiken zeigt dies. Sogar die Schweiz hat eine Krise erlebt, mit leichter zeitlicher Verzögerung, im wesentlichen in 82 und 83. Und 84, gegenwärtig, erleben wir, und das wird in diesen europäischen Staaten auch für 85 gelten, eine Egalisierung der jährlichen realen Wachstumsraten des Bruttosozialprodukts bei, wenn's hoch kommt, 1,5 bis 2,5 Prozent.

Überall ist die Arbeitslosigkeit gestiegen, weil überall der Produktivitätszuwachs größer war als das Wachstum der Wirtschaft insgesamt. Die europäische Arbeitslosigkeit pendelt sich bei 11 Prozent ein. Ein Ausreißer ist dabei, neben dem positiven Österreich: Holland, aus Gründen einer, wie mir scheint, zu stark an der D-Mark orientierten Geldpolitik. Deutschland liegt ein bißchen unter diesem Arbeitslosendurchschnitt, hat es immer gelegen, ist auch keine besondere

Leistung der gegenwärtigen noch der vorigen Regierung. Manches liegt bei uns günstiger. Aber diese europäische Arbeitslosigkeit von 11 Prozent ist ein europäisches Datum. Aber es fehlt diesen schon viel zu sehr verbundenen europäischen Volkswirtschaften die gemeinsame ökonomische Führung. Sie sind nicht so stark miteinander verbunden, daß sie wirklich eine gemeinsame Führung hätten. Sie sind in einem Zwischenstadium der Verflechtung, wo keiner mehr ohne den anderen kann, aber die Regierungen noch nicht begriffen haben, daß sie gemeinsam führen müssen, wenn überhaupt was passieren soll. Sie haben immer noch nicht kapiert, daß Europa anderthalbmal soviel Arbeitslose hat wie Landwirte, sie reden jahrelang über Bauern und Landwirte; das sind aber nur $7^1/_2$ Prozent der europäischen Erwerbstätigen, die Arbeitslosen sind dagegen 11 Prozent. Es überwiegt eben in Europa ein traditionelles Denken.

Keiner kommt auf die Idee, das Europäische Währungssystem auszubauen und den ECU so stark zu machen, daß er notfalls dem Dollar auch Paroli bieten kann und der Regierung der Vereinigten Staaten, die sich zu einem wichtigen Teil in Europa finanziert, gegenübertreten und sagen kann, wenn ihr das nicht tut und damit nicht aufhört, dann tun wir aber jenes. Alles dies findet nicht statt. Ich will in dem Zusammenhang darauf hinweisen, daß, wenn ich es richtig sehe, im Jahr 1985 in keinem der größeren europäischen Länder Wahlen zum nationalen Parlament stattfinden. Es wäre dies eine Gelegenheit, um etwas zu tun, was zu Hause der einen oder anderen Lobby-Gruppe weh tut. Außerdem findet 1985 turnusmäßig der Siebener-Gipfel wiederum in Deutschland statt. Auch dies wäre unter anderen Aspekten eine Gelegenheit, etwas voranzubringen. Es sieht nicht danach aus, daß viel geschehen wird.

Wenn ich zuletzt auf die Vereinigten Staaten meinen Blick richten darf, dann muß ich zunächst zwei positive Nachrichten dick unterstreichen: erstens haben wir in Amerika im Laufe der letzten zwei, drei Jahre einen ungeheuren Aufschwung der Unternehmertätigkeit erlebt, wie es ihn in der ganzen Welt seit den ersten Jahren des Wiederaufbaus nach dem Zweiten Weltkrieg und seit dem Marshall-Plan nie mehr gegeben hat. Mit einer jugendlichen Vitalität sind da neue Produkte und Dienstleistungen auf die Märkte gekommen von neuen Leuten, von jungen Firmen, von jungen Unternehmern, aber auch von eingeführten Konzernen. Dies ist eine reine Freude zu sehen. Natürlich gibt es auch viele Konkurse, ca. 50000 im Jahr, aber insgesamt ist die Situation eindeutig besser als alles, was wir hier in Europa sehen.

Zweitens funktioniert die Flexibilität auf dem Arbeitsmarkt erheblich besser als in Europa. Dies gilt einmal für die horizontale Mobilität der Arbeitskräfte. Zwar gehen nicht die in den frühen Ruhestand geschickten Stahlarbeiter aus Pittsburgh/Ohio oder aus Cleveland noch mit 58 Jahren auf die Reise und siedeln sich irgendwo südlich in Atlanta, in Florida oder im Umkreis von Houston oder Dallas an, aber ihre Töchter und Söhne tun es. Ganz erstaunlich, in welchem Maße es diese horizontale Mobilität gibt. Aus Gründen, die auf der Hand liegen, gibt es bei uns in Deutschland nichts Vergleichbares. Diese Mobilität stellt natürlich einen ungeheuren Vorzug im Strukturwandel der amerikanischen Wirtschaft dar, in dem sich die Bedeutung der alten schweren Schornstein-Industrie zugunsten des Anteils der modernen High-Technology-Industrien verschiebt.

Neben dieser horizontalen Flexibilität der Arbeit gibt es auch eine große Bereitwilligkeit, von einer Branche in eine andere umzusteigen oder von einem Job in einen völlig anders gearteten Beruf mit völlig anderen Anforderungen zu wechseln. Das hat viel zur Linderung der amerikanischen Arbeitslosigkeit beigetragen, die gegenwärtig unter der europäischen liegt, zum ersten Mal in den letzten zwei bis drei Jahren. Und sie liegt sogar unter der deutschen; das hat es eigentlich noch nie gegeben.

Und ein Drittes muß man ebenso lobend erwähnen, und das werden meine eigenen gewerkschaftlichen Freunde nicht so gerne hören. Es hat eben auch in erheblichem Maße die Bereitschaft gegeben, vorübergehend auf Teile des eigenen Einkommens zu verzichten, um die eigene Firma und damit die Jobs am Leben zu erhalten. Schlagzeilen hat dies bei Chrysler gemacht unter dem Management von Lee Iacoca und dem

Vorsitzenden der Automobilarbeiterschaft, der zu diesem Zweck in den Vorstand von Chrysler eingetreten ist und gleichzeitig seine Gewerkschaftsfunktionen beibehalten hat. Chrysler war kein Einzelfall, sondern bei Eastern Airlines, bei Delta, bei einer Reihe von Airlines und anderer Industrien gab es ähnliche Vorgänge. Nun, wo es denen inzwischen wieder gutgeht, präsentieren die Arbeitnehmer ihre Forderungen – das mit Recht –, und sie kriegen sie auch honoriert. Diese Flexibilitäten fehlen hier in Europa.

Aber es gibt auch schlechte Nachrichten aus Amerika: Das Haushaltsdefizit wird bleiben. Ich sehe nicht, wie Amerika im Jahr 85 von seinem Haushaltsdefizit in der Größenordnung von mindestens 180 Milliarden Dollar herunterkommen wird. Ganz eindeutig will der Präsident dem Kongreß den Vortritt lassen bei diesen scheinbar unpopulären Schritten, nämlich Steuern zu erhöhen und Sozialprogramme zu kürzen. Den Verteidigungshaushalt will er auf keinen Fall kürzen; das werden auch seine republikanischen Freunde im Kongreß nicht so gerne machen. Und umgekehrt sehe ich, wie die Republikaner sagen: wieso denn wir, du hast doch das erfunden mit den *supply side economics* und nun sorg du mal dafür, daß nun nachträglich Butter bei die Fische kommt, und mach du doch mal die Vorschläge über die Steuererhöhungen. Aber er wird es nicht tun. So werden sie sich ziemlich lange den Schwarzen Peter zuschieben. Vielleicht kommt es zu geringfügigen, aber kaum zu Buch schlagenden Verringerungen des Defizits. Das gegenwärtige Haushaltsdefizit der US-Bundesregierung wird etwa zu 60 Prozent aus dem Ausland finanziert. Von diesem 180 Milliarden Dollar Defizit muß man noch die Überschüsse aus den Bundesstaaten abziehen, dann bleiben noch vielleicht 160 Milliarden, und davon sind ca. 100 Milliarden durch den Kapitalimport finanziert, vielleicht ein bißchen mehr.

Das wird wohl im Prinzip so bleiben. Die Zinsen werden hoch bleiben. Wir haben gegenwärtig die höchsten Realzinsen in Amerika seit der ersten Weltwirtschaftsdepression 1930 oder 1931. Das wird wohl so bleiben, wenngleich ich nicht ausschließe, daß für eine gewisse Zeit die Zinsen fallen, weil sich inzwischen der Wirtschaftsboom abkühlt. Diese Abkühlung war zu erwarten. Man kann nicht 24 Monate lang mit einem Boom von jährlich 6 bis 8 Prozent Zuwachs rechnen. Die privatwirtschaftliche Kreditnachfrage flacht gegenwärtig etwas ab. Aber man kann nicht sicher sein, ob die Zinsen insgesamt und auf Dauer runtergehen, denn der Dollar bleibt hoch bei diesem Defizit. Das Leistungsbilanzdefizit bleibt hoch und infolgedessen bleibt der Dollar noch relativ hoch. Denn wenn jemand bei einem großen deutschen Konzern in München oder in Augsburg oder sonstwo im vorigen Jahr einen Riesengewinn machte, seine Aktionäre befriedigte und die notwendigen Ersatzinvestitionen durchführte, dann steht er vor der Frage, was mit den restlichen 6 Milliarden Mark getan werden soll. Soll er sie ins eigene Unternehmen stecken? Wieviel Gewinn erbringt dieses Geld und wann? Oder soll der Überschuß am Geldmarkt möglicherweise in Amerika, wo man schon nach Ablauf des ersten Jahres 12 Prozent bekommt, angelegt werden? Aber um die amerikanische Hypothek geben zu können, müssen die D-Mark erst in Dollar umgetauscht werden. Dadurch werden Dollar nachgefragt, und diese Nachfrage bildet bei einem bestimmten Dollarangebot den Dollarkurs, d. h. der Kapitalimport in die USA führt technisch zwangsläufig zu dem hohen Dollarkurs, der um 25 bis 30 Prozent überhöht ist. Das wiederum führt zu dem enormen Nachteil für den amerikanischen Export und zum entsprechend enormen Vorteil für den Import aus Japan und Deutschland, d. h. zu diesem riesenhaften Handelsbilanz- und Leistungsbilanzdefizit.

Manche Europäer und auch Japaner, die in den USA zwar 12 bis 14 Prozent Zinsen bekommen könnten, fürchten inzwischen, mehr an der demnächst zu erwartenden Dollarabwertung zu verlieren. Hier kommen sehr schwer in Gleichungen oder in eindeutigen Aussagen faßbare psycho-ökonomische Zusammenhänge ins Spiel. Vor ein paar Monaten kam eine große amerikanische Bank, ich rede von Continental Illinois in Chicago, die zu den zehn größten Banken der USA gehört und größer als jede der unsrigen Banken ist, wegen ihrer schlechten Engagements in den USA ins Gerede und wohl auch in echte Schwierigkeiten. Diese Bank hatte gar keine besonders exponierten Südamerika-Lateinamerika-Kredite gegeben. Ihre Schwierigkeiten sprachen sich rum, und alle möglichen Leute zogen ihre Depositen ab. Über Nacht war die Bank in Zahlungsschwierigkeiten. Die amerikanische Zentralbank, der amerikanische Staat und der amerikanische Einlagensicherungsfonds haben dann gemeinsam alle Einlagen, nicht nur die kleinen Einlagen bis zu 10000 Dollar oder 50000 Dollar, nein alle Einlagen zu 100 Prozent garantiert. Und selbst das hat den Run auf die Depositen nicht sofort stoppen können; darauf haben sie im Lauf der nächsten 14 Tage die Bank kaufen müssen. Jetzt müssen sie sehen, daß sie sie wieder loswerden, stückweise unters Publikum bringen. Es ist nicht leicht, einen gutgehenden Staatsbetrieb unters Publikum zu bringen, das wird Herr Stoltenberg noch merken. Bei dieser Continental Illinois, die bis gestern im Gerede gewesen ist, ist es noch viel schwieriger. Aber die amerikanischen Behörden haben richtig gehandelt mit der hundertprozentigen Einlagengarantie und mit der Übernahme des Aktienkapitals und damit der Eigentümerverantwortung. Denn wenn sie zugelassen hätten, daß eine solch große Bank gekippt wäre, dann hätten ein paar andere Banken auch gewakkelt, möglicherweise auch Banken außerhalb Amerikas. Jedenfalls wäre das Risiko eines plötzlichen Einlagenabzuges aus den USA innerhalb weniger als 36 Stunden manifest geworden.

Die Sorge, die man bei der Fortsetzung der Haushaltsdefizitpolitik und damit der überhöhten Dollarkurse haben muß, ist, daß es statt zu einem langsamen Abbau zu einem Katarakt des überhöhten Dollars kommt. Dies würde nicht nur etwa die USA treffen – das ist ein großes, reiches Land mit einer relativ geringen Verflechtung in die Weltwirtschaft – nein, katastrophal wäre es für die europäischen Staaten, die zu 30, 40 oder 50 Prozent ihres Bruttosozialprodukts in die Weltwirtschaft verflochten sind. Wir haben das alle schon mal erlebt – ich, als ich noch zur Schule ging 1929, 1930 und 1931.

Ganz abgesehen davon, daß bei andauernder Dollarüberbewertung der Handelsprotektionismus weitergeht. Die Amerikaner sind weiß Gott nicht legitimiert, über die Behinderung des freien Welthandels zu klagen, aber die Europäische Gemeinschaft und die Japaner auch nicht. Alle drei sind schlimme Sünder. Gegenwärtig werden beinahe 60 Prozent des gesamten Welthandelsvolumens nicht mehr nach GATT-Regeln, sondern entweder unter dem Einfluß von nationalen Exportsubventionen oder Importrestriktionen abgewickelt. Man braucht nur drei Jahre, und, wenn es schlimm kommt, weniger als drei Jahre, um auch die restlichen 40 Prozent noch unter den Protektionismus zu bringen.

In diesem Zusammenhang ist wichtig, daß im nächsten Jahr, was auch immer geschieht, Amerika ein Netto-Schuldnerstaat wird. Oder anders ausgedrückt: Die Gesamtzahl der Guthaben, die Nicht-Amerikaner innerhalb der USA halten, ist größer als die Gesamtzahl der Guthaben, welche amerikanische Staatsbürger im übrigen Teil der Welt halten. Das ist zunächst nichts Schlimmes. Wenn Amerika Handelsbilanzüberschüsse hätte, könnte es mühelos den notwendigen Transfer von Zinsen, Dividenden und Profiten gewährleisten. Es hat aber keine Handelsüberschüsse.

Brasilien kann gegenwärtig einen Teil seiner Zinsen nur aus neuen Krediten finanzieren. Diese werden gewährt, damit wenigstens die alten Zinsen fließen, damit die Banken in New York nicht nach 90 Tagen Zinsverzug den Kredit zur Gänze ausbuchen und damit das Eigenkapital auslöschen müssen. Wenn Brasilien in eine solche Lage kommt, dann kann Amerika mutatis mutandis, der Tendenz nach, in eine ähnliche Lage kommen. Wie will Amerika eigentlich seine Netto-Schulden verzinsen? Es besitzt riesenhafte Goldbestände, die man schrittweise auf den Markt bringen kann, aber die eigentliche Aufgabe ist, schrittweise die amerikanische Volkswirtschaft wieder ins Gleichgewicht zu bringen. Solange das nicht geschieht, solange die Zinsen hoch bleiben, wird die Investitionstätigkeit auf der ganzen Welt niedrig bleiben, weil Anlagen im Geldmarkt mehr Profit bringen als Anlagen im Produktionsapparat.

Dies erinnert mich an den Witz, bei dem ein Geschäftsmann den anderen fragt: wie laufen denn deine Geschäfte? Und der antwortet: viel besser! Da fragt der erste: wieso viel besser, das kann ich gar nicht verstehen? Und da sagt der zweite: ja, natürlich besser als nächstes Jahr. – Dies gilt für die Vereinigten Staaten von Amerika. Das nächste Jahr 85 wird nicht entfernt so gut verlaufen wie das Jahr 84, und es wird darauf ankommen, daß die Entwicklung ohne große Sprünge ist und nicht aus psychologischen Gründen heraus schlimme, sich selbst beschleunigende Folgen entstehen. Gegenwärtig weist die amerikanische Wirtschaft eindeutig bessere Daten aus als 1982 und 1983. Aber mit Sicherheit wird sich das 1985 nicht fortsetzen, insbesondere dann nicht, wenn das Budget-Defizit so hoch bleibt.

Ich will nochmal in Erinnerung rufen, was ich eingangs sagte: Ich halte Pessimismus für etwas Verbotenes, ich halte Optimismus für etwas Verbotenes. Ich bin dafür, daß man den Tatsachen so realistisch, wie man nur kann, ins Auge schaut, um daraus abzuschätzen, was zu tun ist. Die Amerikaner führen inzwischen eine durchaus realistische Außenpolitik, und ich glaube, daß die außenpolitische Entwicklung im späteren Verlauf des Jahres 85 zu einem besseren Klima führen wird, als es in den Jahren 84, 83, 82 herrschte.

In bezug auf die wirtschaftlichen Aktivitäten des wiedergewählten Präsidenten und seines Kongresses hege ich nicht in gleichem Maße positive Erwägungen. Man sollte auf der anderen Seite nicht übersehen, daß die Europäer auch Einflußmöglichkeiten besitzen, jedenfalls sie dann besitzen, falls sie gemeinsam in Washington ihre Meinung vortragen. Dies setzt voraus, daß sie gemeinsame Auffassungen haben. Auch wenn das nicht geschehen sollte, so ist gleichwohl nicht anzuraten, wegen Amerika in Pessimismus zu verfallen. Die Amerikaner haben diesen Optimismus, der einem Europäer manchmal leicht auf die Nerven geht, aber er hilft ihnen letztlich. Die Amerikaner sind vital, großzügig und voller Energie. Sie haben auch im Laufe der letzten vier Jahrzehnte, seit dem Zweiten Weltkrieg, eine Reihe erstklassiger Führungsleistungen vollbracht, von Harry Trumans Marshall-Plan und Gründung der Nordatlantischen Allianz bis zu Richard Nixons

Salt I, ABM-Vertrag und Berlin-Abkommen. Es ist überhaupt nicht einzusehen, warum dieses Land nicht abermals zu einer großen Führungsleistung fähig sein sollte, aber es ist notwendig, daß die Amerikaner angestoßen werden und ihnen die Augen geöffnet werden. Sie sollten erkennen, daß ihr gegenwärtiges Gefühl wirtschaftlichen Erfolges zwar angenehm ist, im eigenen Lande zur Zeit auch zur Hälfte berechtigt ist, aber schon nicht mehr gilt in der zweiten Hälfte 85 und vor allen Dingen nicht gilt für Südamerika, die Entwicklungsländer und auch nicht für Europa.

Das gemeinsame Dach bleibt das Ziel

Rede in der Potsdamer Nikolaikirche am 25. Oktober 1986

Diese wiederaufgebaute Kirche habe ich zum ersten Mal gesehen, als meine Frau und ich das erste Mal im Oberlin-Haus zu Besuch gewesen sind, und dazu kam dann, im sogenannten Lutherjahr, ein Besuch in Wittenberg. In diesem Jahr liegt kein besonderer Anlaß solcher Art vor, aber bedarf es denn eigentlich eines besonderen Anlasses, wenn Deutsche Deutsche besuchen? Oder wenn Christen das Gespräch suchen mit anderen Christen? Oder wenn sie in aller Bescheidenheit hoffen, als Bruder angenommen zu werden?

Zwei persönliche Vorbemerkungen vorweg – zum ersten: Ich habe die Absicht, mich heute nachmittag einige Male selbst zu zitieren, Sie werden das vermutlich nicht immer bemerken. Bitte verstehen Sie, daß dies nicht aus Eitelkeit geschieht, sondern daß es geschieht wegen meiner These: Ein jeder von uns hat die Pflicht, an jedem Ort mit der gleichen Zunge zu reden. Was er zum gleichen Thema etwa früher als Bundeskanzler vor den Vereinten Nationen in New York gesagt hat oder gegenüber einem sowjetischen Generalsekretär in Moskau, oder was er als Abgeordneter im Bundestag zu Bonn sagt, was er als privater Bürger in der Marktkirche zu Hannover sagt, das muß er ganz genauso in der Nikolaikirche zu Potsdam sagen. Keiner hat das Recht, verschiedenen Zuhörern zur gleichen Frage verschiedene Antworten zu geben.

Zum zweiten muß ich Ihnen bekennen, daß ich nur sehr ungerne auf dieser Kanzel stehe. Ich habe mich dem Argument der Gastgeber nicht widersetzen wollen, aber ehrlich gesagt: ich stünde lieber da unten an einem Lesepult. Weshalb? Weil ich immer gedacht habe, daß ein politisches Amt keinen Christen dazu legitimiert, eine Kanzel für sich zu beanspruchen, auch kein früheres politisches Amt. Übrigens gilt dieser Satz natürlich auch umgekehrt: Kein Christ, dem seine Kirche eine Kanzel anvertraut hat, ist allein deshalb schon besonders legitimiert, in politischen Auseinandersetzungen das Wort zu ergreifen, in beiden Fällen wird dem Worte des Betreffenden keine höhere Würde zukommen als schlicht die gleiche, die jeder Christ oder jeder Staatsbürger für sich beanspruchen darf.

Unser Superintendent hat vorhin erinnert an das Edikt von Potsdam heute vor gut 300 Jahren; damals hatte der französische Ludwig, später Sonnenkönig genannt, das Edikt von Nantes aufgehoben, das heißt, die religiöse Duldung der protestantisch reformierten Hugenotten in seinem Königreich aufgehoben. Danach sind viele französische Christen emigriert, viele gingen nach Brandenburg. Sie brachten ihren Glauben mit. Als Herr Jarowinski, Mitglied des SED-Politbüros, und ich gestern nachmittag darüber sprachen, sagte er, das Potsdamer Toleranz-Edikt des Großen Kurfürsten habe natürlich auch dessen ökonomischen Interessen gedient; und ich habe hinzugefügt: natürlich ebenso den Interessen der Hugenotten. Die Hugenotten haben auch ihren Fleiß mitgebracht, ihre Begabungen, ihre schöpferischen Kräfte, ihren kaufmännischen Verstand und ihre nüchterne französische Vernunft. Alles dies zusammen, die Vernunft in Sonderheit, hat später Preußen und das Preußentum wesentlich mitgeprägt. Wir haben heute noch Zeugnisse dieser Prägung, etwa in den Worten Kurt Tucholskys, der geschrieben hat, daß die Hugenotten ins Land kamen, davon zeuge heute noch »manche Frauenschönheit und der ganze Fontane«.

Toleranz, schon gar religiöse Toleranz, war im nachreformatorischen Europa, im Europa nach der Gegenreformation, ein ungewöhnliches Wort. Tatsächlich ist ja, mindestens seit den von der Kirche angestifteten Kreuzzügen, die Geschichte der Kirchen in Europa zugleich auch eine Geschichte der Intoleranz, eine Geschichte des Willens, durchaus nicht zu dulden, daß Menschen anderen Grundüberzeugungen anhingen als die Kirche oder als der regierende Souverän.

Religiöse Intoleranz ist in der europäischen Geschichte

vielfältig zum Motiv geworden, zum Anlaß, zum Vorwand genommen, auch zum Instrument gemacht worden von blutigsten Verfolgungen und von Krieg. Die Bartholomäusnacht in Frankreich oder der Dreißigjährige Krieg in Deutschland sind Beispiele, die wir alle kennen. Hundert Jahre vor dem Dreißigjährigen Krieg, 1555, hatte der Augsburger Religionsfriede zwar versucht, Gleichberechtigung herzustellen für katholische auf der einen und für lutherische Glaubensüberzeugung auf der anderen Seite, *nota bene* nicht für die reformierten Protestanten. Aber dieser Augsburger Religionsfrieden hatte in unseren heutigen Augen jedenfalls einen kardinalen Fehler; denn er bestritt den Untertanen der Fürsten ihre persönliche Religionsfreiheit.

Sie werden sich vielleicht aus ihrer Schulzeit an den 1555 postulierten Rechtssatz erinnern: Cuius regio, eius religio. Das heißt auf deutsch: Wer ein Land oder wer einen Staat regiert, der hat das Recht zu bestimmen, welchem Glauben die Einwohner anzuhängen haben. Wir heutigen Menschen, nach zwei Weltkriegen, nach der schlimmsten Intoleranz, der terroristischen, mordenden Intoleranz der nationalsozialistischen Diktatur, wir sehen jenes Prinzip: cuius regio eius religio – inzwischen als Barbarei an. Wenn zum Beispiel heute die SED von strikter Trennung von Staat und Kirche spricht, oder wenn das Bonner Grundgesetz von 1949 die Gewissensfreiheit und damit die Religionsfreiheit der einzelnen Personen ins Zentrum stellt, oder wenn zum Beispiel die Schlußakte von Helsinki von 1975 von den gemeinsamen Werten aller europäischen Völker spricht, so ist dies zwar alles nicht dasselbe, aber es wurzelt doch im gleichen Urgrund.

Heute bedeutet Toleranz etwas anderes als zur Zeit Friedrichs II. Friedrich der Große übte Toleranz aus Gleichgültigkeit, zeitweise aus Verachtung gegenüber Kirche und religiösen Bekenntnissen. Wir Heutigen dagegen wissen: Wir müssen die Glaubensüberzeugung des anderen achten und respektieren, grade auch dann, wenn wir sie nicht teilen können. Wir Heutigen sagen: Ich achte und respektiere dein Gewissen, deine Grundwerte, weil ich deine Menschenwürde genauso hoch schätze wie meine eigene.

Es hat übrigens schon vor Christus die griechische, stoische Philosophie ähnlich gedacht. Ebenso hat der römische Spätstoiker Marcus Aurelius, ein Mann, dessen Ethik mich von meiner Jugend an immer beeinflußt hat, vor bald 2000 Jahren schon geschrieben: »Alle Menschen sind dir verwandt, vom selben Fleisch und Blut, ja vom selben Geist. Bist du denn selbst ohne Fehl? Bedenke, wieviel du anderen zu danken hast. Die anderen handeln auch gar nicht aus Lust am Bösen. Gerade, wenn du selbst im Besitz der rechten Erkenntnis zu sein glaubst, sage dir, daß auch der andere sich von bestimmten Werturteilen leiten läßt.«

Diese Toleranz ist allerdings nicht grenzenlos. Sie findet ihre Grenze, vielleicht ihre einzige Grenze, an der etwaigen Intoleranz des anderen. Voriges Jahr hat Herr Bransch mit Recht gesagt: Toleranz kann Intoleranz gegenüber den eigenen Grundwerten nicht hinnehmen. Die vielen Kriege während der letzten Jahrzehnte zwischen moslemischen Arabern und jüdischen Israelis haben eine wichtige Wurzel in der gegenseitigen Intoleranz, in der beiderseitigen Überzeugung, einen heiligen Krieg zu führen, einen Krieg, in dem Gott auf meiner Seite steht. In ähnlicher Weise steht eine gegenseitige Verneinung von Grundwerten der jeweils anderen Seite, der Abrüstung zwischen Ost und West im Wege. Wenn einer den anderen zum Beispiel verletzt mit dem Wort vom Reich des Bösen oder ihn mit Goebbels im gleichen Atemzuge apostrophiert, wenn der andere mit ähnlicher Münze die Kette gegenseitiger Herabsetzung begonnen hat und sie später fortsetzen würde, wenn nicht auch die beiden Weltmächte Toleranz einander gegenüber lernten, dann müßten wir um den zukünftigen Frieden besorgt sein.

Die Bewahrung des Friedens verlangt nach Toleranz, auch zwischen den Männern oder Frauen an der Spitze der Staaten. Wie kann aber ein Staatsmann die Grundwerte der anderen achten und respektieren, wenn er sie gar nicht kennt, wenn er sie gar nicht versteht? Die Antwort lautet: Wer Toleranz will, der muß den Dialog mit dem anderen wollen und führen.

Deshalb zum Beispiel war Reykjavik nötig und nützlich,

auch wenn es den großen umfassenden Erfolg nicht gezeitigt hat. Deshalb wird jedes weitere Treffen dieser Art nützlich sein. Deshalb ist zum Beispiel das demnächstige Treffen in Wien, im Rahmen der vielen Konferenzen, die jener Helsinki-Konferenz über Sicherheit und Zusammenarbeit in Europa gefolgt sind, deswegen ist dies demnächstige Treffen in Wien zwischen den beiden Außenministern Shultz und Schewardnadse nützlich und notwendig.

Notwendig! Denn wer mit dem anderen nicht redet, der kann ihn nicht verstehen. Wer ihn nicht fragt, der kann den anderen nicht verstehen. Wer auf dessen Fragen nicht antwortet, der kann nicht erwarten, daß der andere ihn verstehe. Wer die jeweils andere Seite nicht versteht, wie sollte er Vertrauen haben in die zukünftige Handlungsweise der anderen Seite? Und wie sollte er Vertrauen haben in die Stetigkeit und die Zuverlässigkeit des Handelns der anderen Seite? Sofern er aber mit Stetigkeit der anderen Seite nicht einigermaßen rechnen könnte, so müßte er in Unsicherheit leben; er müßte Angst haben – erst recht in Zeiten der Hochrüstung. Wer nicht weiß, was der andere wirklich will, der muß Angst vor ihm haben. Die Rüstungsspirale, deretwegen den Politikern in Moskau und den Politikern in Washington gleichermaßen von der jeweils anderen Seite schwere Vorwürfe gemacht werden, sie hängt ganz wesentlich damit zusammen, daß sie sich gegenseitig nicht verstehen, daß sie sich gegenseitig nicht, wie man hierzulande zu sagen pflegt, richtig »einschätzen« können. Wenn sie nicht ausreichend miteinander reden, dann können sie nicht verstehen, welche Ängste, welche Aspirationen, welche Interessen den anderen wirklich bewegen. Der Dialog zwischen den beiden ist wichtiger als all die vielen gutgemeinten Resolutionen.

Manchmal denke ich, nach dem Lutherjahr, nach der schönen Ausstellung über Friedrich den Großen hier in Potsdam, danach wäre es gut, sich an einen dritten großen Deutschen zu erinnern, an den preußischen Aufklärungsphilosophen Immanuel Kant in Königsberg, heute Kaliningrad. Vielleicht wird man sich dann danach auch an Lessing erinnern. Immanuel Kant hat sich nicht mit der Bergpredigt befaßt, aber er hat doch auch eine utopische Schrift verfaßt »Vom ewigen Frieden«. Dieses schmale Bändchen fängt, wenn ich es recht erinnere, mit der Schilderung eines Gasthauses an, das ganz nahe bei einem Friedhof liegt; draußen hängt ein Schild über der Kneipe und darauf steht: Zum ewigen Frieden. Eine ziemlich bittere Ironie – gleich neben dem Friedhof. Kant sieht klar, daß der ewige Frieden eine Utopie bleibt, wenn nicht jeden Tag Menschen sich um den Frieden bemühen. Er sagt, der Frieden muß immer wieder gestiftet werden.

Das setzt immer wieder Vernunft voraus, politische Vernunft. Die Vernunft gebietet, sich in die Lage des anderen zu versetzen und seine Interessen genauso gut zu begreifen wie meine eigenen; zu verstehen, was ihn bewegt, was seine Ziele sind. Ohne vernunftgemäßes Verstehen der Beweggründe des anderen, ohne ein gewisses Maß an Vertrauen in die Vernunft auch des anderen, ohne sie wäre der Frieden nicht immer wieder neu zu stiften.

Es scheint mir, daß wir uns dabei vor zwei extremen Kategorien von Friedensexperten hüten müssen. Das eine sind die Schwärmer mit der Tendenz, aus der schrecklichen politischen Wirklichkeit der Welt auszusteigen, absehen zu wollen von den machtpolitischen, den militärischen, den politischen, den technischen Realitäten, zugunsten einer manchmal etwas weinerlichen Einklage moralischer Grundsätze. Das andere Extrem sehe ich in der Attitüde, als ob Sicherheit sich schaffen ließe ausschließlich auf Waffen und auf militärischer Macht.

Ich bin ein ausgesprochener Anhänger des Prinzips des Gleichgewichts der Macht auf beiden Seiten; schon weil ich mir nicht vorstellen kann, wie zwei Mächte einen Abrüstungsvertrag unterschreiben könnten, der nicht beiden gleichermaßen Gewißheit gibt, daß die Opfer, die sie bringen, ihrer tatsächlichen Sicherheit dienen. Niemand unterschreibt freiwillig einen Vertrag, von dem er denkt, daß dieser Vertrag ihn benachteiligt und den anderen begünstigt, auch nicht auf dem Felde der Abrüstung. Daraus folgt, daß sie beide etwas aufgeben müssen von dem, was sie bisher erstrebt oder was sie bisher für richtig gehalten haben. Aber ich füge sogleich hinzu: selbst ein Gleichgewicht der Waffen und der militärischen

Macht sichert allein noch keineswegs den Frieden. Annäherndes Gleichgewicht ist zwar eine unverzichtbare Voraussetzung von Abrüstungsverträgen, aber Gleichgewicht allein hindert noch niemanden, Kriege anzufangen.

Zum Gleichgewicht gehören Verträge, und für Verträge braucht man den Willen zum Kompromiß. Wir Deutschen haben von Generation zu Generation die Redensart vom »faulen Kompromiß« weitergegeben. Idealistisch, wie wir Deutschen gerne sind, neigen wir dazu, einen Kompromiß zwischen gegenläufigen Interessen zwangsläufig für eine faule Sache zu halten. Und natürlich gibt es durchaus faule Kompromisse auf der Welt, das will ich nicht bestreiten. Faule Kompromisse sind zum Beispiel solche, die geschlossen werden, um das tatsächliche Problem einfach nur zuzudecken, es nur dem Anschein nach zu lösen. Faule Kompromisse hat es in der Geschichte gegeben, und es mag sie auch in Zukunft wieder geben.

Der Kompromiß, von dem ich rede, ist der gleichgewichtige Kompromiß zwischen gegenläufigen Interessen. Diese Art von Kompromiß und das Wesen des Friedens, sie liegen ganz nahe beieinander. Frieden halten kann nur der, der den Kompromiß will und der ihn nachher auch einhält.

Es gilt zwischen den Staaten, aber es gilt gleicherweise auch *innerhalb* eines Staates: Der Frieden hängt ab davon, daß ein Ausgleich der Interessen, daß ein Kompromiß zwischen gegenläufigen Interessen möglich gemacht und eingehalten wird.

In Deutschland neigt man dazu, in der Politik die Leidenschaft zur Vernunft geringzuschätzen, weil sie die Verfolgung eigener Ideologie behindert. Ich selber bin in den letzten Jahrzehnten häufig als Pragmatiker gescholten worden; Pragmatismus war als ein Schimpfwort gemeint. Ich selbst finde das Wort keineswegs herabsetzend. Wir Deutschen neigen zwar dazu, Idealisten zu sein; aber deshalb tut es uns gut, wenn wir Leute haben, die in der Wirklichkeit denken und nicht bloß in dem, was wir uns wünschen; und die das, was in der Wirklichkeit veränderbar ist, tatsächlich verändern, pragmatisch – praktisch verändern! Das heißt nicht, daß man seine Grundwerte aus den Augen verlieren darf, keineswegs. Aber Grundwerte allein, ohne die Fähigkeit zum schrittweisen, pragmatischen, praktischen Verändern, Grundwerte allein garantieren den Frieden nicht. Isoliert können sie außerdem zur Rechthaberei verleiten; Rechthaberei und Intoleranz gefährden den Frieden.

Ebenso wie die Toleranz so hat auch der Dialog eine lange Tradition in der kulturellen Entfaltung Europas. Seit Sokrates, seit Plato ist der Dialog die Methode einer sich vertrauensvoll aufeinander einlassenden, auf das Gespräch einlassenden Wahrheitssuche gewesen. Nun ist heute nachmittag nicht von Wahrheitssuche im Sinne der Philosophie die Rede, sondern von politischer Verantwortung in einer interdependenten Welt; das soll heißen: in einer Welt, in der alles mit allem zusammenhängt und keiner sein Glück oder seinen Frieden allein für sich suchen und sichern kann. Sondern einer ist verschränkt in das Schicksal des anderen. Dies ist eine interdependente Welt, deren militärische Systeme, deren Sicherheitssysteme ins Gigantische gewachsen sind und die Fähigkeit zur Vernichtung aller bereithalten.

Die Sorge um den Frieden in dieser interdependenten Welt ist gegenwärtig durchaus eine Sorge der verantwortlichen politischen Führer. Aber Friedensbedrohung und Friedenssicherung ist nicht nur Sorge der Regierungen! Sondern die Sorge darum ist in vielen Staaten längst in das Zentrum des Bewußtseins der Bürger gerückt und ihrer Diskussion. In den letzten Jahren ist an vielen Orten die Befürchtung gewachsen, daß trotz aller Leidenschaft, den Frieden sicherer zu machen, die bisherigen Anstrengungen nicht ausreichen könnten. Manche Völker spüren mit Beklemmung, daß die Bedrohung nicht geringer wird, und sogar, daß die Bemühung um Versöhnung verdächtigt wird. Wenn vom Dialog als Element der Friedenssicherung die Rede ist, dann sind also nicht nur die Chefs der Supermächte angesprochen, sondern auch die Chefs der mittleren und kleineren Mächte; vor allem aber: wir alle sind angesprochen, wir alle, die privaten Bürger!

Ich möchte an eine These erinnern; die etwa ein Jahr nach dem Beginn der nationalsozialistischen Diktatur im Rahmen der Barmer Theologischen Erklärung aufgestellt worden ist. Unter dem Worte des Petrusbriefes »Fürchtet Gott, ehret den König« wird 1934 in der These V gesagt, die Schrift belehre uns, »... daß der Staat nach göttlicher Anordnung die Aufgabe hat, in der noch nicht erlösten Welt, in der auch die Kirche steht, nach dem Maße menschlicher Einsicht und menschlichen Vermögens unter Androhung und Ausübung von Gewalt für Recht und Frieden zu sorgen«. Etwas später heißt es: »Wir verwerfen die falsche These, als solle und als könne der Staat über seinen besonderen Auftrag hinaus die einzige und die totale Ordnung menschlichen Lebens werden und also auch die Bestimmungen der Kirche erfüllen«. Und: »Wir verwerfen ebenso die falsche Lehre, als solle und könne sich die Kirche über ihren besonderen Auftrag hinaus staatliche Aufgaben und staatliche Würde aneignen und damit selbst zu einem Organ des Staates werden«. Hier geht es also um das alte Thema des 13. Kapitels im Römerbrief; jene V. Barmer These unternimmt den Versuch, die Verantwortung abzugrenzen und ebenso die Möglichkeiten des Miteinanders zwischen Staat und Kirche einzufangen. So geschehen zu Beginn der nationalsozialistischen Diktatur.

In jeder Grenzsituation, nicht nur damals, sondern auch in Zukunft, kommt es darauf an, das eigene Handeln bewußt zu messen an sittlichen, an religiösen, an Glaubensgrundsätzen, und es daran zu überprüfen. Die eben zitierte Barmer These weist für die Seite des Staates und derjenigen, die für ihn handeln, wie für die Seite der Kirche und derjenigen, die für die Kirche handeln, sie weist für beide Seiten jeden Totalitätsanspruch zurück. Weder kann der Staat für sich in Anspruch nehmen, durch seine Ordnung eine letztgültige Antwort auf das zu geben, was nach biblischem Sprachgebrauch Erlösung der Welt heißt, noch kann die Kirche sich anmaßen, in allen Fragen der politischen Existenz ein ausschlaggebendes Mandat zu besitzen.

Diese grundsätzliche Trennung zwischen staatlichem und kirchlichem Anspruch, die macht dann aber auch Zusammenwirken möglich. Ein Zusammenwirken, das für den Christen, der zugleich Mitglied seiner Kirche ist und der zugleich Bürger seines Staates ist, und der beides sein will, eine für sein Leben mögliche oder gar gültige Orientierung gibt.

Der Staat kann weltanschauliche Orientierung als ausnahmslos verbindlich nicht erzwingen. Wo es Staaten gibt, die dies tun, so tun sie es nach meiner Überzeugung zu Unrecht. Wo aber ein Staat seine eigenen Grundlagen in der Würde des Menschen hat, der Achtung der Menschenrechte im Sinne eines allgemeinen Sittengesetzes, dort akzeptiert er damit zugleich auch die Kirchen in ihrem orientierenden Mitspracherecht. Umgekehrt: Dort, wo die Kirche sich zum Beispiel durch Seelsorge oder durch geistliche Führung auf die Lebensbedingungen, auf politische oder wirtschaftliche Belange ihrer Gemeindemitglieder einlassen will, dort muß die Kirche akzeptieren, daß ihr die staatliche Ordnung vorgegeben ist.

Ein Punkt aus jener V. Barmer These liegt mir besonders am Herzen. Es heißt nämlich dort, daß die Regierenden und die Regierten, daß sie beide verantwortlich sind für das, was geschieht. Wenn also jedermann mitverantwortlich ist für das, was geschieht, so braucht niemand eine besondere Legitimation dafür, wenn er beitragen will zur Lösung des Problems: Wie bewahren wir den Frieden? Diese Formulierung »die Regierenden und die Regierten« ist übrigens eine durchaus demokratische These, wie jeder inzwischen gespürt haben wird.

Was können wir alle beitragen, den Frieden zu bewahren? Dazu müssen wir eine ganze Menge wissen. Wir müssen als Europäer zum Beispiel wissen, es kann in Europa keine Sicherheit ohne ein ungefähres Gleichgewicht der militärischen Kräfte geben. Deshalb müssen wir danach streben, daß es durch Verträge hergestellt und durch Verträge stabil gemacht wird. Wir müssen wissen: Gleichgewicht der militärischen Kräfte allein reicht nicht aus, sondern der Wille zum Ausgleich der Interessen auf anderen Gebieten, und nicht nur auf dem Felde des Militärs, muß dazukommen; wir brauchen den Willen zum Kompromiß auch auf allen anderen Gebieten, den Willen zur Beherrschung von Konflikten oder mit einem Wort: den Willen zur Entspannung. Wir müssen alle das Prinzip der Blockfreiheit oder der Neutralität jener Völker und jener Staaten anerkennen, die sich für neutral oder für blockfrei erklärt haben; wir sollen widersprechen, wenn unsere Regierungen ihre Macht auf fremde Völker und Territorien ausdehnen wollen. Wir alle müssen wissen, ob wir zum Warschauer Pakt gehören oder zum Nordatlantikpakt: Übertriebene Sicherheit für den einen bedeutet Unsicherheit für den anderen. Und daraus folgt abermals: Der Frieden bedarf der Vertragspartnerschaft und der Vertragstreue zwischen beiden Seiten; ich gehe noch ein Stück weiter und sage – der Friede der Sicherheitspartnerschaft. Es bedarf partnerschaftlichen Verhaltens beider Seiten, um den Frieden für beide Seiten zu wahren. Einen Krieg zu beginnen, vielleicht sogar ihn eine Zeitlang zu führen, das mag heute ein Staat oder seine Regierung allein können. Umgekehrt aber: den Krieg zu verhindern, das können wir nur noch gemeinsam!

Wir müssen wissen: Dies alles geht nicht, ohne daß wir im Innern unserer Staaten wie nach außen auf die Anwendung von Gewalt verzichten. Das völkerrechtliche Prinzip des Gewaltverzichts ist in den letzten Jahren an mehreren Orten der Welt verletzt worden. Aber es muß so umfassend gelten, wie es in der Charta der Vereinten Nationen niedergelegt worden ist. Das Gewaltverbot gilt für den Einsatz aller Waffen, nicht nur nuklearer Waffen. Auch konventionelle Waffen haben eine unvorstellbare Zerstörungskraft, wir Deutschen haben das erlebt von Dresden bis Hamburg. Der Ersteinsatz jeglicher Waffen ist verboten. Wir müssen alle wissen: Es gibt keinen »gerechten Krieg«, erlaubt ist nur und erlaubt ist ausschließlich die Verteidigung gegenüber fremdem Angriff.

Wir Deutschen, *alle* Deutschen müssen wissen: Zum Frieden in Europa ist der Dialog zwischen den Menschen auf beiden Seiten Deutschlands notwendig, nicht nur zwischen den Regierenden, auch zwischen den Regierten. Die Regierten auf beiden Seiten Deutschlands tragen Mitverantwortung für das, was geschieht oder was nicht geschieht. Gewiß haben wir Deutschen es in der Lage, in der Europa sich schon seit vier Jahrzehnten befindet, aus mehreren Gründen schwerer, unsere Pflichten gegenüber der Friedensbewahrung zu erfüllen, als die Menschen anderer Völker. Für die Franzosen, die Italiener, die Holländer, die Spanier oder für die Schweden, die Finnen, die Polen, die Ungarn, für die Engländer, Chinesen, Japaner, für die Russen, für sie ist die bewußte Selbstidentifikation mit der eigenen Nation etwas völlig Selbstverständliches, das niemals zur Debatte stand. Für sie alle gilt die Übereinstimmung von Kulturnation und Staatsnation. Unsere deutsche Diskussion darüber ist für die anderen europäischen Völker fast unverständlich; Belgien ist die einzige Ausnahme.

Aber für uns Deutsche ist heute die Selbstidentifikation des einzelnen Menschen mit der eigenen Nation schmerzhaft, schwierig, für manche unvollziehbar. Schmerzhaft nicht nur wegen Auschwitz, aber auch wegen Auschwitz. Auch wegen der rücksichtslosen Teilung des europäischen Kontinents und Deutschlands und des deutschen Volkes. Diese Art der Teilung hat inzwischen, insbesondere bei nachwachsenden Generationen, die erst nach dem Kriege erwachsen geworden sind, erst viel später geboren sind, bei vielen zum Verlust der Selbstverständlichkeit geführt, mit der andere Völker und Angehörige anderer Völker in Europa ihre nationale Identität empfinden. Unser Verlust ist verstärkt worden durch mannigfaltige gegenseitige Beschuldigungen, Lügen auf beiden Seiten, Entstellungen, Vorwürfe, Verletzungen. Diese Verletzungen sind am stärksten jenen spätgeborenen Deutschen zugefügt worden, die sich der schweren Beeinträchtigung ihrer Geborgenheit gar nicht bewußt sind. Daß es in Deutschland mehr Angst gibt als in anderen europäischen Völkern, hängt hiermit zusammen. Der Mensch braucht zu seiner Geborgenheit seine Familie, seine engsten Freunde, seine Kinder oder seine Eltern; er braucht seine Heimat; er braucht aber auch die Geborgenheit in der eigenen Nation. So ist es in allen übrigen Staaten, bei uns dagegen ist es sehr schwierig.

Unsere Aufgabe bleibt, bei aller Schwierigkeit die Gelassenheit zu lernen; Gelassenheit zu bewahren; zu lernen, Gelassenheit mit moralischer Integrität zu verbinden. Anders gesagt: Wir müssen lernen, mit der Teilung zu leben. Niemand weiß, wie lange sie dauern wird. Wir müssen zugleich am moralischen Imperativ der Gewissensfreiheit der einzelnen Person festhalten, aber dabei das Ziel einer schrittweisen Überbrückung der Grenzen, einer schrittweisen Herstellung eines gemeinsamen Daches nicht aus den Augen verlieren.

Machen wir uns nichts vor: Es gibt viele Menschen in Europa, die den geteilten Zustand Deutschlands und die Art und Weise, wie wir Deutschen auf beiden Seiten mit der Teilung umgehen, für eine der wesentlichen Gefährdungen des Friedens in Europa halten. Täuschen wir uns nicht darüber: Es liegt im Interesse des Friedens auf diesem Kontinent, daß wir Deutschen lernen, gelassen umzugehen mit unserer sehr besonderen Situation, ohne dabei unsere eigenen Werturteile, unseren eigenen Glauben zu kompromittieren. Wir müssen lernen, das Augenmaß zu pflegen für das Mögliche und für das Machbare. Zu dem für uns Machbaren gehört jedenfalls das Gespräch zwischen den Deutschen auf beiden Seiten, der Dialog zwischen den Regierenden auf beiden Seiten, den Regierten auf beiden Seiten und zwischen Regierten und Regierenden. Gespräch heißt ja nicht nur, selbst zu sprechen, es heißt eben auch, dem andern zuzuhören und ihm Fragen zu stellen und auf seine Fragen ihm Antworten zu geben. Dies ist notwendig, weil es auch zukünftig wahr bleibt, was vor Jahr und Tag Erich Honecker und ich mit den gleichen Worten gesagt haben, nämlich: »Es darf von deutschem Boden nie wieder Krieg ausgehen!« Weil es nie wieder geschehen darf, deswegen müssen wir Deutschen bereit sein, aufeinander zuzugehen, einander zu helfen und miteinander Kompromisse zu schließen, so schwer es uns Deutschen immer wieder fällt.

Wenn es also wahr ist, daß die Art und Weise, wie wir Deutschen mit unserer geteilten Situation umgehen, in den Augen der übrigen Europäer ein wichtiges Kriterium für den Frieden in Europa ist, wenn es auch wahr ist, daß dies eine gegenwärtig einmalige Situation eines Volkes in Europa ist, so hat es aber Ähnliches in früheren Zeiten der europäischen Geschichte auch schon gegeben. Dies ist nicht das erste Mal. Ich erinnere an das vorletzte Mal, die Aufteilung Polens Ende des 18. Jahrhunderts, sie hat bis nach dem ersten Weltkrieg gedauert. Es ist nicht das erste Mal. Ich las gestern das Hirtenwort des katholischen Episkopats in der DDR und fand dort einen Satz, scheinbar nicht von großem Belang, der, wie ich denke, es wohl in sich hat. Da heißt es unter der Überschrift »Realistische Wahrnehmung der Gegebenheiten«: »Wir müssen uns vor Augen halten, daß unsere Situation nicht so außergewöhnlich ist, wie wir manchmal meinen«, und der Hirtenbrief fährt dann fort: »Das lehrt uns schon ein kurzer Blick auf die Situation der Kirche in anderen Ländern.« Oder in anderen Kontinenten, oder zu anderen Zeitpunkten der Geschichte, so würde ich hinzufügen. Dieser Satz im katholischen Hirtenbrief sagt: Es ist kein Grund zur Verzweiflung, denn die Geschichte zeigt und die Gegenwart in anderen Kontinenten zeigt, daß andere vor uns und andere gleichzeitig *auch* in sehr schwieriger Lage waren und sind, und sie haben *auch* durchgestanden. Und er scheint zu sagen: Auch wir können das durchstehen.

Lassen Sie mich eine Schlußüberlegung anstellen, meine Damen und Herren. Ich möchte, nachdem ich die Mitverantwortlichkeit aller angesprochen habe, darauf hinweisen, daß jeder, der handelt, oder jeder, der handeln muß, auch die Folgen dessen, was er tut, verantworten muß. Je gewichtiger das politische Handeln eines Menschen oder eines Amtsinhabers, sei es im staatlichen Bereich, sei es im privaten, sei es im gesellschaftlichen, sei es in den Kirchen, je gewichtiger seine Stellung ist, desto größer können die Folgen seines Handelns oder seines Nichthandelns möglicherweise sein. Er ist nicht nur verantwortlich für seine lauteren, anständigen Absichten, er ist für die Folgen dessen, was er tut, verantwortlich. Das kann etwas sehr anderes sein. Er ist auch für die unbeabsichtigten Nebenfolgen verantwortlich.

Unsere Handlungsfähigkeit hat wahrhaftig enge Grenzen, für die Regierenden auch und nicht nur für die Regierten, für die Regierenden in der Hauptstadt der DDR wie für die Regierenden in der Hauptstadt der Bundesrepublik Deutschland. Deshalb warne ich vor jenen Idealisten, die für alles ein ganz einfaches, moralisches oder scheinbar christliches Konzept haben, die dabei geneigt sind zu vergessen, daß dies eine »unerlöste Welt« bleiben wird. Keiner von uns sollte sich täuschen über die tatsächliche Machbarkeit dessen, was er fordert. Keiner sollte sich dem Nachdenken über alle Folgen seiner Forderungen, seines Handelns oder seines Nichthandelns entziehen. Insbesondere sollte er sich nicht entziehen dem Nachdenken über die unerwünschten, über die negativen, möglicherweise neues Unheil auslösenden Folgen. Unser Leben bleibt sehr risikoreich.

Aber selbst wenn wir sehr sorgfältig abwägen, so bleiben wir gleichwohl in der Gefahr, etwas Falsches zu tun oder schuldig zu werden. Wenn wir denn gleichwohl handeln wollen, so brauchen wir das Vertrauen auf Gott. Denn wir allein, um Martin Luther zu zitieren und sein Wort auf alles politische Handeln anzuwenden: »Wir sind Bettler, das ist wahr.« Diejenigen, welche wie ich die Nazizeit und den Krieg miterlebt haben, für viele von uns war es das Vertrauen auf Gott als den Herrn der Geschichte, das in uns den Willen zum Überleben und Wiederanfangen bewahrt hat. Mich hat es in der Politik davor bewahrt, den Weg der an Moral und Recht sich orientierenden Vernunft zu verlassen, womit ich keineswegs sagen will, daß wirklich alles vernünftig war, was ich verantworten muß. Ich glaube, das Vertrauen auf den Herrn der Geschichte gibt uns auch den Mut, Ängste auszuhalten. Daran liegt mir sehr: daß wir Deutschen lernen, Ängste auszuhalten statt vor uns selber oder vor andern dauernd zu bejammern, daß wir Angst haben. Gott gab uns den Mut, Ängste auszuhalten und die Welt, so wie sie wirklich ist, als Heimat anzunehmen, oder dort, wo sie noch nicht Heimat ist oder wo sie es nicht mehr ist, zur Heimat zu machen. Für mich war es ein großes Glück, daß ich während der Nazizeit und während des ganzen Krieges und während des ganzen Lebens seither immer gewußt habe, daß Er der Herr ist, daß es sein Reich ist, seine Kraft und sein Wille. Ich wünsche Ihnen Gottes Segen als Ihr Nachbar, als ein Deutscher gegenüber seinen deutschen Landsleuten und als ein Christ gegenüber seinen Brüdern.

Europa muß sich selbst behaupten

Beitrag in der ZEIT vom 21. November 1986

Es hat der beiden Weltkriege des 20. Jahrhunderts bedurft, um den Europäern die aller nationalen Vielfalt übergeordnete Einheit ihrer Kultur, ihrer Werte und ihrer Geschichte bewußt zu machen.

Heute erscheint die Selbstbehauptung Europas vielen Europäern viel dringlicher als 1945, dringlicher auch als nach den sowjetischen Eingriffen in der DDR 1953, in Ungarn 1956 oder in der Tschechoslowakei 1968. 1945 ging es für uns, die wir dem in Europa geschichtlich gewachsenen Grundwert der Freiheit der Person und den daraus folgenden Werten der Demokratie anhängen, um die Errichtung eines Dammes gegen die unaufhaltsam nach Westen vorrückende Staatsallmacht und Hegemonie einer russisch-sowjetischen Ideologie des Kommunismus. Aber 1953, 1956 und 1968 mußten wir Europäer zähneknirschend begreifen, daß wir ohne Gefahr eines Weltkrieges außerstande waren, der Vergewaltigung europäischer Nachbarvölker entgegenzutreten.

Danach hatten seit Ende der sechziger Jahre und bis tief in die zweite Hälfte der siebziger Jahre die meisten Menschen in Osteuropa und in Westeuropa gleicherweise ihre Hoffnungen auf ein Machtgleichgewicht zwischen Ost und West gesetzt – anzustreben durch Rüstungsbegrenzungs- und Gewaltverzichtsverträge. Sie erwarteten davon eine Entspannung, in deren Folge sie sich die Wiederaufnahme wachsender kultureller, ökonomischer und politischer Wechselbeziehungen zwischen den Europäern auf beiden Seiten versprachen.

Diese Erwartungen traten zunächst auch tatsächlich ein, wenngleich nur zögernd und tastend. Aber dann wurden sie schmerzlich gedämpft durch die hegemonialen Ansprüche, welche die UdSSR 1979 erneut in Afghanistan und 1981 gegenüber Polen erhob. Weil auch die amerikanische Führung ihrerseits die Politik der Entspannung aufgab, trat im Bewußtsein der Europäer eine neue Situation in Erscheinung: Der militärischen Hegemonialmacht UdSSR steht bipolar die westliche Vormacht USA gegenüber. Beide nehmen relativ wenig Rücksicht auf ihre jeweiligen Verbündeten. In beiden Teilen Europas wächst seit Beginn der achtziger Jahre das Mißtrauen gegenüber den politischen Führungsschichten der beiden Supermächte. Reykjavik hat diese Besorgnisse verstärkt, weil keine der beiden Führungsmächte den Eindruck einer zielstrebigen Strategie machte und weil keiner der beiden Staatslenker erkennbar europäische Interessen zur Sprache gebracht hat.

Das Treffen in Reykjavik hat sowohl die möglichen Vorteile als auch – klarer noch – die großen Risiken kurzatmiger persönlicher Gipfelverhandlungen beleuchtet, die vorher nicht sorgfältig diplomatisch vorbereitet wurden. Inzwischen sind die sogenannten Experten in Washington, in Moskau, in Brüssel und in Bonn eifrig dabei, einige der weitgehenden Einigungen wieder abzubauen oder mit illusorischen Bedingungen zu verknüpfen, welche die beiden Staatslenker überraschenderweise in Reykjavik schon erzielt hatten.

Reagan mit einem umfassenden Vorschlagspaket überrumpeln zu wollen war ein Fehler Gorbatschows. Daß Reagan – ohne Überlegungsfrist und ohne seine Verbündeten zu konsultieren – sich sogleich darauf eingelassen hat, war sein Fehler; ein noch größerer Fehler war es, den Eindruck zuzulassen, daß ihm jeglicher Rüstungsbegrenzungs-Fortschritt weniger wichtig erscheint als die schnelle Verwirklichung der *idée fixe*, genannt SDI.

In Sachen SDI haben beide Seiten wichtige Tatsachen unterdrückt. Moskau sagt zweierlei: sowohl, SDI könne gar nicht funktionieren, als auch, es dürfe nicht stattfinden. Tatsächlich aber erforscht und entwickelt Moskau seit 25 Jahren vergleichbare Waffensysteme; schon 1972 – damals hieß SDI noch ABM – wußten Breshnew und Nixon, daß auf diesem Felde keiner den anderen würde in die Ecke drängen können.

Noch nie hat die Sowjetunion länger als drei oder vier Jahre einen militärisch-technischen Vorsprung des Westens hinnehmen müssen (Flugzeugträger waren nur scheinbar ein Gegenbeispiel, weil die Sowjetunion zunächst eine eigene Marine aufbauen mußte). Bisweilen hatte die Sowjetunion sogar die Nase vorn, zum Beispiel mit dem T34 gegen Hitlers Panzer IV, auch mit dem Sputnik oder heute mit Waffenlasern. Gorbatschow wird – wenn es nicht zur vertraglichen beiderseitigen Begrenzung kommen sollte – eben ein sowjetisches SDI bauen, notfalls unter zusätzlichen ökonomischen Opfern der Sowjetbürger. Er verschweigt diese Eventualabsicht, weil sonst seinen wirksamen Fernsehanklagen gegen Reagan ein Teil der Glaubwürdigkeit entzogen würde.

Reagans Leute wissen dies alles. Aber Reagan verschweigt dieses Wissen, weil sonst seiner Utopie eines endgültigen, umfassenden Schutzes des amerikanischen Volkes ein Teil der Glaubwürdigkeit entzogen würde. Beide Staatslenker wissen längst: Höchstens ein auf wenige Regionen begrenzter Schutz ist durch SDI oder ABM möglich, weil der Angreifer ohne große Kosten die Zahl der Gefechtsköpfe auf seinen strategischen Raketen vervielfachen und damit potentiell die komplizierten und sehr teuren SDI-Systeme des Verteidigers überfordern (saturieren) kann. Schon heute haben beide Seiten nukleare Gefechtsköpfe zigtausendfach zur Verfügung.

Die ökonomischen Opfer dafür waren riesig. Die USA geben alljährlich sechs bis sieben Prozent ihres Sozialproduktes für militärische Zwecke aus, die Sowjetunion 12 bis 14 Prozent. Gorbatschow möchte nicht noch größere Teile seiner Produktivkräfte für das Militär abzweigen. In Washington dagegen hoffen einige auf einen ökonomischen Abnutzungswettkampf, den gewinnen zu können sie überzeugt sind.

Tatsächlich aber hat Reagan schon seit 1982 durch seine Haushaltsdefizite die Leistungsfähigkeit der amerikanischen Ersparnis- und Kapitalbildung weit überfordert; 1982 brauchten die USA zur Finanzierung des binnenwirtschaftlichen Kapitalbedarfs noch keinerlei Netto-Kapitalzufuhr aus dem Auslande – heute kommen jährlich netto weit über 100 Milliarden Dollar aus der übrigen Welt in die USA. Die amerikanische Auslandsschuld steigt rasant; und damit steigt auch die Gefahr erneuter Dollar-Inflation. 500 Milliarden Dollar Netto-Auslandsverschuldung wird Reagan mindestens hinterlassen; sie könnten sogar die Position des Dollar als weltweite Reservewährung gefährden. Wenn man es in Washington im Ernst auf einen ökonomischen Wettkampf mit der Sowjetunion abgesehen hat, könnte man ohne drastisch höhere Besteuerung der US-Bürger nicht auskommen. Tatsächlich sind die Absichten der Administration unklar.

Wer David Stockmans schamlos-indiskretes Buch über seine Jahre in Reagans *White House* gelesen hat, der bedarf keiner intellektuellen Anstrengung, um sich den Zustand der Rüstungskontroll-Strategie vorzustellen: Verschiedene Gruppen kämpfen mit großer Kraft gegeneinander, Amerika verhandelt also vornehmlich mit sich selbst – und der Präsident sorgt durch glänzende TV-Auftritte für die Erhaltung der Glaubwürdigkeit beim breiten Fernsehpublikum.

Gorbatschow ist ebenfalls ein glänzender TV-Star; er ist seit Lenin der erste Sowjetführer, der wirkungsvoll persönlich zum breiten russischen Publikum spricht. Dabei denkt er sorgfältig auch an seine Wirkung in Europa, West wie Ost. Auch er hat Schwierigkeiten zu Hause: Aus vielerlei Gründen kommt seine ökonomische Reform nur sehr schleppend voran, er hat dafür einstweilen auch keine der bisher militärisch genutzten Ressourcen frei gemacht. Aber seine atemberaubenden Vorschläge in Reykjavik würden im Falle weitgehender Annahme durch Amerika in Moskau wohl Widersprüche des in der Sowjetunion mächtigen militärisch-industriellen Komplexes auslösen; noch hat Gorbatschow vermutlich keine klare Mehrheit.

Der von beiden Seiten im Ärger vollzogene Abbruch in Reykjavik und das Scheitern der anschließenden Gespräche zwischen Shultz und Schewardnadse in Wien sind – noch! – zu reparieren. Dazu ist es aber notwendig, daß die Regierungen in Westeuropa die Interessen des alten Kontinents jetzt klug, kraftvoll – und öffentlich! – vortragen. Was dem amerikanischen Fernsehpublikum verborgen bleibt, das hat auch auf Reagan kaum Einfluß; denn europäische Zeitungen (mit der Ausnahme der »Financial Times« und des »Economist«) oder europäische Parlamentsdebatten werden in Washington kaum zur Kenntnis genommen.

Die Interessen der nichtnuklearen Staaten im Westen des europäischen Kontinents sind von denen im Osten keineswegs kategorisch verschieden:

Erstens: Rüstungsstabilisierung durch Rüstungsbeschränkung auf ungefähres Gleichgewicht;

Zweitens: Vor allem volle Beseitigung der nuklearen eurostrategischen Raketen (Mittelstreckenwaffen, INF), wie in Reykjavik schon von beiden Seiten ins Auge gefaßt, begleitet vom Einfrieren der Bestände an nuklearen Kurzstreckenwaffen und von gemeinsamer Absichtserklärung, demnächst auch über deren zahlenmäßige Beschränkung zu verhandeln;

Drittens: Drängen auf Einhaltung des ABM-Vertrages und entsprechende Beschränkung der SDI-Projekte beider Seiten;

Viertens: Ungefähres zahlenmäßiges Gleichgewicht der konventionellen Truppen in Ost- und Westeuropa.

Sofern und soweit es beiden alten Weltmächten tatsächlich gelingen sollte – was einstweilen und noch lange Jahre ungewiß bleiben wird –, wenigstens Teile ihrer eigenen Territorien für die nuklearen Angriffsraketen des Gegners unverwundbar zu machen, so würde im gleichen Maß die relative Verwundbarkeit aller europäischen Territorien – gleichgültig ob im Westen oder Osten – nur noch zunehmen. Denn gegen europäisch stationierte nukleare Mittel- und Kurzstreckenwaffen, welche auf europäische Ziele gerichtet sind, ist technisch kein SDI vorstellbar. Deshalb verstieße ein neuer SDI- oder ABM-Rüstungswettkampf gegen die vitalen Interessen aller Europäer.

Die SDI-Option Reagans ist nur noch so lange eine Verhandlungskarte, wie Gorbatschow nicht gleichgezogen hat. Aber der westeuropäische Einfluß auf die Strategie der USA ist schon lange nicht mehr groß genug, um die SDI-Option in ein breit angelegtes Verhandlungskonzept gegenüber der Sowjetunion einzubringen. Reagan hat seine europäischen Verbündeten vor Reykjavik nicht konsultiert, lediglich nachträglich informiert.

Von einer Selbstbehauptung seiner eigenen Interessen durch Westeuropa kann keine Rede sein. Vor allem fehlt es an gemeinsamer Meinungsbildung zwischen Paris, London, Rom und Bonn. Es fehlt auch an Mut. Die europäischen Verteidigungsminister sind als Körperschaft eher Bremser der Rüstungsbegrenzungsverhandlungen; sie richten sich im wesentlichen nach den Auffassungen des NATO-Oberbefehlshabers Europa – und der ist Amerikaner.

Für die Staaten Osteuropas hat es seit dem Zweiten Weltkrieg kaum jemals eine Möglichkeit zur Selbstbehauptung ihrer eigenen strategischen Interessen gegeben. Vielmehr waren die Osteuropäer stets der Hegemonie durch die Sowjetunion anheimgegeben. Das galt und gilt auch hinsichtlich ihrer Wirtschaftsstrukturpolitik, ebenso ihrer Währungs-, Finanz- und Handelspolitik. Mit Hilfe der Instrumente des Rates für Gegenseitige Wirtschaftshilfe (RGW) sind sie – zum Vorteil der Sowjetunion – in ein Geflecht streng bilateraler Lieferverträge bei fixierten Preisen und streng bilateralem Handelsbilanzausgleich hineingewoben. Es gibt keinen gemeinsamen Güter- oder Warenmarkt innerhalb des RGW; es gibt nicht einmal eine gemeinsam und multilateral benutzte Verrechnungswährung. Es gibt erst recht keinen gemeinsamen Markt der Finanzierungen.

Die Vorzüge eines denkbaren Systems der Verteilung von Investition und Produktion auf die Teilnehmerstaaten des RGW nach Maßgabe der komparativen Kosten sind dort unbekannt und daher ungenutzt. Der relativ geringe West- und Welthandel der osteuropäischen Staaten bietet keine Notventile. Moskau achtet aber darauf, daß diese Ventile keine wirtschaftsstrategische Bedeutung erlangen können.

Osteuropa hat jedoch indirekt sehr wohl von der ein Jahrzehnt andauernden Phase der Vertrags- und Entspannungspolitik profitiert, welche seit Ende der sechziger bis Ende der siebziger Jahre zwischen der Sowjetunion und der Atlantischen Allianz praktiziert worden ist. Die Konferenz über Sicherheit und Zusammenarbeit in Europa (KSZE), welche 1975 in Helsinki alle europäischen Staaten (außer Albanien) vereinigte, war der Höhepunkt dieser Phase. Helsinki bot den osteuropäischen Staaten eine Gelegenheit, selbst aufzutreten und – wenn auch vorsichtig und bloß verbal – ihren eigenen Interessen an Rüstungsbegrenzung und wirtschaftlicher Zusammenarbeit Ausdruck zu geben. Seither haben sich die Folgekonferenzen – in Madrid, Stockholm und Wien – weitgehend im bürokratisch-diplomatischen Dickicht verfangen.

Der seit 1978 deutlich werdende Verfall der Führungskraft Breshnews und der sich 1980 anschließende Katarakt der Gerontokratie in Moskau (Andropow, Tschernenko) haben die Chancen der osteuropäischen Staaten zur Selbstbehauptung ihrer Interessen nicht verbessert. Vielmehr hängt gegenwärtig und wahrscheinlich auch für die absehbare Zukunft das denkbare Ausmaß der Eigenständigkeit der osteuropäischen Staaten entscheidend von Erfolg oder Mißerfolg Westeuropas bei der Verfolgung seiner Interessen ab.

Ein erfolgreicher Einfluß Westeuropas auf die amerikanische Gesamtstrategie in Richtung auf militärisches Gleichgewicht, Rüstungsbegrenzung und Truppenverminderung und in Richtung auf diesbezügliche Verträge mit der Sowjetunion würde zwangsläufig die Stellung der osteuropäischen Staaten stärken. Ähnlich im Falle erfolgreicher ökonomischer Integrationsfortschritte der EG: je besser der Gemeinsame Markt der EG und eine gemeinsame Währungs-, Finanz- und Handelspolitik der EG sich entwickeln, um so größer die vorhersehbaren positiven Sekundäreffekte für die Staaten Osteuropas.

Es ist deshalb keine Übertreibung zu sagen: für die Westeuropäer und für die Osteuropäer ist in der zweiten Hälfte der achtziger Jahre das Ausmaß der Selbstbehauptung Westeuropas zugleich auch der Gradmesser der Selbstbehauptung Europas insgesamt.

Auch für den Rest des 20. Jahrhunderts wird man in allen Teilen Europas das Bündnis der USA mit den Staaten Westeuropas strategisch als *conditio sine qua non* ansehen. Ebenso aber werden auch zukünftig die politischen Führungsschichten Amerikas und Kanadas ihr Bündnis mit den Staaten Westeuropas im eigenen strategischen Interesse als unverzichtbar bewerten. Es besteht deshalb keine wirkliche Gefahr der Auflösung der atlantischen Allianz, sooft uns auch einige mit dieser Vision erschrecken wollen. Wohl aber – das sollte man nicht vergessen! – bestehen Möglichkeiten zur ökonomischen und strategischen Emanzipation Westeuropas im Rahmen dieser Allianz.

Amerika bleibt der bei weitem wichtigste und mächtigste Bündnispartner, dies gilt sowohl in militärischer und politischer als auch in ökonomischer Hinsicht. Washington neigt dazu, das amerikanische Gewicht innerhalb dieser Allianz wie auch gegenüber der Europäischen Gemeinschaft voll auszuspielen – desgleichen auf den alljährlichen Weltwirtschafts-Gipfelkonferenzen, auf denen zusätzlich zu den westeuropäischen Staaten auch Japan regelmäßig vertreten ist. Das heutige Washington neigt zur Egozentrik, zum isolationistischen Egoismus. Die Europäer müssen wissen: Solche Neigungen der Amerikaner werden durch europäische Unterwürfigkeit nicht etwa abgefangen, sondern eher noch verstärkt!

Der deutliche Verfall des Einflusses der westeuropäischen Regierungen in Washington ist zum Teil eine Folge von Personenwechseln in Paris, London und Bonn. Wichtiger aber waren und sind die Strukturkrise der Weltwirtschaft, die 1973/74 begann, und besonders der zweite Ölschock der Jahre 1979 und 1980. Sie haben die Staaten Westeuropas und die Europäische Gemeinschaft außerstande gesetzt, ihre neu aufbrechenden ökonomischen Probleme in konzertierter Weise anzugehen und der seit 1982 einsetzenden robusten, die ganze Welt belastenden Haushaltsdefizit-Politik Amerikas eine gemeinsame Interessenposition entgegenzustellen. Vielmehr hat sich seit 1981 sogar der von den Vereinigten Staaten keineswegs behinderte Integrationsfortschritt der Europäischen Gemeinschaft unter dem Druck der wirtschaftlichen Strukturkrise wesentlich verlangsamt; darüber darf der Beitritt Griechenlands, Spaniens und Portugals nicht hinwegtäuschen.

Währungspolitisch war die EG weder in der Lage, auch nur die wildesten Ausschläge des Dollar-Wechselkurses zu verhindern, aufzufangen oder auszugleichen, noch war sie in den letzten Jahren fähig, ihr eigenes, 1979 begonnenes Europäisches Währungssystem EWS und die gemeinsame Zahlungseinheit ECU auszubauen. Finanzpolitisch hat die EG – ebenso wie Japan oder die Staaten Lateinamerikas – seit 1982 hinnehmen müssen, daß ein wichtiger Anteil ihrer eigenen Kapital- und Ersparnisbildung zwecks Finanzierung der amerikanischen Haushaltsdefizite aus Europa abfloß, daß deshalb die Investitionsquoten innerhalb der EG unzureichend blieben und daß folglich die Arbeitslosigkeit sehr hoch blieb.

Es ist also heute weder sicherheitspolitisch noch ökonomisch ein strategisches Konzept der Europäer zu erkennen. Europa ermangelt der Führung. Die Regierungschefs beschäftigen sich mit der Unruhe im eigenen Hühnerhof.

Europa hat sich in den letzten 40 Jahren mehrmals langfristig orientierender Führung erfreut: Churchill, Monnet und Schuman, Adenauer, de Gasperi, de Gaulle. Heute würde England kaum die Führung ergreifen, weil Mentalität und Tradition den Engländern die Aufrechterhaltung ihrer *special relationship* zu den Amerikanern immer wieder wichtiger erscheinen läßt als ihre ungern akzeptierte Interessenidentität mit Kontinental-Europa. Die Bundesrepublik Deutschland kommt offensichtlich aus Gründen der jüngsten deutschen Geschichte und wegen der Teilung der deutschen Nation als Führungsmacht nicht in Betracht. Jeweils verschiedene Gründe lassen eine Führung durch Italien oder Spanien oder durch die kleineren Staaten Westeuropas gleichfalls als illusorisch erscheinen.

Wer statt dessen auf kollektive Führung hofft, etwa durch die Kommission oder die Ministerräte der EG in Brüssel oder durch den »Europäischen Rat« der Staats- und Regierungschefs der EG-Staaten, der sollte angesichts der kontinuierlich ineffizienten Harmlosigkeit dieser Gremien realistischerweise seine Hoffnungen begraben.

Es bleibt die Möglichkeit einer Führung durch Frankreich. Präsident de Gaulle war Anfang der sechziger Jahre dazu bereit und fähig, Deutschland hätte damals besser getan, ihm zu folgen; Italien und die Benelux-Staaten hätten nachgezogen.

1963 ist diese Chance von allen Parteien im Bundestag vertan worden. Sie muß deshalb nicht für immer verloren sein. Freilich: es gehört dazu ein mutiger, willensstarker Franzose. Der Wille zur Eingliederung der militärischen Streitkräfte Frankreichs in ein gemeinsames westeuropäisches Verteidigungskonzept darf nicht fehlen. Es gehört ferner dazu die Fähigkeit, solche zukünftige Rolle Frankreichs den eigenen Landsleuten glaubwürdig vorzustellen und akzeptabel zu machen.

Die konventionellen Streitkräfte Frankreichs und Deutschlands würden allein fast ausreichen, um den konventionell bewaffneten Truppenmassen der Sowjetunion ein ausreichendes Gegengewicht zu bieten und ein machtpolitisches Gleichgewicht zu erreichen. Der Verteidiger braucht keineswegs genauso viele Soldaten wie der Angreifer. Natürlich bedürfte es eines französischen Oberbefehlshabers; natürlich bedürfte es einiger zusätzlicher konventioneller Ausrüstung, natürlich einiger zusätzlicher Haushaltsansätze. Aber natürlich sind die finanzwirtschaftlichen Ressourcen der Bundesrepublik etwas größer als diejenigen Frankreichs, sie müssen dann verfügbar gemacht werden.

Es gibt in Frankreich mehr Politiker als bei uns, die weit nach vorne denken können. Sie wissen auch, daß auf die Dauer nur eine enge französisch-deutsche Entente die Bundesrepublik fest in den Westen einbinden und zugleich unsere deutschen Hoffnungen legitimieren kann; die neuen politischen Eliten aus dem Süden und dem Westen der Vereinigten Staaten können das auf Dauer nicht.

Unter entschlossener französischer Führung und bei festem deutschem Willen zur Kooperation wären bis zum Ende des Jahrhunderts drei Hauptaufgaben zu lösen:

— Beschleunigung der gegenwärtig sehr schleppenden ökonomischen Integration im Rahmen der EG durch Ausbau des Europäischen Währungssystems und einer die ECU-Währung steuernden unabhängigen, gemeinsamen Zentralbankinstanz — auch mit dem Nebenziel eines ausreichenden Gegengewichts gegen Dollar und Yen;
— konventioneller militärischer Verbund einschließlich Frankreichs;

– Entfaltung einer gemeinsamen Sicherheits- und Gesamtstrategie.

Wenn deutlich wird, daß die zukünftige Selbstbehauptung Europas weitgehend davon abhängt, ob und wie Frankreich eine führende Rolle in Europa spielen wird, dann würden die kontinental-europäischen Völker Europas eine französische Führungsrolle sicherlich akzeptieren. Aber auch die Vereinigten Staaten würden – sie sind die großzügigste Nation der Welt! – ihre Akzeptanz dann nicht verweigern, wenn sie sicher sein können, daß die europäische Entwicklung die Organisation der nordatlantischen Allianz zwar umgestaltet, aber in ihrem Bestand nicht gefährdet, sondern vielmehr festigt! Schließlich würden die Amerikaner sogar von einem Teil ihrer ihnen immer lästiger werdenden militärischen Präsenz im alten Kontinent befreit werden. Auch das Projekt der Europäischen Verteidigungsgemeinschaft (EVG) der frühen fünfziger Jahre sah keineswegs einen amerikanischen Oberbefehlshaber vor.

Die sowjetische politische Führung mag durch solche Aspekte zukünftiger europäischer Entwicklung erschreckt werden, weil sie Sogentwicklungen erwarten muß, die in ihr Imperium hineinwirken könnten. Aber sie würde die politische und militärische Einbindung der Bundesrepublik eher begrüßen und sich schließlich damit abfinden.

Eitle Hoffnungen, Träume, Illusionen? Dies mag den Kleingläubigen und den Buchhaltern so scheinen. Aber solche Hoffnungen sind nicht weniger realistisch, als es 1962 die Vorstellungen John F. Kennedys und als es 1963 die Ideen Charles de Gaulles gewesen sind.

Energiepolitik, Bevölkerungswachstum, Ökologie – die globalen Herausforderungen des nächsten Jahrhunderts

Rede auf dem Hamburger Energieforum am 10. Juli 1987 im CCH

Man kann sich fragen, ob eine Einführung unter dem Motto steht, daß der Redner einer langen Einführung nicht bedarf, oder aber unter dem Motto, daß er eine Einführung nicht verdiene. Da Herr Bresser vorhin bei meiner Einführung etwa die Mitte eingehalten hat, bin ich ganz zufrieden. Allerdings muß ich mich dabei gegen eine Fehlinterpretation wehren. Ich habe in der letzten Woche auf einem Symposion, wie das heutzutage in Deutschland hochdeutsch heißt, nicht gemeint, daß das Fernsehen die Demokratie gefährde. Ich habe aber darauf hingewiesen, daß sich die Demokratie verändert, und zwar auch wegen der Konsequenzen, welche die Politiker aus der Anwesenheit des Fernsehens ziehen: etwas weiter weg von Perikles und etwas dichter hin zu Demostenes. Ich habe in dem Satz, den Herr Bresser von mir zitiert hat, darauf hinweisen wollen, daß das Fernsehen die Politiker dazu verführt, da sie in den abendlichen Nachrichtensendungen maximal nur eine Minute und 10 Sekunden Sendezeit bekommen, in diesen 60 oder 70 Sekunden einen möglichst sympathischen Eindruck zu machen. Es kommt dabei ihrer Meinung nach eher auf das bläuliche Hemd statt des weißen an und auf das freundliche Gesicht statt des ernsthaften. Nicht so sehr kommt es nach Meinung der Politiker auf den Inhalt dessen an, was sie sagen.

Es ist nun heute allerdings nicht meine Absicht, Ihnen sympathisch zu erscheinen, denn ich bin kein Politiker mehr; ich war mal einer, aber das ist schon beinahe 5 Jahre her. Ich will mich aber gern bedanken bei den Veranstaltern des Forums und beim Bürgermeister, der mich im Namen der Veranstalter eingeladen hat.

1. Der Dialog über Energiepolitik ist notwendig, er bleibt

auch in Zukunft notwendig. Was hier veranstaltet worden ist, war notwendig. Die Frage der Energie ist, wie Richard von Weizsäcker zutreffend gesagt hat, zukünftig sogar eine »überlebens-notwendige« Frage.

Ich erinnere mich an eine Nacht heute vor 15 Jahren, zur Zeit der Bundesregierung Brandt/Scheel. Es war Wahlkampf. Durch irgendeinen Zufall saßen drei Freunde miteinander zusammen: der eine war Adolf Schmidt, damals Vorsitzender der Industrie-Gewerkschaft Bergbau und Energie, der andere war Ernst-Wolf Mommsen, damals noch Staatssekretär der ersten Regierung Brandt, und der dritte war ich. Wir gerieten in eine Diskussion über Energiepolitik und kamen im Laufe der Nacht zu dem Ergebnis, es sei notwendig, daß die Bundesregierung für die Bundesrepublik ein energiepolitisches Gesamtkonzept entwickeln solle; dieses hatte es bis dahin nicht gegeben. Wir gingen zu dem damaligen Bundeskanzler Willy Brandt und bekamen seine Zustimmung zu diesem Vorhaben. Wir entwickelten den Entwurf praktisch aus dem Handgelenk und führten ihn ein in den bereits auf vollen Touren laufenden Bundestagswahlkampf 1972. Nachdem Brandt diesen Wahlkampf gewonnen hatte, kam es dann in der Tat zum energiepolitischen Gesamtkonzept der Bundesregierung. Zwei Jahre später hat die Bundesregierung das Konzept dann im Lichte der inzwischen gewonnenen Erfahrungen revidiert.

Inzwischen sind die energiepolitischen Gesamtvorstellungen der Bundesregierung mehrere Male revidiert worden. Das wird auch in den nächsten Jahrzehnten noch des öfteren geschehen, übrigens nicht nur durch die Diskussion innerhalb der jeweiligen Bundesregierung, sondern auch durch die Diskussionen aller an der Entscheidungsfindung Interessierten. Dabei werden die Prognosen über die Größenordnungen, die hier im Spiel sind, im Lichte der zwischenzeitlichen Erfahrungen ständig verändert werden: zum Beispiel die Prognosen über die Bevölkerungsgröße und -zusammensetzung, über den Verbrauch, den die Menschen zukünftig tätigen werden, über das Güterangebot, das ihnen zur Verfügung stehen wird, und über die Effizienz der verfügbaren Techniker oder Technologien.

2. Übrigens hatten wir schon 1972 begriffen, daß nationale Lösungen allein nicht sehr erfolgversprechend sind. Als ein Jahr später, nämlich im Herbst 1973 und im Frühjahr 1974, die erste sogenannte Ölpreiskrise über die Welt hereinbrach, bemühte sich die damalige Regierung Brandt, eine internationale energiepolitische Konferenz zustande zu bringen. Die kam auch tatsächlich zustande, nach meiner Erinnerung im Februar oder März 1974 in Washington (später kam es dann zu der internationalen Einrichtung, welche die Atomenergie überwachen soll); die Konferenz blieb jedoch wenig erfolgreich, weil damals Frankreich sich sehr sperrig verhielt.

Die erste Ölpreisexplosion, die zu gewaltigen weltwirtschaftlichen Veränderungen und zur ersten großen Welle der Arbeitslosigkeit in Europa führte, hat im Laufe des Jahres 1974 aber dann bei dem nächsten französischen Präsidenten und bei der nächsten französischen und auch bei der deutschen Bundesregierung den Entschluß ausgelöst, noch einmal den Versuch zu machen, zu einer besseren internationalen Zusammenarbeit zu kommen: auf dem Felde der Energiepolitik und auf den anderen ökonomischen Feldern, die durch jene tektonischen Beben in der Ökonomie – so würde ich die erste Ölpreisexplosion und später auch die zweite mit ihren weltweiten Folgen nennen – erheblich verändert worden waren. Diese Kooperationsbereitschaft führte im Herbst 1975 zur Schaffung der sogenannten Weltwirtschaftsgipfelkonferenzen. Ausgelöst wurden diese also durch das Erlebnis der Ohnmacht nationaler Regierungen gegenüber den ökonomischen Auswirkungen der Ölpreisexplosion.

3. Vielleicht darf ich noch ein wenig in der Vergangenheit verweilen. Ich habe in Vorbereitung auf diesen Vormittag in alten Papieren geblättert. Bei der Durchsicht jener Blätter bin ich auf eine Reihe von Vorträgen gestoßen, die ich selber in den siebziger Jahren zu den hier einschlägigen Themen gehalten habe; dabei ist mir ein Zitat besonders aufgefallen. Auf einer Fachtagung über Energie, Beschäftigung, Lebensqualität habe ich u. a. gesagt: ». . . jeder, der hier auftritt und denkt, er habe die Lösung . . ., der irrt im Prinzip. Denn alles

ändert sich immer wieder; deshalb muß man sich alle Optionen offenhalten.«

4. Im gleichen Zusammenhang bin ich auf Erwägungen gestoßen, die mich damals schon beschäftigt haben und die mich heute unter der energiepolitischen Fragestellung noch mehr beschäftigen als damals: nämlich die Explosion der Weltbevölkerung. Als ich 1925 hier in Hamburg zur Schule kam, gab es 2 Milliarden Menschen auf der Welt; heute gibt es ca. 5 Milliarden Menschen; am Ende dieses Jahrhunderts, in 12 Jahren und 6 Monaten, werden es rund 6 Milliarden Menschen sein; im Jahre 2010 werden es voraussichtlich rund 7 Milliarden Menschen sein. Diese zukünftigen Zahlen kann man fast nicht mehr beeinflussen. Vielleicht ist noch beeinflußbar, wie lange es dann anschließend dauern wird, bis wir 8 Milliarden oder 10 Milliarden Menschen auf der Erde sein werden. Jedenfalls muß man darüber nachdenken, ob man die Zahl 8 Milliarden oder gar 10 Milliarden beeinflussen kann und will – und falls ja: mit welchen Mitteln? Hier liegen dann aber auch große moralische Schwierigkeiten.

Eine solche Bevölkerungsexplosion hat es früher nie gegeben, sie schlägt voll auf das energiepolitische Problem durch. Denn natürlich wollen alle Menschen ihr Essen kochen, sie wollen – sofern sie nicht in tropischen Gebieten leben – ihre Wohnung heizen, sie wollen Auto fahren, sie wollen ihre Industrien betreiben, von denen sie hoffen, daß diese Industrien allen den vielen zusätzlichen Menschen auch Arbeitsplätze zur Verfügung stellen.

5. So hängt also auch das Ziel der Entkoppelung zwischen zukünftig notwendigem Wirtschaftswachstum der ganzen Welt und zukünftigem Wachstum des Energieverbrauches der Welt unmittelbar mit dem Thema der Bevölkerungsexplosion zusammen. Ohne Wirtschaftswachstum bleibt das Elend in den Entwicklungsländern nicht nur bestehen, sondern vermehrt sich noch. Die Entkoppelung von Wirtschaftswachstum und Wachstum an Primärenergieverbrauch ist aber in den Entwicklungsländern besonders schwierig! Sie ist letztlich nur international zu erreichen.

Einzelne Industrieländer haben gute Beispiele für die Möglichkeiten der Entkoppelung gegeben; sie haben sie durchgeführt, selbst wenn sie deshalb zusätzliche Produktionskosten in Kauf nehmen mußten und infolgedessen im internationalen Wettbewerb möglicherweise schlechter abschneiden. Auch in der Bundesrepublik kann man, was Entkoppelung angeht, inzwischen einen erheblichen Erfolg konstatieren. Wir haben seit 1973, also im Laufe der letzten knapp 15 Jahre, ein reales Wirtschaftswachstum von 24 Prozent erzielt, es wird aber zur Zeit nur 2 Prozent mehr Primärenergie als damals benötigt. (Übrigens haben wir damit auch einen relativ kleinen, aber immerhin erwähnenswert positiven Begleiteffekt hinsichtlich der Umweltbelastung erreicht.) Das ist sicherlich bei weitem noch nicht alles, was wir bei der Entkoppelung tatsächlich erreichen könnten.

Die Energiesparreserven, insbesondere in den technisch und ökonomisch hochentwickelten Staaten, sind noch nicht voll ausgeschöpft. Es wäre aber unrealistisch, sich vorzumachen, daß in den Ländern, in denen im wesentlichen die Bevölkerungsexplosion stattfindet, zum Beispiel in China, in Indien, in Indonesien oder in Brasilien, eine wesentliche Entkoppelung gegenwärtig möglich sei.

6. Lassen Sie mich an dieser Stelle einen Exkurs einflechten über die weltwirtschaftlichen Folgen der wilden Ölpreis-Bewegungen. Ich habe mir gestern ein paar Zahlen über die Auswirkungen der beiden Ölpreisexplosionen beschafft. Im Jahr 1972, also im letzten Jahr vor der ersten Ölpreisexplosion, haben die OPEC-Staaten und die Sowjetunion, also die wesentlichen Ölexportländer der Welt, zusammen Öl für rund 25 Milliarden Dollar verkauft. Im Jahr 1986, das letzte Jahr, für das Ist-Ergebnisse vorliegen, haben sie per Saldo Öl für rund 100 Milliarden Dollar verkauft; dabei aber nicht wesentlich mehr Öl als damals abgesetzt. Dies ist das Ergebnis der Preisexplosion für Öl gewesen; zwischendurch jedoch, im Jahre 1981, betrugen ihre Erlöse aus dem Verkauf von Öl sogar mehr als 300 Milliarden Dollar.

Wie sich diese Preisentwicklung auf jene Länder ausgewirkt hat, die das Öl bezahlen mußten, zeigt beispielsweise die Ölrechnung unseres Landes, der Bundesrepublik Deutschland. Sie betrug im Jahr 1973 rund 3 Milliarden Dollar und im Jahre 1981 rund 29 Milliarden Dollar, sie hatte sich also fast verzehnfacht. Inzwischen ist sie wieder auf knapp 14 Milliarden Dollar gesunken, vor allem weil der Ölpreis wieder gesunken ist. Noch viel schlimmer sah dies für Brasilien aus. Brasilien hatte 1972 für den Ölimport eine halbe Milliarde Dollar ausgegeben, 1981 waren es knapp 12 Milliarden Dollar; das war für Brasilien also eine Verzwanzigfachung. Im Augenblick kann ich nicht übersehen, wie hoch die Ölrechnung Brasiliens 1986 war; hierfür gibt es noch keine statistischen Zahlen, sicher sind sie gesunken, weil Brasilien inzwischen nicht mehr alles bezahlen und deshalb nicht mehr einführen kann, aber auch, weil der Ölpreis seit 1981 wieder gesunken ist.

Nehmen wir ein anderes, besonders interessantes Beispiel: Die Sowjetunion hat im Jahre 1972 für 1,4 Milliarden Dollar netto Öl exportiert; im Jahre 1981 erzielte sie über 40 Milliarden Dollar, aber im letzten Jahr (1986) nur noch 19 Milliarden Dollar. Mehr als die Hälfte der gesamten sowjetischen Exporte entfällt aber auf Öl und Erdgas. Sie sehen aus diesen Zahlen, wie innerhalb von 5 Jahren die sowjetischen Exporte, soweit es die Ausfuhr von Öl betrifft, im Erlös um die Hälfte runtergegangen sind. Das bedeutet, daß die Sowjetunion sich inzwischen wertmäßig nur noch die Hälfte an Importen leisten konnte.

Umgekehrt verhält es sich bei Ländern, wie Brasilien oder bei uns. Es ist unmittelbar einsichtig, daß, – wenn wir für Öl plötzlich zehnmal soviel oder Brasilien zwanzigmal soviel Geld ausgeben müssen, dann für anderes kein Geld mehr da ist. Die Arbeitslosigkeit in der entwickelten Welt, die sich in den siebziger Jahren deutlich erhöht und in den achtziger Jahren weiter gesteigert hat – sie liegt jetzt bei uns seit 1982 konstant über 8 Prozent und im Durchschnitt der EG bei 11 Prozent –, ist eine direkte Folge der Ölpreisexplosion. Diese Arbeitslosigkeit ist eine Folge der Tatsache, daß wir nicht auf Öl (und Gas) verzichten können, obwohl wir entkoppelt und Energie gespart haben und obwohl wir Öl auch durch andere Energiearten ersetzt haben; zum Beispiel in

Frankreich durch den Ausbau der Stromerzeugung durch Kernkraft. Die Arbeitslosigkeit ist in der entwickelten Welt inzwischen zur Dauerarbeitslosigkeit geworden.

7. Die Weltwirtschaft hat diese Folgen noch nicht überwunden. Auch die bisherige Schuldenkrise der lateinamerikanischen Länder und der Dritten Welt, unmittelbare Folge der Ölpreisexplosionen und der gestiegenen Importrechnungen, ist noch keineswegs überwunden. Aber die nächste Ölpreisexplosion wird kommen! Sie kann morgen stattfinden, falls jemand es in Bagdad oder Teheran einfällt, die Ölfelder des Gegners in Brand zu setzen. Die entsprechende Retorsion gegenüber den Ölfeldern des anderen bedarf dann auch nur eines Entschlusses, dessen Ausführung leicht ist. Dies könnte der Beginn der dritten Ölpreisexplosion sein. Vielleicht kommt sie aber erst in 5 Jahren, vielleicht erst in 10 Jahren. Es würde mich sehr wundern, wenn sie nicht käme. Und sie muß nicht unbedingt allein aus militärischen Gründen kommen, sie kann auch aus rein politischen Gründen kommen, zum Beispiel wenn es der OPEC gelänge, das Kartell wieder enger zusammenzuschließen. Die ungeheure Abhängigkeit der ganzen Welt vom Öl kann noch ein weiteres Mal zu einem tektonischen Beben in der Weltwirtschaft führen. Die möglichen Folgen hieraus will ich nicht ausmalen.

Ich gehöre nicht zu jenen Demokraten, die es für das Wichtigste halten, die Zukunft schwarz zu malen. Ich habe die weltwirtschaftlichen Aspekte hier vorgetragen, um darzutun, daß die Abhängigkeit von den Kohlenwasserstoffen, gleich ob Erdöl oder Erdgas, wirtschaftlich große Risiken enthält, insbesondere dann, wenn man diese Rohstoffe nicht im eigenen Lande hat und daher abhängig ist von den Preisen, die andere Staaten machen.

8. Einstweilen ist es so, daß viele Entwicklungsländer als Primärenergie zur Hauptsache Holz verbrennen. Sie haben, wie wir auch, ein wenig Wasserkraft, ein ganz klein bißchen Windenergie und auch – wie zum Beispiel China – Bioenergie aus landwirtschaftlichen Abfällen. Konsequenz des erhöhten Energiebedarfs ist in diesen Ländern eine zunehmende Versteppung. Jedes Jahr nehmen die tropischen Urwälder um

ein Areal ab, das der Größe der Bundesrepublik Österreich entspricht. Das hat böse Konsequenzen für die zukünftige Ernährung dieser Länder, deren Bevölkerung zunimmt. Es hat auch Konsequenzen für das, was sich in der Atmosphäre, insbesondere in der Troposphäre, abspielen wird – und anschließend für unser Klima und für die Ökologie weltweit.

9. Wenn ich einmal von Windmühlen und Wasserkraft absehe, von woher in Zukunft ein bißchen mehr Energie als bisher geholt werden kann, so bleiben für die überschaubare Zukunft – sagen wir bis zum Jahre 2010 und dann für 7 Milliarden Menschen – als Energieträger auf der einen Seite Kohlenwasserstoffe, das sind Öl, Erdgas, Kohle, Braunkohle, Holz und dergleichen, und auf der anderen Seite Kernenergie. Beide dieser hauptsächlichen Primärenergiearten sind mit sehr großen, gegenwärtig aber nicht endgültig abschätzbaren Risiken belastet.

10. Vor Fachleuten, wie sie hier versammelt sind, brauche ich nicht auf die drei Hauptrisiken hinzuweisen, welche mit der Kernkraft verbunden sind. Three-Miles-Island und Tschernobyl haben uns das Unfallrisiko deutlich vor Augen geführt. Das zweite Risiko der Kernenergie ist die immer enger werdende Nähe zwischen friedlicher Nutzung und der Nutzung für gewaltsame Zwecke; sei es durch Staaten, sei es durch Private. Das dritte Risiko liegt in der Tatsache, daß es auf der ganzen Welt gegenwärtig keine wirkliche Lösung für die Beseitigung des nuklearen Abfalls gibt.

Ich erinnere mich noch gut an ein Gespräch mit Ministerpräsident Kossygin, ich glaube, es war 1977 oder 1978; er sagte mir damals, wir Sowjets wollen westlich des Urals überhaupt keine anderen Kraftwerke als Kernkraftwerke mehr bauen. Dahinter stand die Idee, das eigene Erdöl zu exportieren, um auf dem Weltmarkt auf diese Weise Devisenerträge zu gewinnen. Ich fragte ihn: »Was machen Sie denn mit dem nuklearen Abfall?« Seine Lösung hat mich sehr verblüfft, und ich habe sie nie vergessen. Er sagte: »Das packen wir alles auf die Erde, da kann es ruhig liegenbleiben.« So ist es im wesentlichen heute noch in der Sowjetunion. Andere Staaten haben Zwischenlager aller Art erfunden; wiederum andere reden von der Endlagerung; wiederum andere haben mit der Aufarbeitung dieser Abfälle begonnen. In Wirklichkeit gibt es aber bisher noch keine weltweit überzeugende Lösung für dieses Problem. Es ist aber eines der drei großen Risiken der Kernkraft; man darf es nicht übersehen.

11. Auch Kohle, Öl und Erdgas bringen zwei Hauptrisiken mit sich, die gegenwärtig nicht endgültig abgeschätzt werden können. Erstens: das Umweltrisiko hinsichtlich Atmosphäre und Klima. Ich komme darauf noch etwas ausführlicher zu sprechen. Dieses Risiko ist unendlich viel größer, als es zur Zeit in der Öffentlichkeit diskutiert wird. Zweitens: das Risiko der wirtschaftlichen Verfügbarkeit von Öl und Gas. Ich habe bereits am Beispiel der beiden Ölpreisexplosionen darauf hingewiesen. Ich könnte noch hinzufügen, daß es Staaten gibt, die ihren Kohlenbergbau haben absaufen lassen, zum Beispiel Frankreich und Belgien. Wenn bei steigenden Ölpreisen Kohle knapp würde, müßten sie sich jedem ausländischen Preisdiktat beugen. Hoffentlich verdienen sie dann genug Devisen, um Importöl und Importkohle noch bezahlen zu können! Zu dem wirtschaftlichen Risiko der Verfügbarkeit von ausreichender Energie kommt also als Risiko die Frage nach der Fähigkeit hinzu, den Preis dann auch bezahlen zu können, und zwar in harten Devisen.

12. Lassen Sie mich bei den Umweltrisiken der Kohlenwasserstoffe – sei es des Öls, des Erdgases, der Steinkohle, der Braunkohle und auch des Holzes – einen Augenblick verweilen. Es gibt dazu zwar eine Reihe von Pionierarbeiten, aber es gibt dazu keine Communis opinio, keine etablierte Meinung der Wissenschaft. Ich habe mich im Laufe der letzten 12 oder 15 Jahre mit einer Reihe von Wissenschaftlern zu verschiedenen Zeitpunkten darüber unterhalten und fühle mich von daher legitimiert zu sagen, es gibt keine allgemein und schlechthin akzeptierte Meinung der Wissenschaft. Immerhin steht aber fest, daß seit der Jahrhundertwende, also im Laufe der letzten 87 Jahre, die mittlere Temperatur der Erdoberfläche – also Ozeane und Kontinente – um etwa einen halben Grad Celsius angestiegen ist; genau sind es 0,6 Grad Celsius. Wenn der Kohlendioxidgehalt in der Atmosphäre, zumal in der Tro-

posphäre, weiterhin linear ansteigt – wie es der Fall gewesen zu sein scheint in den letzten Jahrzehnten – und wenn man außerdem noch den stetig anwachsenden Anteil von Spurengasen berücksichtigt, wie er zum Beispiel durch die Spraydosen verursacht wird – gleich, ob sie damit das Haar der Damen verschönen oder die Schlagsahne auf die Erdbeertorte sprühen –, dann wird sich die Erwärmung der Erde weiter fortsetzen. Beide Faktoren tragen mit dazu bei, daß sich oben in der Troposphäre die Spurengase ausbreiten und daß es zu dem in den Zeitungen häufig zitierten Treibhauseffekt kommt.

Dieser Effekt tritt ein, weil nicht genug Sonnenstrahlung in den Weltraum wieder abgegeben werden kann. Die Erwärmung der Ozeane hat auch eine Ausdehnung des Volumens der Weltmeere und ein Abschmelzen des arktischen und antarktischen Eises, auch der Gletscher auf den Kontinenten, zur Folge. Wenn das so weitergeht, dann möchte ich heute in 30 Jahren weder hinter den Deichen Hollands noch in den Flußniederungen von Bangladesh leben. Dann werden enorme Investitionen notwendig sein, um sich gegen die vom steigenden Wasserstand drohenden Gefahren zu wehren.

Weil diese Risiken den Menschen noch nicht bewußt sind, gibt es gegen die Verbrennung von Kohlenwasserstoffen noch keine »Sit ins«, es werden auch noch keine Demonstrationen veranstaltet. Aber ich betone noch einmal: Dies ist ein ganz großes Risiko bereits für die nächste Generation.

Eine Reihe anderer Umweltschäden, die aus der Verbrennung von Kohlenwasserstoffen herrühren, werden gegenwärtig öffentlich diskutiert; es gibt hierfür auch schon Teil-Lösungen, zum Beispiel den Katalysator für die Autoabgase und ein Verbot der Treibgase. Eines kann man aber nicht: man kann nicht verhindern, daß bei der Verbrennung von Kohlenwasserstoffen CO_2 = Kohlendioxid entsteht. Das Kohlendioxid ist es aber, das zur Hauptsache den Treibhauseffekt auslöst.

Hans Leussink und ich, wir haben uns seit mehreren Jahren bemüht, innerhalb der Max-Planck-Gesellschaft eine Diskussion darüber anzufachen, daß man ein Forschungsinstitut braucht, welches sich mit den hier implizierten Fragen wissenschaftlich beschäftigt – und zwar fakultätsübergreifend und disziplinübergreifend. Man braucht dazu unter anderem Klimatologen, Physiker, Chemiker, Biologen, Meeresbiologen und so fort. Bisher ist es zur Gründung eines solchen Forschungsinstituts noch nicht gekommen; aber ich habe die Hoffnung nicht aufgegeben, daß dies im Laufe der nächsten drei Jahre gelingen könnte. Dann fängt man aber erst mit der systematischen Erforschung der komplexen Tatbestände und Funktionszusammenhänge an, die heute bereits eingetreten und erkennbar sind. Hätten wir früher damit angefangen, diese komplexen Sachverhalte zu erforschen, so wären diese heute vielleicht schon etwas durchsichtiger.

13. Lassen Sie mich zurückkehren zu einem Teilthema der wirtschaftlichen Verfügbarkeit von Kohlenwasserstoffen. Ich hatte vorhin über die zu erwartende weitere Steigerung der Preise für Öl und Erdgas gesprochen. Seit ich angefangen habe, über Energiepolitik nachzudenken, das heißt seit der Mitte der sechziger Jahre, habe ich zu denen gehört, die sich für die Erhaltung der einzigen heimischen Primär-Energie einsetzen, die uns keine Devisen kostet und die uns nicht von einer OPEC oder einer anderen Machtinstanz abgedreht werden kann, nämlich für die Aufrechterhaltung der Förderung heimischer Kohle. Damals spielten Männer wie Walter Arendt und Alex Möller eine Rolle; es war noch vor der sogenannten großen Koalition. Ende 1966 haben wir die Gründung der Ruhrkohle AG betrieben, um zu verhindern, daß die Zechen alle einzeln kaputtgehen. Wir haben danach den Steinkohlenbergbau in Deutschland – gleich, ob an der Saar, ob an der Ruhr oder ob im Eschweiler Bergwerksverein – im Laufe der letzten 20 Jahre gewaltig subventioniert; direkt und indirekt – auch durch die sozialen Hilfen gegenüber den Bergarbeitern. Ich bin tief überzeugt davon, daß das richtig war, und ich möchte gerne sehen, daß das fortgesetzt wird.

14. Nach allem, was ich bisher angedeutet habe, werden Sie verstehen, daß ich – obschon ein überzeugter Marktwirtschaftler – zugleich überzeugt bin, daß marktwirtschaftliche Ideologie allein nicht ausreicht, die Energieprobleme der Menschheit zu lösen. Denn der Energiemarkt kann weder

langfristige Risiken erkennen, noch würde er sich danach richten. Genauso wie ich von der Notwendigkeit überzeugt bin, den deutschen Bergbau zu erhalten, damit wir für den Fall der Knappheit anderer Kohlenwasserstoffe nicht plötzlich auf dem Trockenen sitzen und bei gestiegenen Preisen die Energieeinfuhren nicht bezahlen können oder dann plötzlich 4 Millionen Arbeitslose haben, statt gegenwärtig 2 1/4 Millionen, genauso bin ich davon überzeugt, daß es richtig war, mit staatlichen Mitteln andererseits die Entwicklung der Kernkraft zu fördern. Genauso bin ich aber auch davon überzeugt, daß es richtig und notwendig ist, mit öffentlichen Mitteln die Forschungen auf dem Gebiet der Solarenergie und der Kombination zwischen Solarenergie und Wasserstoff zu fördern.

Diejenigen, die ihre Kohlegruben inzwischen haben absaufen lassen, oder die alle Kernenergie abgeschaltet haben, die werden der nächsten Erdölkrise völlig hilflos ausgeliefert sein.

15. Deshalb haben wir damals eine Politik weg vom Öl eingeleitet; das war auch einer der Gründe für die Förderung der Kernenergie! Wir haben die Abhängigkeit der deutschen Volkswirtschaft vom Öl, die seinerzeit über 50 Prozent betragen hatte, senken können auf unter 40 Prozent; immerhin ist das gegenwärtig aber immer noch eine hohe Abhängigkeit. Die Kernenergie wäre ohne staatliche Förderung technisch und ökonomisch nicht entfernt so weit gekommen, wie sie heute nutzbar geworden ist. Ihre Risiken wurden allerdings damals unterschätzt; wir sehen sie heute viel deutlicher; vielleicht werden wir sie in einigen Jahren wieder anders sehen. Dies gilt übrigens auch für die ökonomischen Risiken der Kernkraft. Die Kernkraftwerke sind sehr viel teurer geworden als seinerzeit angekündigt; sie werden noch teurer werden, weil die Anforderungen, die man an ihre Sicherheit stellt, gewachsen sind und weiterhin wachsen werden. Auch die Entsorgung, wenn sie jemals zwischenzeitlich oder notdürftig gelöst werden sollte, wird zukünftig sehr viel mehr Geld kosten als seinerzeit vorhergesagt wurde.

16. Gegenwärtig bin ich aber noch mehr besorgt über das Schicksal der deutschen Steinkohle. Wir waren damals der Meinung, daß man diese heimische Energiequelle erhalten

und finanziell fördern müsse. Damals schien uns allerdings klar, daß der Strom aus Kohlekraftwerken immer etwas teurer sein würde als der Strom aus den Kernkraftwerken. Das damalige energiepolitische Gesamtkonzept lautete trotzdem: Kohle zu nutzen in den Kohlerevieren und von dort aus Strom und Wärme zu verteilen; die Kernenergie sollte umgekehrt dort eingesetzt werden, wo es keine Kohle in der Nähe gibt. Wir haben diesen Ausgleich der Produktionsstruktur seinerzeit über das Verstromungsgesetz und über den Jahrhundertvertrag abgesichert. Wenn heute einige Bundesländer so tun, als sei es ungerecht, daß sie den teuren Kohlestrom aus der Saar oder aus der Ruhr mitbezahlen müssen, kann ich nur sagen, dann war es genauso ungerecht, daß die Steuerzahler in anderen Bundesländern mitbezahlt haben, daß die ersteren ihre Kernkraftwerke entwickelt und hingestellt bekamen; hier besteht doch ein innerer Zusammenhang! Ich sehe mit Sorge, daß der Ölpreis weltweit – von der Spitze um 35 Dollar auf 17 oder 18 pro Barrel – und deshalb auch der Preis für Importkohle inzwischen wieder gesunken ist. Denn angesichts dieser billigeren internationalen Energieangebote sollen nun in der Bundesrepublik Deutschland aus rein fiskalischen, budgetären Gründen, die ich für sich gesehen keinesfalls für lächerlich halte, die eigene Kohleförderung plafondiert, das heißt, festgeschrieben werden, und zwar auf einem Niveau, das für die langfristige Existenzsicherung des deutschen Kohlebergbaus als unzureichend angesehen werden muß. Die Höhe der Fördermenge von Steinkohle für die Verstromung hängt heute allein von den finanzwirtschaftlichen Hilfen des Bundes ab. Das ist die Logik des schon erwähnten Verstromungsgesetzes und des Jahrhundertvertrages. Ich möchte mich deshalb dafür einsetzen, daß diese Verträge voll eingehalten und voll finanziell abgesichert werden – nicht nur bis zum Jahre 1995 oder 2000, sondern darüber hinaus.

Ich halte übrigens die Begrenzung von energiepolitischen Zukunftserwartungen und Zukunftsanalysen nur bis zum Jahre 2000 für ganz unzureichend. Gerade unter den ökologischen Gesichtspunkten muß jede kurz- oder mittelfristige Betrachtungsweise unzureichend bleiben.

17. Trotz meines Plädoyers für unsere einheimische Kohle darf man aber meines Erachtens nicht nach dem Motto verfahren, wir wollen jetzt alle Kernkraftwerke abschaffen – und was dann an ökologischen Veränderungen in der Troposphäre und an sonstigen Folgen sich ergibt, das schert uns nicht, denn die Sintflut kommt ja erst nach uns.

Ich will noch einmal wiederholen: Der alleinige Einsatz von Öl und Gas und Kohle ist umweltpolitisch – wegen des Anfalls von Kohlendioxid – von gegenwärtig noch nicht quantifizierbarer Gefährlichkeit. Hier liegt ein Kardinalproblem für das nächste Jahrhundert und für die ganze Menschheit; zumal bei wachsender Gesamtbevölkerung. Wenn wir uns auf die Kohlenwasserstoffe konzentrieren sollten, also auf Öl, Gas und Kohle, so wächst außerdem unsere Abhängigkeit von politischen und ökonomischen Instanzen außerhalb der eigenen Grenzen, weil wir diese im eigenen Lande nicht ausreichend haben. Dies ist eine gegenwärtig nicht quantifizierbare ökonomische Gefahr. Ich will einräumen, daß durch den verstärkten Import von Kohlenwasserstoffen – was die unausgesprochene Ratio der Haushaltspolitik der gegenwärtigen Bundesregierung zu sein scheint – kurzfristig Haushaltsbelastungen eingespart werden können; denn kurzfristig ist sicherlich importiertes Öl billiger als subventionierter Strom aus eigener Steinkohle. Ich habe aber auch geschildert, was wir uns damit langfristig an Risiken einhandeln.

Dies ist übrigens ein Beispiel dafür, wie Politiker versuchen, dem Fernsehpublikum gegenüber sympathisch zu erscheinen; kurzfristig scheint eine Alternative billiger zu sein, oder jedenfalls steigen die Preise nicht.

18. Ich will die sozialen Aspekte des Kohlenbergbaus hier nicht behandeln; denn sie gehören nicht zu Ihrem Thema. Gleichwohl halte ich sie für sehr wichtig: Keine Regierung darf die Gewerkschaften in die Ecke radikaler Politik drükken; deshalb muß der Unsicherheit im Kohlenbergbau in Deutschland ein Ende gemacht werden, damit es nicht zu den Auswirkungen kommt wie in den vorhin genannten Ländern oder beispielsweise wie in England.

19. Die Fortsetzung der Energiesparpolitik haben Sie si-

cherlich auf Ihrer Tagung schon behandelt. Ich will deshalb von mir aus diesen notwendigen Aspekt nicht wiederholen; ich will nur die Notwendigkeit hierzu unterstreichen.

20. Ich möchte an dieser Stelle eine Zwischenbilanz der energiepolitischen Hauptrisiken ziehen. Erstens: Die Kernkraft ist verbunden mit den Risiken von Unfällen und Unfallfolgen, mit dem Risiko der Vermengung und Verwischung der Nutzung zu friedlichen und gewalttätigen Zwecken und – mit dem Risiko der Strahlung – aus unzureichender Entsorgung. *Zweitens:* Die Verbrennung von Kohlenwasserstoffen ist verknüpft mit dem Risiko ökonomischer Abhängigkeit und ökonomischer Destabilisierung sowie mit dem ökologischen Risiko von Klima-Änderungen und ihren Folgen. *Drittens*: Eine etwaige Preisgabe der einheimischen Kohleförderung vermehrt alle vorgenannten Risiken mit der einzigen Ausnahme, daß die Risiken von Klima-Änderungen nicht notwendigerweise vermehrt werden.

21. Alle Risiken bestehen im übrigen nicht bloß für die Bundesrepublik, sie gelten für die ganze Welt. Die Vorstellung, daß wir mit nationaler Energiepolitik irgendeinem der bisher geschilderten Hauptrisiken entkommen könnten, ist bestenfalls eine Seminarvorstellung von naturwissenschaftlichen Professoren oder Ingenieuren, die von Ökonomie nicht genug verstehen, oder von ökonomischen Professoren, die von der Ökologie nicht genug verstehen. Was die Zukunft angeht, so ist eigentlich nur sicher, daß es eine Zukunft geben wird. Alles andere ist unsicher, genauso unsicher wie die Wetterprognosen von heute mittag 1.00 Uhr für die kommende Woche. Wie die energiepolitische Zukunft aussehen wird, ist völlig ungewiß. Jeder sogenannte Experte, der vor Ihnen auftritt und sagt, er wisse, wie alles kommen wird, dem hören Sie bitte höflich zu und überlegen nachher zu Hause, wie wenig davon wohl richtig sein mag! Ich erinnere mich genau, wie in meiner Partei, der SPD, heute vor mehr als drei Jahrzehnten ein guter Ingenieur, ein wissenschaftlich fundiert ausgebildeter Mann, Leo Brandt, viele von uns davon überzeugte, daß die Zukunft in der Kernenergie läge – so wie man ja manchmal in der Politik große Visionen vorgestellt bekommt.

Es hat nicht des Schicksals dieses sozialdemokratischen Atomplanes aus dem Jahre 1956 bedurft, um mich gegenüber Visionen skeptisch zu stimmen – vielmehr war ich schon immer mehr für praktische Vernunft und weniger für Visionen.

22. Die Vernunft gebietet uns, unsere Augen vor einer wichtigen Erkenntnis nicht zu verschließen! Alle die genannten Hauptrisiken sind gegenwärtig nicht quantifizierbar. Sie sind weder hinsichtlich der Wahrscheinlichkeit ihres Eintretens noch hinsichtlich der Möglichkeiten zu ihrer Vermeidung noch – im Falle ihres tatsächlichen Eintretens – hinsichtlich ihrer Folgen quantifizierbar.

Weil die Risiken und ihre Folgen gegenwärtig nicht oder noch nicht beziffert werden können, so können sie auch nicht vernünftig gegeneinander abgewogen werden!

23. Die Ratio gebietet vier Konsequenzen:

Den Verzicht auf emotionale Bewertungen und Entschlüsse.

Die Offenhaltung aller bisher bekannten energiepolitischen Optionen.

Äußerste nationale und internationale Anstrengungen zur Minimierung der Risiken, die mit den bisher genutzten Primär-Energiequellen verbunden sind, das heißt unter anderem: Ausbau der Sicherheit von Kernkraftwerken und der Verhinderung ihrer mißbräuchlichen Benutzung; Erforschung aller technischen Möglichkeiten zur Entsorgung; Erforschung aller technischen Möglichkeiten zur Eindämmung der ökologischen Nachteile bei der Verbrennung von Öl, Gas, Kohle etc.; weltweite zwischenstaatliche Zusammenarbeit auf allen diesen Gebieten, vor allem auch auf dem Felde der Vermeidung ökonomisch unverträglicher Instabilität der Energieversorgung.

Größte wissenschaftliche und technologische Anstrengungen zur Öffnung neuer Energiequellen als Optionen für spätere Entscheidungen: Wind, Wasser, Kernfusion, Solarenergie und ihre Kombination mit Wasserstoff-Gewinnung, -Transport und -Verbrennung in Fahrzeugmotoren und Kraftwerken usw.

24. Weil ich ein Verfechter der energiepolitischen Vernunft bin, deswegen bin ich einstweilen noch skeptisch gegenüber den zum Teil euphorischen Visionen, die uns heute vorge-

stellt werden bei den zukünftigen Möglichkeiten der Nutzung von Solarenergie und Wasserstofftechnik, über Kernfusion wird bereits seit 30 Jahren geforscht; anfangs war der Enthusiasmus groß, wahrscheinlich dauert es aber noch weitere 30 bis 50 Jahre, ehe entscheidungsreife Ergebnisse erreicht sind. Ich halte diese Forschungen aber für richtig. Ich kann vorhersehen und befürworte, daß riesenhafte Investitionsmittel notwendig sein werden, die in diese Forschungen hineingesteckt werden müssen, ohne daß wir wissen, was dabei – vielleicht! – rauskommt.

Ich halte es für richtig, so zu verfahren, weil ich es als wünschenswert ansehe, uns zusätzlich zu den gegenwärtig nur zwei Hauptoptionen – nämlich Kernkraft und Kohlenwasserstoffe – eine dritte und vielleicht eine vierte Hauptoption zu eröffnen. Die Kernfusion könnte vielleicht eine dritte Option werden; niemand weiß es; ich würde es aber für falsch halten, diese Option heute nicht zu erforschen. Die Solar-Wasserstoff-Kombination könnte eine vierte Option im großen Stil werden, niemand kann das heute ausschließen.

25. Hier in Hamburg wird gegenwärtig keine einzige Kilowattstunde aus solarer Energie geliefert; ich glaube, in Bonn und in Frankfurt auch nicht; nirgendwo. Wie teuer diese Energie zukünftig sein wird, kann heute kein Mensch sagen. Ob es später Techniken geben wird, die – auch in gemäßigten Breiten, wo der Himmel neun Zehntel des Jahres bewölkt ist – die Solarenergie in wirtschaftlicher Weise zu nutzen vermag, weiß ich nicht. Ich möchte aber wünschen, daß wir enorme Anstrengungen unternehmen, um uns diese Option zu eröffnen, damit eine Generation oder zwei Generationen später möglicherweise eine Entscheidung über diese Energieform treffen kann. Ich finde es notwendig, daß eine Reihe großer Unternehmen in unserem Land – RWE, Bayernwerk, MBB, Dornier, Daimler, Hoechst, Wacker oder AEG, oder wie sie alle heißen – sich damit beschäftigen. Das wird aber nicht ausreichen.

Die Solar-Wasserstoff-Kombination ist eine wichtige Denkmöglichkeit; ob sie sich hinterher rechnet, wenn sie erst voll durchdacht und wenn sie erstmals durchkonstruiert ist, das weiß ich nicht. Sie ist aber in meinen Augen so wichtig, daß die ganze europäische Gemeinschaft, nicht nur die kleine Bundesrepublik, sie mindestens mit demselben Nachdruck und demselben Finanzvolumen fördern sollte wie bisher die Raumfahrt.

Die bisherigen, relativ kleinen Erfolge in der Nutzung solarer Energie können einstweilen nicht überzeugen, daraufhin nun einen Zukunftsplan dergestalt zu errichten, daß wir keine Kohlekraftwerke oder keine Kernkraftwerke oder kein Öl mehr brauchen werden, weder von der OPEC noch aus der Sowjetunion.

26. Der Investitions- und Subventionsaufwand für die Öffnung der neuen Optionen ist aber ganz gewaltig. Er würde beim Publikum sicherlich nicht gerade mit Begeisterung aufgenommen werden, denn dieses Geld wird für andere staatliche Aufgaben fehlen – oder man müßte dafür die Steuern erhöhen.

Die voluminöse Finanzierung des Versuchs zur Öffnung neuer energiepolitischer Optionen kann deshalb notabene nur aus Staaten kommen, die volkswirtschaftlich und technisch hochentwickelt sind; sie kann nicht aus Bangladesh oder aus Indien kommen; sondern nur aus den Staaten der europäischen Gemeinschaft, aus den USA, Kanada, Japan, Australien oder der Sowjetunion – Ende der Fahnenstange! Hieraus entstünde dann aber auch eine neue zukünftige Machtposition dieser Staaten, daran sollte man nicht vorbeischauen.

27. Erst, falls überhaupt, und sobald dann die neuen Optionen etwas besser entwickelt worden sind, erst dann wird man entscheiden können, ob es Sinn hat, noch mehr Geld hineinzustecken oder nicht. Erst wenn ein im großen Maßstab der Energieversorgung technisch brauchbares und ökonomisch vertretbares Stadium erreicht sein wird, erst dann kann man – vernünftigerweise! – eine Entscheidung über den schrittweisen Abbau der Nutzung einer oder beider der bisherigen Primärenergien treffen.

Erst wenn die Risiken der bisherigen Primärenergien durch weitere Forschung und Entwicklung beziffert und bewertet werden können, erst dann macht es einen vernünftigen Sinn, über ihre zukünftige Nutzung zu entscheiden.

Entscheidungen derart tiefgreifender Konsequenzen bedürfen breiter, langer Diskussionen und am Ende breiter Mehrheiten. Heute jedoch erleben wir und haben im Laufe der letzten 20 Jahre erlebt, daß gerade auf dem energiepolitischen Feld zuviel Selbstgerechtigkeit bei einigen, zuviel naßforsche Entschlußfreudigkeit bei anderen besteht. Zu viele allzu laute Leute wollen mit dem Kopf durch die Wand. Sitzblockaden ersetzen keine Argumente! Wenn sie im übrigen nur gegenüber einer der mit unkalkulierten Risiken belasteten Energiearten stattfinden, dann tut es mir eigentlich leid, daß wir noch keine Sitzblockade erlebt haben vor Kohlekraftwerken, die beständig CO_2 in die Luft pusten. Ich habe Angst vor Monomanen.

28. Für mich gilt seit jeher und wird auch für die Zukunft gelten – und zwar auf allen Feldern der Technik, der Wissenschaft und menschlichen Tuns überhaupt –, daß nicht alles, was technisch gemacht werden könnte oder schon gemacht worden ist, deswegen schon als zweckmäßig und als erlaubt angesehen werden darf. Dieser Grundsatz gilt für die Politik ebenso wie für den technischen Fortschritt in unserer hochtechnisierten Welt.

Man muß miteinander darüber reden können. Man muß für diese Diskussion solche Foren haben wie hier in Hamburg. Man muß zu einer rationalen Austragung der Argumente kommen. Es sind übrigens im Sinne der Vernunft keine Streitigkeiten, bei denen es nur pro oder contra gibt. Sondern es gibt bei allen diesen Fragen verschiedene Möglichkeiten und Kombinationen. Der rational ausgetragene Meinungsaustausch ist ein essentieller Bestandteil jeder Demokratie und ihrer öffentlichen Meinung. Hierzu gehört das vernunftgemäße Abwägen der verschiedenen Argumente, hierzu gehört insbesondere das vernunftgemäße Abwägen der Risiken und der Folgen einer Entscheidung.

Der Politiker muß aber gleichwohl Entscheidungen fällen, und er trägt die Verantwortung dafür. Er trägt nicht nur die Verantwortung für seine gute Gesinnung. Dies ist höchstens bei jungen Politikern der Fall; deswegen heißen sie ja dann auch Jungdemokraten oder Jungsozialisten oder Junge Union.

Manche von Ihnen, meine Damen und Herren, glauben, es genüge bereits, eine gute Gesinnung zu haben. Ich erwidere Ihnen: Glauben muß man sich bewahren, und die anständige Gesinnung ist bis zum Ende eines Lebens absolut notwendig. Aber sie allein reicht für energiepolitische Entscheidungen nicht aus! Die Ratio muß hinzukommen; denn wir müssen auch einstehen für die Folgen unseres Tuns oder Unterlassens und für die Folgen der Folgen.

29. Für die energiepolitische Zukunft müssen wir das Bevölkerungswachstum auf der Welt sehr ernst nehmen. Immerhin gibt es zwei Regierungen auf der Welt, die öffentlich ganz klargemacht haben, daß sie das Bevölkerungswachstum im eigenen Lande zutiefst bedrängt, nämlich die Volksrepublik China und Indien. Sie hatten dabei nicht vornehmlich energiepolitische Gesichtspunkte vor Augen. Ob die Maßnahmen, die sie hierzu ergriffen haben, alle richtig und moralisch und zweckmäßig waren, will ich hier offenlassen. Diese Staaten haben aber signalisiert, daß sie das Problem sehen; man muß ihnen dabei helfen, es zu lösen. Wenn anders die Energieprobleme unlösbar werden, wenn anders die energiepolitischen Risiken nicht bewältigt werden können, so ergeben sich ethische Verpflichtungen auch für diejenigen, die bisher aus moralischen Gründen die Bremsung des Bevölkerungswachstums glauben ablehnen zu sollen.

30. Abschließend möchte ich zusammenfassen: Auf dem Felde zukünftiger energiepolitischer Entscheidungen sollte man soviel wie möglich neue Optionen öffnen und sowenig wie möglich von den vorhandenen alten Optionen verschütten. Man muß wissen, daß man der nachkommenden Generation und der übernächsten Generation Entscheidungen offenhalten muß. Wir sind nicht befugt, im Zustand unzureichender Erkenntnis Entscheidungen zu treffen, welche im Effekt die nächste und die zweite und die dritte Generation binden und aus der sie nicht wieder herauskönnen.

Alle künftige Energiepolitik bedarf der internationalen Kooperation. Einige sind heute enttäuscht von der multilateralen Zusammenarbeit, gleich ob in der UNO oder auf Abrüstungskonferenzen. Aber auch wenn wir enttäuscht sind, so dürfen wir diese Arbeit nicht aufgeben. Aber auch wenn wir enttäuscht sind von dem Ausmaß der Zusammenarbeit in der Europäischen Gemeinschaft, so dürfen wir nicht aufgeben. Denn eine nationale Energiepolitik nur der Bundesrepublik oder nur Dänemarks oder nur Spaniens kann überhaupt nicht zu einem brauchbaren Ergebnis führen. Wir dürfen innerhalb der Europäischen Gemeinschaft die gemeinsame Anstrengung, künftige Optionen bei der Energiepolitik zu öffnen, nicht aufgeben; und immerhin sind wir zusammen zwölf Staaten, fast alle hochindustrialisiert, und 330 Millionen Einwohner! Wir dürfen trotz aller Enttäuschung nicht aufgeben – vom Katalysator angefangen bis zur Solarenergie.

Lassen Sie mich am Schluß ein Wort zitieren, das von einem der gegenwärtig lebenden Philosophen stammt; er wird in diesen Tagen 85 Jahre alt. Ich halte ihn für einen der luzidesten Geister unter unseren Zeitgenossen: Sir Karl Popper, ein Jude aus Wien, der über Neuseeland nach England gekommen ist. Popper hat einmal in einer öffentlichen Disputation diesen schönen Satz gesagt: »Die einzige Entschuldigung für einen Vortrag ist, daß man die Zuhörer herausfordert.«

Für einen Marshall-Plan der Industrie-Staaten

Beitrag in der ZEIT vom 23. September 1988

Zur alljährlichen gemeinsamen Tagung des Währungsfonds (International Monetary Fonds, IMF) und der Weltbank-Gruppe werden diesmal aus 151 Mitgliedsländern in Berlin Tausende von Teilnehmern erwartet. Die Tagung dient vor allem dem Meinungsaustausch zwischen den Finanzministern und den Zentralbankchefs fast aller Staaten der Welt (einschließlich einer Reihe der kommunistischen Staaten) einerseits und andererseits den Vorständen der größeren Banken und sonstigen Finanzierungsinstituten, der internationalen zwischenstaatlichen wie privaten Organisationen (von den Vereinten Nationen über Unctad bis zu OECD bis OPEC) sowie vielen Parlamentariern und Politikern und der Wirtschaftspresse der ganzen Welt. Außerdem haben sich 10000 Demonstranten angesagt, darunter Chaoten und Idealisten gleicherweise.

Die Teilnehmer erhoffen sich richtungsweisende Vorträge und erwarten Diskussionen darüber; die Chaoten wollen eine »Aktionswoche Chaos«, während der »das Schwein Weltbank geschlachtet« werden soll.

Neben der katastrophalen Zahlungsbilanz der Vereinigten Staaten und dem andauernden riesigen amerikanischen Kapitalimport, der zukünftigen Steuerung und Entwicklung der Wechselkurse der wichtigen Währungen der Welt und – im Zusammenhang damit – den erwarteten Entwicklungen der internationalen Finanzmärkte wird die Frage nach der Bewältigung der gegenwärtigen Schuldenkrise vieler Entwicklungsländer, aber auch Polens, Ungarns und Jugoslawiens das beherrschende Thema sein. Am Verhalten von IMF und Weltbank wird Kritik geübt werden. Aber manche der Kritiker wie ebenso die Demonstranten sehen an einer fundamentalen

Tatsache vorbei: Diese beiden internationalen Institutionen, beide 1944 in Bretton Woods geschaffen, sind in der Willensbildung ihrer Spitzen keineswegs autonom. Vielmehr sind die 151 Mitgliedsstaaten verantwortlich, sie alle sind (in der Regel durch ihre Finanzminister) in den beiden Gouverneurs-Räten vertreten, die Gouverneurs-Räte sind für alle wichtigen Richtungsentscheidungen verantwortlich.

Die Kritik an beiden Institutionen beruht zu Teilen leider auch auf Denkfaulheit, auf politischer Feigheit hinsichtlich der eigenen Verantwortung, auf Ignoranz, aber auch auf ideologisch verblendetem Anti-Kapitalismus. Es wäre richtiger, die notwendige Kritik an die Adresse der Regierungen der 151 Mitgliedsstaaten zu richten, in erster Linie an die Adresse der Vereinigten Staaten, zum anderen an die Adresse der wichtigsten Geberstaaten (wie zum Beispiel Japan, die Bundesrepublik Deutschland und manche andere), aber ebenso an die Adresse einer langen Reihe von Regierungen der hochverschuldeten Empfängerstaaten. Ein erheblicher Teil der Kritik muß sich auch an die Adresse der staatlichen Zentralbanken richten und schließlich – last, but not least – an die Adresse der international tätigen Privatbanken und sonstigen privaten Finanzierungsinstitute.

Alle diese Adressaten verdienen Kritik in verschiedener Weise. Wer eine pauschale »Demokratisierung« der Weltbank oder des Weltwährungsfonds verlangt und sich dabei in unschuldiger Naivität vorstellt, daß – weil die große Mehrheit bei den netto an das Ausland verschuldeten Mitgliedsstaaten liegt – diese Mehrheit durch ihren Beschluß eine totale Streichung oder eine teilweise Streichung ihrer Auslandsschulden beschließen sollte, der verkennt die zwangsläufige Konsequenz: Danach würden kaum noch neue Kredite an die Entwicklungsländer fließen.

Tatsächlich ist eine Reihe von fälligen Schulden schon erlassen worden, auch in Zukunft müssen weitere Schulden ganz oder teilweise gestrichen werden. Die Lage ist aber sehr viel komplizierter, als es auf den ersten Blick scheint. Denn zu vierzig Prozent handelt es sich um Schulden gegenüber Staaten als Gläubigern, zu sechzig Prozent handelt es sich um

Schulden gegenüber Banken. Zum Teil ist die Notlage der Schuldnerstaaten von deren eigener Hand herbeigeführt, und deren eigene Politik bedarf deshalb dringend der Korrektur; zum Teil sind die Schuldnerstaaten aber auch unschuldig in eine Notlage geraten.

Ein Staat als Gläubiger kann leichter auf Rückzahlungen verzichten, sein Verzicht geht zu Lasten seiner künftigen Haushaltseinnahmen und damit zu Lasten seiner Steuerzahler. Hingegen können Forderungsverzichte privater Banken deren Bilanzsituation bis zum Verlust ihrer Bonität, ja bis zum Konkurs belasten; damit würden dann nicht nur die Aktien- oder Anteilseigner getroffen, sondern vor allem diejenigen, welche der Bank Geld geliehen haben, das heißt: ein breites Publikum bis hin zu vielen Millionen von Arbeitnehmern, welche ihre Löhne und Gehälter an ihre Bank überweisen lassen. Bank-Zusammenbrüche sind durchaus möglich, in geordneten Staaten fordern sie in aller Regel öffentliche Gelder, um zumindest die kleineren Kunden und Anleger schadlos zu halten. Wer alles einfach auf die privaten Banken abwälzen will, der wälzt also in Wahrheit den größten Teil der Verluste auf die staatlichen Haushalte und damit auf die Steuerzahler ab.

Es gibt also weder eine Patentlösung noch einfache Lösungen für das Problem der weit überhöhten Auslandsverschuldung einer Reihe von Staaten. Schon ein oberflächlicher Blick auf die Höhe der Auslandsverschuldungen, auf deren Verhältnis zum eigenen Bruttosozialprodukt der Schuldnerländer und auf den Anteil des gegenwärtigen Schuldendienstes an den durch Export verdienten Devisen (siehe Schaubild 1) zeigt: Es kann nicht mehr lange so weitergehen. In unserer unmittelbaren Nachbarschaft sind Polen, Jugoslawien und Ungarn durch das Ausmaß ihrer Auslandsverschuldung und ihres Schuldendienstes in ihrer wirtschaftlichen Entwicklung auf das äußerste gefährdet. In vielen Staaten Lateinamerikas und Afrikas (vor allem Schwarzafrikas) ist nicht nur die weitere Entwicklung gefährdet, sondern echte Einkommensverluste für die ohnehin am Rande des Existenzminimums lebenden Millionen von Staatsbürgern sind teilweise bereits einge-

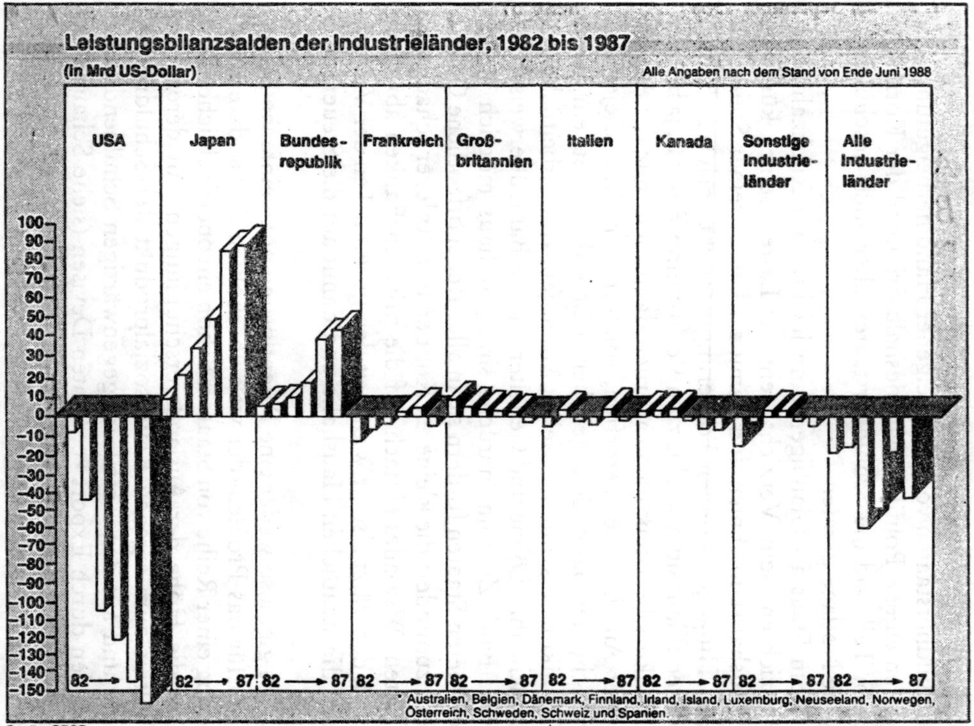

Quelle: OECD

Graphik: Wolfgang Sischke

treten. Das Elend wird nicht kleiner, sondern – trotz aller Entwicklungshilfe – größer! Sowohl mitmenschliche Solidarität als auch ökonomische Vernunft schreien nach Korrekturen. Die Fragen sind: Welche Korrekturen? Wer kann sie bewirken? Zu wessen Lasten müssen sie bewirkt werden? Wer eine Krankheit heilen will, der bedarf vor der Verordnung eines Medikamentes einer zutreffenden Feststellung des Zustandes des Kranken einschließlich seiner Krankheitsvorgeschichte – Diagnose und Anamnese –, sonst könnte er leicht zu einer falschen Medizin greifen, welche die Lage des Patienten nur noch verschlimmert. Statt dieses Bildes aus der Medizin wäre auch ein militärisches Bild zulässig: Zunächst Feststellung der Lage, sodann Entschluß hinsichtlich der Möglichkeiten zur Korrektur und schließlich Weisung an alle, die an der Korrektur mitzuwirken haben.

Die geschichtlichen Wurzeln der heutigen Schuldenkrise liegen überwiegend in den beiden von der OPEC herbeigeführten Explosionen der Erdölpreise 1973/74 und 1979/80. Im Höhepunkt kostete das Erdöl auf den Weltmärkten – in US-Dollar gerechnet – mehr als das Zwanzigfache des Preises, der noch 1972 gegolten hatte. Dies führte zu einer doppelten Konsequenz. Einerseits konnten die vom Import ausländischen Erdöls abhängigen Staaten ihre neuen Erdöl-Rechnungen, selbst bei stärkster Energieeinsparung, nicht mehr aus den Devisenerlösen ihrer eigenen Rohstoff- und Warenexporte bezahlen; schließlich stieg zum Beispiel weder der Kaffee- noch der Baumwollpreis auf das Zwanzigfache! Diese Staaten bedurften deshalb von Monat zu Monat und von Jahr zu Jahr zunehmender Auslandskredite. Andererseits sammelten sich bei den ölexportierenden Staaten von Monat zu Monat steigende, ungeheure Devisenüberschüsse. Diese Überschüsse flossen zunächst als Einlagen in das weltweite System der privaten Geschäftsbanken. Die Banken wurden damit in die Lage versetzt, die von den ölimportierenden Staaten benötigten Kredite zur Verfügung zu stellen. Das Schlagwort dafür hieß damals »recycling of petro-dollars«.

Liquidität war in hohem Maße vorhanden, sie schien auch für die Zukunft gesichert; Kredite wurden relativ großzügig gegeben, prolongiert und aufgestockt. Hier lag der erste große Fehler; denn die Einlagen seitens der OPEC-Länder waren kurzfristig, die auf deren Basis vergebenen Kredite an die Entwicklungsländer waren formal zwar auch kurzfristig, entwickelten sich aber wegen der Rückzahlungsunfähigkeit der Schuldnerländer und wegen der Prolongationen de facto zu langfristigen Krediten. Weder die Zentralbanken noch die Bankaufsichtsbehörden, welche für die kreditgebenden Privatbanken zuständig waren, haben diesen Fehler rechtzeitig gesehen.

Inzwischen lernten die OPEC-Staaten, ihre Überschüsse langfristig anzulegen, vor allem in großen Investitionsprojekten, zum erheblichen Teil innerhalb der eigenen Grenzen. Der Zustrom von Petrodollar in das weltweite Bankensystem versiegte nach wenigen Jahren, zumal inzwischen auch der Ölpreis wieder fiel; er liegt heute nur noch bei dem Zehnfachen des Preises von 1972. Einige der OPEC-Länder sind inzwischen vom Überschuß ihrer Handelsbilanz ins deutliche Defizit geraten.

Die kreditpolitische Euphorie war nach kurzer Zeit vorbei, aber viele Entwicklungsländer hatten sich inzwischen an den stetigen Zufluß frischen Geldes gewöhnt; auch ihre Außenhandelspartner waren gewohnt, mit einer unbeeinträchtigten Zahlungsfähigkeit der Entwicklungsländer zu rechnen. Aber die Rechnung konnte nicht aufgehen. Im Spätsommer 1982 kam es zur ersten Schuldenkrise des Entwicklungslandes Mexiko, obwohl gerade Mexiko in erheblichem Maße über eigenes Öl verfügt.

Im Laufe der Entfaltung von *Reaganomics* in den Vereinigten Staaten kam eine weitere, weltweit wirkende Ursache der allgemeinen Schuldenkrise hinzu. Die reichste und leistungsfähigste Volkswirtschaft der Welt wurde im Zuge einer unsinnigen Haushaltsdefizit-Politik aus einem Kapitalexport-Land zu einem Kapitalimport-Land. Seit drei Jahren liegt inzwischen der Netto-Kapitalimport der Vereinigten Staaten bei 140 bis 150 Milliarden Dollar pro Jahr (siehe Schaubild 1). Die Vereinigten Staaten bedurften aber zur Bedienung ihrer wachsenden Auslandsschulden nicht laufend verdienter Devisen, sondern sie zahlten in US-Dollar, denn sie haben sich – ganz anders als die Entwicklungsländer – in ihrer eigenen Währung verschuldet.

Natürlich führte die hohe Inlands- wie Auslandsverschuldung der Vereinigten Staaten zwangsläufig auch zu einem weltweiten Anstieg der Zinsen, der wiederum auch die Entwicklungsländer belastete. Die beiden geschichtlichen Hauptursachen für die heute weltweite Schuldenkrise liegen also bei der OPEC und bei den Vereinigten Staaten.

Eine große Zahl von einzelnen Ursachen in den verschiedenen Schuldnerstaaten kam aber hinzu: hausgemachte, zum Teil exorbitante Inflation infolge irrsinniger Haushaltsdefizite bei gleichzeitig irrsinniger Geldvermehrung durch die jeweilige Zentralbank (für dreistellige Inflationsraten ist jeder Staat selbst verantwortlich, nicht etwa die Außenwelt oder gar die Weltbank oder der IMF!); ungeheure Militärausgaben (die Entwicklungsländer geben im Durchschnitt für ihre Armeen siebenmal soviel Geld aus, wie sie insgesamt an Entwicklungshilfe erhalten!); unwirtschaftliche, teure Prestige-Projekte; unwirtschaftliche Investitionen staatlicher Unternehmen; unwirksame Verwaltungssysteme; Steuerunehrlichkeit, Korruption und Kapitalflucht. Gleichzeitig kam es zu einem relativen Verfall der Weltmarktpreise für die von den Entwicklungsländern exportierten Rohstoffe und Nahrungsgüter (siehe Schaubild 2).

Der Erfolg der unter europäischer Führung geschlossenen beiden Lomé-Abkommen zur Stabilisierung von Rohstoffexporterlösen einer größeren Gruppe von Entwicklungsländern blieb begrenzt. Sowohl die Europäische Gemeinschaft als auch die Vereinigten Staaten, aber auch Japan und andere Industriestaaten stürzten sich außerdem leider in einen immer sinnloser werdenden Agrarprotektionismus. Inzwischen produzieren infolgedessen zum Beispiel die Landwirte der EG weit mehr Kalorien, als wir Europäer essen und trinken können, für Importe aus den Entwicklungsländern ist nur noch bei Genußmitteln und bei Obst ein gewisser Absatzspielraum verblieben. Dazu kommt in den Industrieländern der Tatbestand eines unzureichenden Wirtschaftswachstums – mit

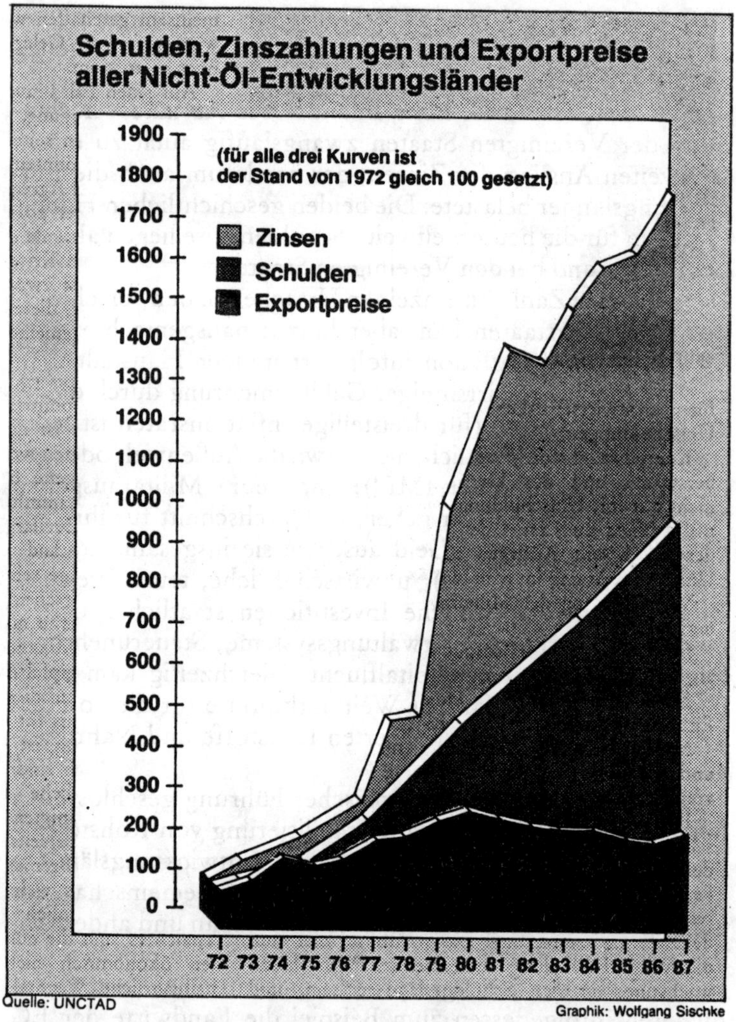

Quelle: UNCTAD

Graphik: Wolfgang Sischke

Ausnahme der Vereinigten Staaten, die auf der Grundlage ihres *super-deficit-spending* auf Kosten der übrigen Welt einen seit Jahren anhaltenden Wirtschafts- und Beschäftigungsboom erzielt haben. Erst für den nächsten amerikanischen Präsidenten kommt das dicke Ende nach; die in den nächsten

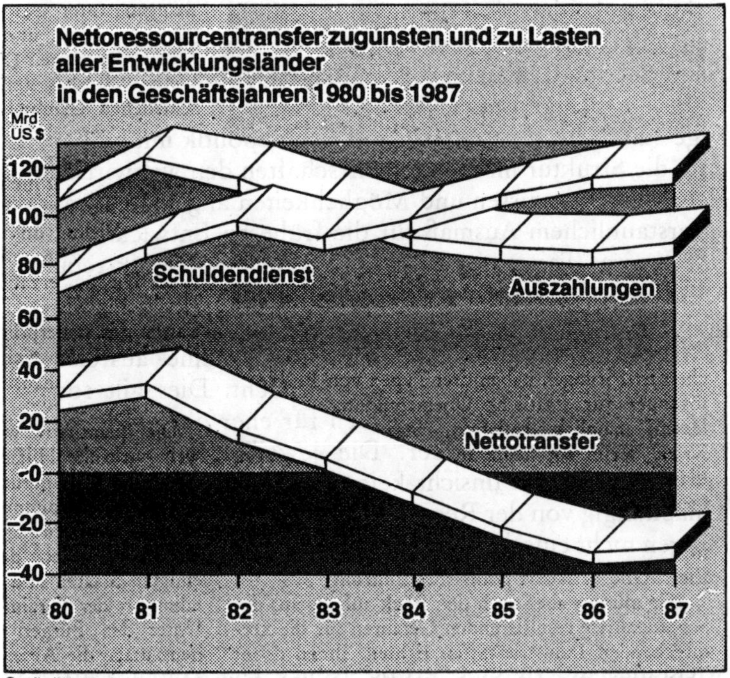

Quelle: Weltbank

Graphik: Wolfgang Sischke

Jahren zu erwartende amerikanische Rezession wird die ganze Welt in Mitleidenschaft ziehen.

Viele Rohstoffpreise, die seit Mitte 1987 wieder etwas gestiegen sind, sind real immer noch niedriger als vor der zweiten Ölpreisexplosion. In den letzten beiden Jahren mußten die Entwicklungsländer rund 25 Prozent ihrer Exporterlöse für den Schuldendienst verwenden. Infolgedessen und wegen unzureichenden Kapitalimports ist in den meisten Schuldnerländern das Wirtschaftswachstum gleichfalls unzureichend. Die Bedienung ihrer Schulden hat in vielen Fällen dazu geführt, daß die Schuldnerländer im Effekt – insbesondere in den letzten vier Jahren – mehr Devisen an die Volkswirtschaften der Gläubigerländer transferiert haben, als sie von diesen erhielten (siehe Schaubild 3). Man rechnet für die Jahre 1983 bis 1987 insgesamt mit einem Netto-Transfer aus allen

Schuldnerländern in Höhe von 80 Milliarden Dollar; dabei liegt der Netto-Transfer aus den lateinamerikanischen Schuldnerländern allein sogar noch wesentlich höher.

Einige wenige Entwicklungsländer haben durch zweckmäßige staatliche Wirtschafts- und Finanzpolitik mit gutem Erfolg die Struktur ihrer Volkswirtschaften den weltwirtschaftlichen Erfordernissen und Möglichkeiten angepaßt. Dies gilt in erstaunlichem Ausmaß für die früheren Entwicklungsländer Korea, Taiwan und Singapur. Auch die Volksrepublik China – volkreichster Staat der Welt – ist seit Beginn dieses Jahrzehnts in solchem Prozeß begriffen. Die Mehrzahl der Entwicklungsländer hat jedoch bisher keine ausreichend wirksamen Strukturanpassungen erreicht. Dies gilt sowohl für diktatorisch regierte als auch für eher demokratisch regierte Entwicklungsländer. Die jeweilige Regierungsform scheint in dieser Hinsicht keine generelle Rolle zu spielen: Unabhängig von der Regierungsform sind die meisten Regierungen nicht entschlußkräftig genug gewesen. Die gegenwärtige ökonomische Misere unterminiert im übrigen die politische Stabilität vieler Schuldnerstaaten.

Bei alledem spielt die Bevölkerungsexplosion in den Entwicklungsländern eine große Rolle. Der Anteil Europas, Nordamerikas und der Sowjetunion an der Weltbevölkerung ist im Laufe des letzten Vierteljahrhunderts von 28 auf 21 Prozent zurückgegangen, der Anteil Asiens, Afrikas und Lateinamerikas jedoch ist von 72 auf 79 Prozent gestiegen. Gleichzeitig stieg aber die Weltbevölkerung insgesamt steil an; sie betrug 1960 nur rund drei Milliarden Menschen, in der Mitte der achtziger Jahre rund fünf Milliarden Menschen, sie wird an der Jahrhundertwende sechs Milliarden Menschen ausmachen.

Während einige der asiatischen und der afrikanischen Entwicklungsländer ein Bruttosozialprodukt erwirtschaften, das pro Kopf und Jahr deutlich unter 200 Dollar liegt (*Least Developed Countries*), gehören die lateinamerikanischen Entwicklungsländer zumeist zu den *Highly Indebted Middle Income Countries*. Das Schuldenproblem vieler Länder Afrikas kann nur mit wesentlich vermehrter staatlicher Entwicklungshilfe gelöst werden. Das insgesamt sehr viel voluminösere Schuldenproblem lateinamerikanischer Länder kann nur gelöst werden, wenn in diesen Staaten eine andere wirtschaftspolitische Mentalität und eine größere politische Entschlußkraft erzeugt werden. Bei den asiatischen Entwicklungsländern besteht gegenwärtig nur hinsichtlich der Philippinen ein schwerwiegendes Verschuldungsproblem. Für fast alle hochverschuldeten Entwicklungsländer gilt: Für privatwirtschaftliche Kreditgeber, das heißt für die privaten Banken der industriellen Welt, haben sie gegenwärtig weitgehend ihre Kreditwürdigkeit verloren.

Dieser pauschale Überblick über die gegenwärtige Lage läßt zugleich die aus ihr resultierenden Gefahren erkennen. Die früheren weltgeschichtlichen Erfahrungen haben drei Typen von Problemlösungen für staatliche Überschuldungen erkennen lassen, nämlich Inflation, Staatsbankrott und Krieg. Wenn wir heute an diesen drei (sozusagen klassischen) Lösungen vorbeisteuern wollen, dann bedarf es großen politischen und ökonomischen Weitblicks, großer Intelligenz und Beharrlichkeit in der Verfolgung der als notwendig erkannten Ziele. Und es bedarf politischer Führung.

Wir müssen aber auch den Blick auf die aus der Schuldenkrise resultierenden Gefahren für die kreditgebenden Industriestaaten richten. Ihnen droht Zahlungseinstellung seitens einiger Schuldnerstaaten, Aufzehrung des Eigenkapitals ihrer Geschäftsbanken (dies nicht erst bei Zahlungseinstellung, sondern auch schon bei erheblichen Kreditausfällen und dadurch erzwungener Abschreibung) und Konkurs der am höchsten exponierten Banken – mit gefährlichen Auswirkungen bis hin zur Kreissparkasse. Da in solchen Fällen die eigene Zentralbank mindestens mit Liquidität Hilfe leisten muß, droht hier zugleich ein zusätzlicher Inflationsfaktor. Nicht minder ernst ist die Gefährdung der politischen Beziehungen zu den Schuldnerstaaten und die Gefährdung der Handelsbeziehungen. Zwar haben manche der westlichen – vor allem der deutschen – Geschäftsbanken Kredite abgeschrieben; aber insbesondere die Geschäftsbanken in den Vereinigten Staaten hinken weit hinterher.

Als Alfred Herrhausen (Deutsche Bank) vor kurzem die Banken der Welt aufgefordert hatte, dem deutschen Beispiel zu folgen, hat er bei ihnen weltweit kein positives Echo gefunden; denn viele Bankleute auf der Welt haben Sorge um eine Reihe großer und größter US-amerikanischer Banken. Natürlich muß auch mit den amerikanischen Banken über Schuldenerleichterung geredet werden. Dabei muß aber zugleich hart und klar ausgesprochen werden, daß weder der IMF noch die Weltbank, noch unsere Staatshaushalte den Geschäftsbanken Schadenersatz leisten können und wollen. Vielmehr müssen die Banken erhebliche Teile ihrer ausstehenden, nicht einbringlichen Forderungen zu Lasten ihrer Gewinne und zu Lasten ihrer Dividenden abschreiben; schließlich sind sie selbst nicht schuldlos bei der leichtfüßigen Kreditvergabe der letzten Jahre. Aber nur ein törichter Mensch wird verlangen, daß alle westlichen Geschäftsbanken alle ihre Kredite an alle Entwicklungsländer voll abschreiben – und noch dazu auf einen Schlag. Vielmehr brauchen die Banken Zeit, um nach Maßgabe ihrer Gewinne bestimmte Abschreibungen vornehmen und für bestimmte Forderungen Bilanzgegenposten (Rückstellungen) anreichern zu können. Solches Verfahren der Banken ist in verschiedenen Gläubigerländern gesetzlich sehr verschieden geregelt, es ist jedenfalls auch durch die Höhe der Jahresgewinne limitiert. Es muß sich zwangsläufig auf mehrere Jahre erstrecken.

Aber die westlichen Geschäftsbanken müssen wissen: Vieles von ihrem ausgeliehenen Geld ist weg und kommt von nirgendwoher wieder zurück. Die Steuerzahler und die Politiker müssen gleichzeitig wissen: Die Abschreibungen gehen zu Lasten des steuerpflichtigen Gewinns der Banken, sie belasten also nicht nur den Aktionär, sondern auch den Staatshaushalt und damit die Steuerzahler.

Die quantitativ wichtigste, generell und weltweit wirkende Hilfsmaßnahme läge in der Sanierung des US-amerikanischen Haushalts. Es sind die durch exorbitante Haushaltsdefizite herbeigeführten Ausweitungen der inneramerikanischen Nachfrage, welche den Importüberschuß der Vereinigten Staaten und gleichzeitig den Netto-Kapitalimport der Vereinigten Staaten ausgelöst haben. Unter den Bürgern der Industriestaaten sparen heutzutage die Amerikaner am allerwenigsten; sie sind keine Sparer-Nation, sondern vielmehr eine Nation von Kreditkarten-Trägern. Erst wenn der Netto-Kapitalimport in die Vereinigten Staaten aufhört und erst wenn die reichen Vereinigten Staaten die ihnen zukommende Rolle des Netto-Kapitalexporteurs endlich wiederaufnehmen, erst dann wird das komplexe Schuldenproblem der Entwicklungsländer generell lösbar. Erst dann wird weltweit auch zugunsten der ihre Schulden bedienenden Entwicklungsländer der heute ungewöhnlich hohe Zinsfuß wieder auf ein normales Maß zurückgehen.

Zu den Begünstigten werden dann auch die kommunistischen Schuldnerstaaten Osteuropas gehören, zu einem relativ kleinen Teil auch die Sowjetunion. Die Sowjetunion ist zwar nicht von der Schuldenkrise betroffen, muß aber doch erhebliche Auslandskredite bedienen (sie erwägt übrigens den Beitritt zum IMF und zur Weltbank – dies zur Kenntnis jener kommunistischen Demonstranten, die das »Schwein Weltbank« beseitigt sehen wollen).

Den schönen Satz von Gertrude Stein über Rosen, die Rosen sind, die Rosen sind, möchten viele amerikanische Banker am liebsten auch für ihre ausstehenden Forderungen an die Entwicklungsländer gelten lassen. Weil jedoch vieles von ihrem Geld weg ist, so müssen sie Konsequenzen ziehen – Schuldenermäßigung ist keine Pornographie! Dies muß keineswegs in allen Fällen, in denen Schulden gegenüber privaten Gläubigern von letzteren abgeschrieben werden, zugleich heißen, daß die Gläubiger einen endgültigen Forderungsverzicht leisten; denn dies wäre eine Einladung an andere Schuldner, ein Gleiches für sich zu verlangen, obwohl sie leistungsfähig sind oder wieder werden.

Soweit es sich bei den Schulden der Entwicklungsländer um staatliche Kredite seitens der Industrieländer handelt, haben diese in ihrem sogenannten Pariser Club bereits erheblichen, endgültigen Verzicht auf Rückzahlung geleistet. Dies bedarf der Anerkennung – aber auch der Fortsetzung. Tatsächlich liegt von Schuldnerstaat zu Schuldnerstaat eine Mischung staatlicher oder offizieller Kredite mit privatwirtschaftlichen Krediten in verschiedenem Verhältnis vor. Auch die Fristigkeiten und die Zinssätze der ausstehenden Kredite sind verschieden. Verschieden sind auch die Bereitschaft und insbesondere die Fähigkeit der einzelnen Schuldnerstaaten zum Schuldendienst. In einigen Fällen ist die objektive Leistungsfähigkeit größer als der subjektive Leistungswille; in anderen Fällen kann bei bestem Willen schon das bisherige Maß an Schuldendienst bei ökonomischer Vernunft nicht fortgesetzt werden. Auch die Anpassungen ihrer Wirtschaftsstruktur an die heutige und zukünftig zu erwartende Lage auf den Weltmärkten ist in den Schuldnerstaaten verschieden weit gediehen; es ist im allgemeinen Durchschnitt unzureichend.

All diese Verschiedenartigkeiten müssen für jeden einzelnen Schuldnerstaat gehörig berücksichtigt werden. Die Rücksichtnahme darf aber nicht so weit gehen, daß die Regierungen der Schuldnerstaaten verführt werden, auf weitere Strukturanpassungen zu verzichten, im Gegenteil: Hierfür muß es Auflagen geben!

In einem Wort: Die Lage ist von Land zu Land verschieden, und sie bedarf deshalb von Fall zu Fall verschiedener Korrekturen und Problemlösungen. Wer alles über einen und den gleichen Kamm scheren wollte, der könnte nur Unheil anrichten. Wohl aber muß eine doppelte Forderung für alle gelten: Zum einen müssen die Lösungen für den Staat A oder B oder C im Verhältnis zu den Lösungen für den Staat X oder Y oder Z gerecht sein; sie müssen auch gerecht sein für die Gläubigerbanken im Verhältnis zueinander. Zum anderen müssen alle Lösungen wirtschaftlich vernünftig, das heißt, in die Zukunft gerichtet zweckmäßig sein.

Frische Kredite machen keinen Sinn, wenn sie bloß zur Bedienung der alten Kredite verwendet werden. Natürlich brauchen die meisten Entwicklungsländer frisches Geld. Dafür ist es aber in ihrem eigenen Interesse, wie auch im Interesse der zukünftigen Geldgeber, notwendig, für jedes einzelne Land eine neue Grundlage zu schaffen. Alle dafür in Betracht zu ziehenden Politiken und Instrumente sind inzwischen in der öffentlichen Diskussion:

Umschuldung privater Kredite in längerfristige Forderungen;

Umwandlung in zinslose Anleihen, wobei die Zinspflicht nur unter bestimmten Bedingungen wieder auflebt;

Umwandlung unter erheblichem Diskont, eventuell unter Aufkauf durch ein neues internationales Institut, das sich durch Ausgabe von Anleihen finanziert;

Kapitalisierung von ausstehenden Zinsen;

Ermäßigung der Zinssätze seitens der Banken;

Stabilisierung und Begrenzung der Zinslasten durch Errichtung eines internationalen Zinsausgleichs-Fonds, welcher von den Gläubigerstaaten zu finanzieren wäre;

Stabilisierung von Rückzahlung und Schuldenbedienung durch Wechsel in eine andere Währung (zum Beispiel ECU);

Umwandlung von Schulden in Beteiligungen oder in andere Werte (*Debt Equity Swaps*); Umwandlung von Schulden in andere Anleiheformen;

differenzierende Vorzugsbehandlung für Schulden, die aus bestimmten Anlässen für bestimmte Zwecke eingegangen worden sind;

Kombination des Erlasses staatlicher Forderungen mit der Erleichterung des Schuldendienstes für privatwirtschaftliche Forderungen und mit Umschuldungen;

Kombination von *fresh money* seitens der Geberstaaten und der kreditgewährenden Banken nicht nur mit Umschuldungs- und Abschreibungsmaßnahmen zu Lasten der Gläubigerländer, sondern auch mit Auflagen für die wirtschaftliche Umstrukturierung im Schuldnerland;

Verminderung der Militärausgaben des Schuldnerlandes;

fresh money in der Gestalt von sowohl Projekt- als auch Handelskrediten;

Kombination von *fresh money* durch staatliche Entwicklungshilfe mit bankseitigen Krediten;

Maßnahmen zur Dämpfung von Kapitalflucht und Korruption und zur Einladung zur Rückkehr von Fluchtkapital.

Die Liste läßt sich noch verlängern. Die frischen Kredite werden weitgehend von den Staaten der industriellen Welt kommen müssen; die Banken werden im wesentlichen die

Verringerung ihres Zinseinkommens zu tragen haben. Entscheidend ist die Zielsetzung: Das wichtigste Ziel muß die Wiederherstellung ausreichenden Wirtschaftswachstums in den Schuldnerländern sein, und zwar nicht nur in absoluten Ziffern, sondern pro Kopf der Bevölkerung. Generell ist fast in allen Entwicklungsländern eine staatliche Förderung der Sparkapitalbildung und – noch wichtiger, aber noch schwieriger – eine Dämpfung der Bevölkerungsexplosion dringend zu wünschen. Soweit *fresh money* als staatliche Entwicklungshilfe gegeben wird, kann die Minimalisierung der Zinssätze oder der Verzicht auf Rückzahlung auch kombiniert werden mit ökologischen Zugeständnissen des Empfängerstaates: Verzicht zum Beispiel auf weitere Zerstörung der tropischen Wälder.

Für die richtige Zusammenstellung des zweckmäßigen Menüs in jedem einzelnen Fall braucht die Welt mindestens zeitweilig ein gemeinsames Organ. Dieses sollte von IMF und Weltbank gemeinsam geschaffen werden. Die Berliner Tagung wäre eine gute Gelegenheit, die Diskussion darüber einzuleiten.

Auf jeden Fall braucht die Welt eine große moralische Anstrengung, man darf sie mit einem neuen Marshall-Plan seitens aller Industrieländer vergleichen. Wir könnten diese Operation bezeichnen als ein *General Agreement to Lend*.

Mangels klarer politischer Führung hat es bisher nur die Methode des Durchwurstelns von Fall zu Fall und von Krise zu Krise gegeben. *Muddling through* ist zwar alte und erfolgreiche britische Staatskunst, diese reicht aber als Methode zur Lösung der allgemeinen Schuldenkrise nicht mehr aus.

Wer kann politische Führung übernehmen? Eine wirksame politische Führung durch die Vereinigten Staaten ist nicht mehr zu erwarten. Die Vereinigten Staaten werden in den nächsten Jahren bedrängende eigene ökonomische Sorgen haben. Die Generalversammlung der Vereinten Nationen hat Perez de Cuellar zur Führung aufgefordert; der Waffenstillstand am Persischen Golf kann zwar sein Prestige sehr steigern; aber es ist leider nicht sehr wahrscheinlich, daß der Apparat der UN sich die hierzu notwendige ökonomische und politische Qualifikation verschaffen kann. Der Weltwirtschaftsgipfel der sieben großen Industrieländer hat im Juni diese Jahres in Toronto erhebliches Verständnis für das Schuldenproblem manifestiert; Führung ist daraus bisher leider nicht entstanden, auch sind in bezug auf das Schuldenproblem erhebliche Interessendivergenzen zwischen den Vereinigten Staaten und England einerseits und andererseits den übrigen fünf Staaten eine erhebliche Bremse. Der Europäische Rat oder die EG sind als weltweite Führungsorgane nicht sehr wahrscheinlich; mit Ausnahme Margaret Thatchers sind die europäischen Ministerpräsidenten ökonomisch nicht sonderlich versiert, der halbjährliche Wechsel der Präsidentschaft macht stetige Führung ziemlich unwahrscheinlich. Kann eine Gruppe privater Bank-Chefs die Führung übernehmen? Auch dies ist unwahrscheinlich, es würde außerdem einem Mangel an Glaubwürdigkeit begegnen. Kann eine Gruppe von Finanzministern die Führung übernehmen? Dies ist nicht ausgeschlossen, sie haben unter der Führung von James Baker in Seoul/Korea jedenfalls einmal einen Ansatz gemacht.

Die Frage bleibt: Ist Führung durch ein einzelnes politisches Land denkbar, wenn man dabei von den Vereinigten Staaten absieht? Hier kommen in erster Linie Japan und die Bundesrepublik Deutschland in Frage. Bei realistischer Einschätzung der ökonomischen Führungsqualitäten der Regierung Kohl/Stoltenberg und angesichts ihrer eigenen, auf deflatorische Haushaltspolitik fixierten Attitüde kommt die Bonner Regierung kaum in Betracht. Es bleibt Japan.

Eine weltweite politische und ökonomische Initiative durch Japan wäre ein absolutes Novum; denn bisher hat Japan stets gezögert, sich in der Welt zu exponieren. Gleichwohl: Seit Nakasone und seit dem Maekawa-Report findet in Japan ein ökonomisches Umdenken statt. Der gegenwärtige Premierminister Takeshita war Finanzminister, er versteht die Problematik, dies gilt erst recht für den gegenwärtigen Finanzminister Miyazawa. Die japanische Regierung und die japanische Regierungspartei wissen, daß sie nicht nur das Wirtschaftswachstum in Japan ankurbeln und dadurch die horrenden japanischen Leistungsbilanzüberschüsse verringern müssen. Sie wollen auch die bisher weit zurückgebliebene japanische Entwicklungshilfe wesentlich steigern; Japan ist dazu kraft seiner enormen Überschüsse auch durchaus in der Lage. Es ist abwegig, daß die während der letzten drei Jahre stetig mehr als 80 Milliarden Dollar betragenden Kapitalexporte Japans im wesentlichen in die Vereinigten Staaten und in andere Industrieländer gehen (Japans Netto-Kapitalexportzahlen sind doppelt so hoch wie diejenigen der Bundesrepublik Deutschland). Die japanische Haushaltssituation läßt eine Vervielfachung der japanischen Entwicklungshilfe binnen weniger Jahre zu. Es gibt also einige gute Voraussetzungen für eine japanische Initiative! Beiläufig gesagt: Sie könnte Japan zum erstenmal Freunde in der Welt verschaffen. Deutschland sollte sich getrost anschließen. Auch unsere Haushaltslage ist vergleichsweise günstig.

Es ist wahr: In der Welt fehlt es zur Lösung der Schuldenkrise am politischen Willen und an politischer Führung. Wenn sie nicht zustande gebracht werden können, so wird es nolens volens beim Durchwursteln bleiben. Natürlich wäre mir eine gemeinsame Führung durch Frankreich und die Bundesrepublik Deutschland noch lieber als durch Japan, aber gegenwärtig kriegen Paris und Bonn nicht einmal eine gemeinsame Währungspolitik innerhalb der EG zustande.

Wer auch immer die politische Führung übernimmt, er muß wissen, daß alle etwas zu leisten haben: die staatlichen Haushalte der Geber- und der Gläubigerstaaten, die privaten Banken, die verschuldeten Entwicklungsländer – und die Weltbank und der IMF. Diese beiden Institutionen sollten in Berlin klarmachen, daß sie bereit sind, sich mit ihrem enormen Erfahrungswissen an einer gemeinsamen politischen Führungsinitiative zu beteiligen. Ihre Beteiligung ist auch notwendig, um illusorische Erwartungen zu vermeiden und um das Schwergewicht auf die Erzielung ausreichenden Wirtschaftswachstums in den Entwicklungsländern zu legen.

Wer auch immer die politische Führung übernimmt: Er muß durch eigenes beispielhaftes Handeln (und das heißt auch: durch erhebliche materielle Opfer) sich auf der ganzen Welt Autorität verschaffen. Seine Autorität muß zugleich zum dringenden Appell an die Regierungen der Industriestaaten eingesetzt werden: Öffnung der Märkte, Verzicht auf Agrarprotektionismus, Garantien für neue Kredite, Wirtschaftswachstum, Politik des niedrigen Zinses.

Richard von Weizsäcker hat recht: Wir dürfen »die Schulden der Entwicklungsländer nicht zu deren Schuld erklären«. Sondern wir Industriestaaten sind mitschuldig, und wir schulden Solidarität – insbesondere auch die reiche Bundesrepublik Deutschland. Unsere Volkswirtschaft hat sich seit Ende 1984 durch eine unausgewogene ökonomische Politik enorme Leistungsbilanzüberschüsse verschafft; im Laufe der letzten Jahre sind wir – nach Japan – zum zweitgrößten Gläubigerstaat der Welt geworden.

Der Marshall-Plan hat – wenige Jahre nach Kriegsende – auch den ehemaligen Feindstaaten Japan und Deutschland wieder auf die Beine geholfen, nicht zum Nachteil des damaligen alleinigen Geberlandes Vereinigte Staaten. Heute müssen vor allem Japan und Deutschland – die beiden größten Überschußländer der Welt – den Entwicklungsländern helfen, wieder auf die Beine zu kommen. Auch diesmal wird das nicht zum wirtschaftlichen Schaden der Geberstaaten geraten.

Eine Währung für Europa

Beitrag in der ZEIT vom 23. Juni 1989

Seit 1957 ist die Errichtung eines gemeinsamen Marktes vertraglich erklärtes Ziel der Europäischen Gemeinschaft. Einen gemeinsamen Binnenmarkt ohne gemeinsame Währung hat es jedoch in der Geschichte noch nirgends gegeben. Ohne gemeinsame Währung bliebe die EG ein Zollverein mit einigen zusätzlichen gemeinsamen wirtschaftspolitischen Regelungen und Organen. Deshalb haben die Staats- und Regierungschefs 1969 Pierre Werner beauftragt, Vorschläge für eine Wirtschafts- und Währungsunion zu machen. Der Zusammenbruch des weltweiten Bretton-Woods-Systems und seiner festen Wechselkurse sowie anschließend der erste Ölpreis-Schock haben aber bald darauf den Werner-Plan vergessen lassen.

1978 beschlossen die Staats- und Regierungschefs die Errichtung des Europäischen Währungssystems (EWS) mit festen Wechselkursen zwischen den Währungen der EG. Aber England und die noch etwas später hinzugetretenen Mitgliedstaaten Spanien, Griechenland und Portugal haben sich bisher an diesem Wechselkursmechanismus nicht beteiligt.

Das Wechselkurssystem des EWS war während der ersten zehn Jahre seines Bestehens sehr erfolgreich – entgegen den anfangs dramatisch vorgetragenen Bedenken aus den Kreisen der beteiligten Zentralbanken und mancher Professoren. Denn die Scheu vor dem Odium, eine Abwertung der eigenen Währung und damit zusätzliche Inflationsfaktoren verursacht zu haben, hat die beteiligten Regierungen sanft aber stetig zu größerer budgetärer Vernunft geführt, ohne daß es eines Eingriffes der EG in die nationale Budgethoheit bedurft hätte.

Die Inflationsraten wurden stark gedämpft. Die Wechselkursanpassungen kommen inzwischen nur noch selten vor; die letzte liegt zweieinhalb Jahre zurück. Der ECU ist zu einer begehrten privaten Anleihe-Währung geworden.

Trotz dieser Erfolge ist seit den Regierungswechseln 1981 in Paris und 1982 in Bonn bis heute keine ernsthafte Anstrengung zur Verwirklichung der ins Auge gefaßten weiteren Stufen des EWS unternommen worden. Erst auf Initiative des EG-Kommissionspräsidenten Jacques Delors hat der Europäische Rat der Staats- und Regierungschefs 1988 einen dritten Anlauf eingeleitet; man beauftragte eine Arbeitsgruppe unter Delors' Vorsitz mit der Ausarbeitung konkreter Vorschläge zur stufenweisen Erreichung der Wirtschafts- und Währungsunion.

Seit April dieses Jahres liegen diese Vorschläge auf dem Tisch; der Europäische Rat hat sie schon in Hannover im Vorwege auf die Tagesordnung seiner Sitzung in Madrid am 28./29. Juni dieses Jahres gesetzt. Ministerpräsident Felipe Gonzáles als Ratsvorsitzender hat soeben die Glaubwürdigkeit seines Bemühens, darüber einen Beschluß herbeizuführen, durch den Beitritt Spaniens zum EWS untermauert.

Der Delors-Bericht baut auf dem heute existierenden EWS auf, er sieht drei weitere Stufen der Entfaltung vor. Ein wichtiger Vorzug des Berichtes liegt in der Einstimmigkeit der Beteiligten. Da ihre große Mehrheit aus den Zentralbankpräsidenten der EG-Staaten bestanden hat, kann deren Konsens sich taktisch noch als sehr wertvoll für das weitere Procedere herausstellen. Die Selbstbindung der Zentralbankpräsidenten, die bisher immer wieder Probleme und Schwierigkeiten vorgeschützt hatten, ist ein wichtiger Fortschritt.

Umgekehrt freilich sind des Konsenses wegen einige Fragen nur vage beantwortet. Es gibt viel Spielraum für zukünftige Kontroversen. Eine empfindliche Schwäche kann sich aus dem Fehlen zeitlicher Vorstellungen für das Durchlaufen der ersten und der zweiten Stufe ergeben. Allerdings streben Delors und Gonzáles den Eintritt in die erste Stufe für den 1. Juni 1990 an. Falls der Rat sich in Madrid dazu nicht entschließen sollte – zum Beispiel unter dem Vorwand der Notwendigkeit zusätzlicher Studien –, darf an der Ernsthaftigkeit dieses dritten Anlaufes zur Währungsunion gezweifelt werden.

Die Unwilligkeit des Delors-Komitees, sich hinsichtlich der dritten und endgültigen Phase eindeutig für den ECU als einzige Währung der EG zu entscheiden, ist eine weitere Schwäche; die Hintertür bleibt offen für eine unbegrenzte Fortführung der zwölf nationalen Währungen – allerdings bei irreversibler Festlegung ihrer Wechselkurs-Paritäten.

Wer sich aber die irregulären Vorgänge auf den inzwischen globalisierten Finanzmärkten vor Augen hält, zum Beispiel das Fehlen von autoritativer Bankaufsicht und Zentralbankfunktion über die *off-shore*-Banken, die wie Pilze aus dem Boden schießen, um den heimatlichen Bank- und Steuergesetzen und den nationalen Aufsichtsbehörden zu entgehen, wer die immer weiter um sich greifende Praxis der Abfall-Anleihen *(junk bonds)* und die Las-Vegas-Mentalität vieler Investment-Banken bei der Finanzierung von raubfischartigen Firmenaufkäufen beobachtet, wer die durch keinerlei reale Wertunterschiede gerechtfertigten, wilden Dollar-Wechselkursschwankungen der letzten zehn Jahre in Erinnerung hat, der muß dringend wünschen, daß dem Dollar und dem Yen eine einzige und deshalb gewichtige europäische Währung gegenübergestellt wird.

Dafür sollte allerdings nicht die D-Mark als »Anker« des EWS (so wörtlich der Delors-Bericht) in Betracht kommen, sondern vielmehr der ECU. Gegen den ECU in solcher Rolle spricht nichts – außer dem nationalen Eigensinn. Alle wirtschaftspsychologischen Erwägungen sprechen für eine einzige Währung der EG. Man stelle sich nur einmal den Binnenmarkt der USA mit fünfzig verschiedenen einzelstaatlichen Währungen vor!

Zu den Vorzügen des Delors-Berichtes gehört der Gedanke des schrittweisen Vorgehens in Richtung auf die relativ gut definierte Zielvorstellung. Positiv wirkt auch die vorgeschlagene föderative Struktur des europäischen Zentralbanksystems, die dem Modell der Verzahnung unserer Landeszentralbanken und der Bundesbank nachempfunden ist.

Zu den Nachteilen gehört die künstliche Unterscheidung zwischen der Wirtschafts- und der Währungsunion; tatsächlich bliebe die erstere ohne die letztere nur beschränkt funktionsfähig. Anlaß zur Kritik geben auch die mannigfachen ökonomischen und vertragsrechtlichen Bedingungen und Hürden, welche der Delors-Bericht in seine Vorschläge eingebaut hat – bis hin zur Verdoppelung der Strukturfonds der EG und bis zum Eingriff der EG in die Haushaltspraxis der Mitgliedstaaten.

Hier findet sich ein deutliches Echo der »Krönungstheorie«, die von einigen Mitgliedern des Frankfurter Zentralbankrates vertreten wurde: Währungsunion erst als Krönung, das heißt nach Abschluß aller anderen integrativen Schritte, und das heißt: möglichst spät – vielleicht erst am Sankt-Nimmerleins-Tag.

Das Delors-Komitee hat nicht überzeugend begründet, warum es eine Zwischenlösung ablehnt, wonach der ECU als Parallelwährung neben die nationalen Währungen tritt, um diese schrittweise zu verdrängen. Diese Ablehnung verschließt einen pragmatischen Weg, den die Anlegermärkte schon gehen.

Der wichtigste Vorzug des Delors-Berichts liegt im klaren Bekenntnis zur politischen Unabhängigkeit des zukünftigen Zentralbanksystems. Denn nur ein von Weisungen der anderen Organe der EG unabhängiges Zentralbanksystem kann die Geldmenge innerhalb des gemeinsamen Markts so knapp halten, daß das Preisniveau stabil bleibt.

Schon während der letzten drei Jahrhunderte haben Locke und Hume, Ricardo oder J. S. Mill gewußt, daß die Geldmenge ein entscheidender Faktor für die Höhe der Warenpreise ist; sie haben auch gewußt, daß die Preise um so höher sein werden, je geringer das Warenangebot ist. Die sogenannte Quantitätsgleichung – in unserem Jahrhundert vielfältig ausgebaut von Irving Fisher, J. M. Keynes bis zu Milton Friedman – besagt im Grunde nichts anderes als das, was wir Deutschen spätestens seit 1919 und die Sowjets seit Gorbatschows Perestroika begriffen haben: Ein Staat, der zusätzliches Geld druckt oder entstehen läßt, ohne daß in gleichem

Maße am Markt zusätzliche Ware zur Verfügung steht, verursacht Preissteigerung. Wenn sehr viel zusätzliches Geld gedruckt wird, dann nennen wir die preisliche Auswirkung eine Inflation.

Seit Ludwig Erhard und Karl Schiller haben wir Deutschen überdies begriffen, daß Lohnerhöhungen die Kosten und tendenziell die Preise der angebotenen Ware erhöhen, nämlich dann, wenn die Lohnkosten-Steigerung nicht durch Rationalisierung der übrigen Kosten aufgefangen werden kann. Wenn in einem solchen Fall die Notenbank die Geldmenge nicht vergrößert, kommt es zu Absatzstockungen und Arbeitslosigkeit; erhöht sie aber die Geldmenge, so steigen die Inflationsraten. Deshalb war Schillers Grundgedanke der »Konzertierung« des ökonomischen Verhaltens von Gewerkschaften, Arbeitgebern, Staat und Notenbank ein überzeugendes Konzept.

Auch wenn ein Staat – sei es durch Besteuerung oder durch kreditweise Finanzierung seines Haushaltsdefizites – einen zu hohen Anteil der Geldmenge und infolgedessen des Sozialproduktes beansprucht, kann sich die Notenbank veranlaßt sehen, mehr Geld freizugeben, als für die Aufrechterhaltung des bisherigen Preisniveaus zuträglich ist. Diese Gefahr besteht vor allem dort, wo die Notenbank in ihrem Verhalten von den Weisungen der Regierung abhängig ist. Beispiele dafür haben wir in Europa vielfältig erlebt, vor allem in den südlichen Ländern.

Wir Deutschen haben in und nach beiden Weltkriegen ähnliche, zum Teil noch schlimmere Inflationserfahrungen gemacht. Als wir 1957 das Bundesbankgesetz schufen, haben wir deshalb der Bundesbank große Unabhängigkeit eingeräumt. Sie kann souverän über eine große Zahl von binnen- und außenwirtschaftlichen Instrumenten verfügen. Es gibt auf der Welt nur ganz wenige Staaten, deren Notenbanken eine ähnlich große Handlungsfreiheit besitzen. Die binnenwirtschaftliche Preisstabilität der D-Mark ist – im internationalen Vergleich der Inflation – seit langen Jahren sehr eindrucksvoll, auch innerhalb der EG. Hieraus leitet sich das Hauptargument zugunsten der Unabhängigkeit einer zukünftigen föderativen EG-Zentralbank oder – wie der Delors-Report sagt – eines Europäischen Systems der Zentralbanken ab.

Gegen die vom Delors-Bericht vorgeschlagene Unabhängigkeit gibt es Einwände. Premierministerin Thatcher, gewöhnt an die überkommene Abhängigkeit der Bank of England von der britischen Regierung, fürchtet Kompetenzverlust und kleidet ihre Ablehnung in das Argument vom unzumutbaren »Souveränitätsverzicht«. Dahinter steht der traditionelle, früher auch durch Labour vertretene Gedanke einer *splendid isolation*, dem die politische Vorstellung verschwistert ist, eigentlich sei der Kanal, der England vom Kontinent trennt, breiter als der Atlantik zwischen dem VereinigtenKönigreich und den USA. Es ist das alte britische Zögern vor jeder Integrationsschwelle, das immer wieder in Erscheinung tritt. Schon Churchill sah vor über vier Jahrzehnten in seiner großen Züricher Rede über die Notwendigkeit der europäischen Integration sein eigenes Land außerhalb bleibend.

England wird einer Integration immer erst dann beitreten, wenn deren Erfolg unverkennbar geworden ist und die weitere Enthaltung dem Land unverkennbar mehr Nachteile als Vorteile einbringt. Die Tatsache, daß die Nicht-Teilnahme am heutigen EWS überdurchschnittliche Inflationsraten und überdurchschnittliche Wechselkursschwankungen des Sterling bei gleichwohl hoher britischer Arbeitslosigkeit nicht verhindert hat, spricht gegen Margaret Thatchers Argument.

Für viele englische Bankfachleute und Politiker – offenbar auch für Schatzkanzler Nigel Lawson – ist jedoch der Zeitpunkt für den Beitritt zum EWS in seiner jetzigen, noch unfertigen Gestalt angesichts des Erfolges schon heute gekommen. Deshalb täten die übrigen Staats- und Regierungschefs gut daran, jeden Versuch zu unterlassen, die sofortige Beteiligung Englands durch Zugeständnisse zu erkaufen, welche den EWS-Prozeß verzögern oder verwässern.

Der andere Einwand gegen die Unabhängigkeit des Europäischen Zentralbanksystems hat bisher in Frankreich eine Rolle gespielt; er ist allerdings nicht sehr laut erhoben worden. Danach hat sich die Bundesbank durch ihre Unabhängigkeit zu einer Fixierung auf das Ziel binnenwirtschaftlicher Preisstabilität bei Vernachlässigung der anderen beiden im Vertrage von Rom seit 1957 festgelegten Ziele verführen lassen, nämlich hohem Beschäftigungsstand und Gleichgewicht der außenwirtschaftlichen Zahlungsbilanz (damals landläufig »magisches Dreieck« genannt).

Nach der Überwindung der beiden Ölpreis-Schocks der siebziger Jahre kann in Deutschland in der Tat von hoher Beschäftigung keine Rede sein. Und das Ziel des außenwirtschaftlichen Gleichgewichtes ist – siehe die unerhörten, außenpolitisch gefährlichen und weltwirtschaftlich widersinnigen deutschen Überschüsse! – seit Jahren mißachtet worden.

Angesichts der hohen weltwirtschaftlichen Verflechtung der EG und ihres hohen Anteils an der Weltwirtschaft wären ähnliche Auswirkungen einer unabhängigen Europäischen Zentralbank abträglich für die ganze EG. Ihnen sollte deshalb durch vertragliche Definition der Aufgabenstellung des Systems vorgebeugt werden. Jedoch ist nach allen bisherigen Erfahrungen keinesfalls damit zu rechnen, daß etwa ein politisches abhängiges Zentralbanksystem den im Vertrag von Rom postulierten Zielen besser gerecht würde. Das Gegenteil ist der Fall!

Deshalb muß der Madrider Gipfel am Prinzip der Unabhängigkeit festhalten. Einige Politiker werden dagegen sein. Die elf (Luxemburg hat keine eigene Zentralbank) Zentralbankpräsidenten allerdings möchten am liebsten schon heute die gleiche Unabhängigkeit genießen wie die Bundesbank; wegen ihrer zukünftigen Eigenschaft als Mitglieder des föderativen Rates des Europäischen Zentralbanksystems treten sie deshalb für dessen Unabhängigkeit ein.

Die Spitze der Bundesbank hat davon kaum etwas zu gewinnen; die große Mehrheit der Mitglieder ihres Zentralbankrates dagegen wäre im zukünftigen System nicht mehr einer souverän entscheidenden Ebene zugehörig; sie hat also Kompetenz zu verlieren. Von ihr kam bisher der Hauptwiderstand gegen jeden Ausbau des EWS. Sie hat von Graf Lambsdorff bis zu Gerhard Stoltenberg und dessen Staatssekretär Tietmeyer jahrelang die Regierungskoalition stark negativ beeinflußt, ebenso die der Bundesbank ergebenen Journalisten und auch viele der deutschen Volkswirtschaftslehrer. Sie denken eben national-ökonomisch und nicht international-ökonomisch. Für die weltpolitische, die gesamt-europäische, die den langfristigen deutschen Interessen dienende Qualität der EG fehlt manchen der deutschen Fachleute das Verständnis und die Fähigkeit zur Gewichtung. Der Bundeskanzler hingegen versteht diese Dimension, er hat auf dem Hannoveraner Gipfel die Weichen für den Auftrag an Delors richtiggestellt.

In ihrer häufig pauschalen Kritik an der EG hat Margaret Thatcher in einem Punkte recht: In Brüssel besteht die Gefahr allzu vieler, allzu detaillierter, allzu bürokratischer Regulierungen. Damit allein ist kein Blumentopf zu gewinnen. Im Jahre 1993 wird sich mancher fragen, was denn nun eigentlich 1992 im gemeinsamen Markt anders geworden ist. Das Europäische Parlament klagt über zu geringe vertragsrechtliche Befugnisse, aber es hat seine politischen Möglichkeiten bisher überhaupt nicht ausgeschöpft; die geistige Armut des Europawahlkampfes hat in der geringen Wahlbeteiligung eine gerechte Quittung erhalten.

Ein besserer Motor für die Integration könnte in einer gemeinsamen Außen- und Sicherheitspolitik der Regierungen gefunden werden; aber das Auseinanderfallen der Positionen in Paris, London und Bonn angesichts der von George Bush mit täuschendem Etikett als »Modernisierung« vorgeschlagenen Auf- und Vorrüstung bei Kurzstreckenraketen hat gezeigt, wie weit wir davon noch entfernt sind.

Deshalb bleibt die Schaffung einer gemeinsamen Währung politisch und psychologisch ein erstrangiges Ziel für die EG. Was immer an den Delors-Vorschlägen zu kritisieren ist: Bundeskanzler Kohl sollte in Madrid für eine Annahme ohne Abstriche und ohne weiteren Zeitverzug eintreten. Der Eintritt in die »erste Phase« zum 1. Juli 1990 muß jetzt in Madrid beschlossen werden.

Was ist der Deutschen Vaterland?

Beitrag in der ZEIT vom 14. Juli 1989

Eine Standortbestimmung der deutschen Nation (und ihrer *beiden* Staaten, nicht bloß der Bundesrepublik) kann in der fließenden Situation des heutigen Europa für unsere östlichen wie für unsere westlichen Nachbarn gleichermaßen nützlich sein – und ebenso für uns Deutsche selbst. Denn in der Tat: Manchen Amerikanern erscheint die bisherige Strategie der nordatlantischen Allianz zu zerfließen; manchen Franzosen wird die wachsende finanzielle und wirtschaftliche Kraft der Bundesrepublik unheimlich; manch einer im Westen hält uns Deutsche für fähig, auf eine sowjetische Einladung zu einem gesamtdeutschen Sonderweg hereinzufallen; manche Ungarn oder Polen hoffen auf Assoziierung mit der Europäischen Gemeinschaft und auf eine wirtschaftliche Hilfe aus Bonn; viele unter den Regierenden in Moskau blicken mit Sorge auf die infolge von Glasnost denkbar gewordene Ausfransung des sowjetischen Staatskolosses an seinen Rändern.

Über vier Jahrzehnte der Ost-West-Konfrontation war die bipolare Machtstruktur Europas weitgehend eingefroren. Jetzt könnte sie schmelzen. Einzelne regionale Eisschollen könnten sich lösen und in unbestimmte Richtungen driften – so zum Beispiel Rumänien; in anderen Regionen könnte das Eis schnell tauen –, so geschieht es zum Beispiel in Polen oder Ungarn. Der Gletscher Sowjetunion, mit dem die Eisschollen vier Jahrzehnte lang eng verbunden waren, scheint selbst schnell aufzutauen. Hoffnungen knüpfen sich an diesen Prozeß, besonders auch unter den Bürgern der DDR, aber es herrscht zugleich große Ungewißheit über dessen Ergebnis.

Für den Westen Europas wäre das Bild vom Gletscher ganz unangemessen, aber auch hier herrscht Bewegung und Veränderung. Die weltwirtschaftliche Emanzipation der Europäischen Gemeinschaft macht Fortschritte, welche die Bündnis-Vormacht Amerika in Unruhe versetzt haben. Der amerikanisch-sowjetische INF-Vertrag über die Beseitigung der nuklearen Mittelstreckenraketen war als Abrüstungsvertrag historisch eine Welturaufführung, er hat den Weg für weitere vertragliche Abrüstung vorbereitet – aber die Amerikaner und ihre Verbündeten sind sich (noch) nicht einig, wie die nächsten Schritte aussehen sollen. Darüber hinaus aber gibt es bisher zwischen den Staaten Westeuropas und Nordamerikas kein Einverständnis darüber, wir sie sich zu dem Prozeß in der Sowjetunion und in der ganzen östlichen Hälfte Europas verhalten sollen. Sollen wir helfen, ihn zu beschleunigen? Sollen wir zum Erfolg von Glasnost und Perestroika beisteuern – und wenn ja: wie? Oder sollen wir abwarten?

In einer Konstellation, in der vieles zu fließen scheint, sind eigene Standpunkte schwierig zu fixieren. Zwar gibt es im Westen wie im Osten heute keinerlei Zweifel über das moralische und zugleich politisch gebotene Ziel der Erhaltung des Friedens. Im Westen gibt es keinen Zweifel über das moralische und politische Gebot zur Würde und zur Freiheit der einzelnen Person – anders allerdings im Denken mancher kommunistischer Führer und Bürokraten in der östlichen Hälfte des Kontinents. Aber aus dem doppelten Gebot des Friedens für alle und der Freiheit für jeden ergeben sich noch keine Rezepte oder Strategien, wie denn das doppelte Ziel zu erreichen wäre – und wie dabei die Interessen der eigenen Nation und des eigenen Staates zu wahren sind.

Den aufgeklärten Staatsmännern Europas stellt sich die Aufgabe, vier Leitsternen zugleich zu folgen: Freiheit der Person; Frieden; Selbstbestimmung des eigenen Volkes; ökonomischer Wohlstand der eigenen Staatsbürger. Aber die Schwierigkeit des Gewässers und die Unberechenbarkeit der Großwetterlage verbietet den Steuerleuten, einen einmal definierten Kurs unbeirrbar zu verfolgen. Vielmehr ist pragmatisches Navigieren geboten. Es gibt Ausnahmen. Für Honecker und Ceaușescu oder für das Regime in Prag gilt der Leitstern der Freiheit der Person kaum etwas. Vor allem verzichten sie auf eigene Navigation. Zwar herrschen sie auf ihren Eisschollen, aber diese driften, und von ihren Rändern her schmelzen auch sie, wenn auch langsam. Diese Regime hoffen auf einen baldigen Fehlschlag von Glasnost und Perestroika; sie hoffen im Interesse der Aufrechterhaltung ihrer diktatorischen Regime auf eine baldige Rückkehr der allgemeinen Vereisung in ganz Osteuropa und eine Rückkehr einer festen antagonistischen Ost-West-Struktur Europas. Für diesen Fall scheint die heutige DDR-Führung bereit, abermals auf Selbstbestimmung ihres eigenen Staates weitgehend zu verzichten: Autokraten, die sich im hohen Lebensalter nicht mehr ändern können.

Michail Gorbatschow dagegen ist ein Mann von gänzlich anderem Kaliber: ungewöhnlich mutig, voller Vorstellungskraft für die Ziele der von ihm eingeleiteten Reformen, dazu ein guter Redner, taktisch hochbegabt, ein fähiger Pragmatiker und zugleich ein Idealist. Seit Peter dem Großen hat Rußland keine Führungsperson von vergleichbaren Fähigkeiten erlebt. Dieser moderne Herkules im Augiasstall hat verstanden, daß ökonomischer Wohlstand ohne weitgehende Freiheit der Menschen nicht erreichbar ist – darin unterscheidet er sich von Deng Xiaoping. Gorbatschow möchte allen vier Leitsternen zugleich folgen.

Aber dazu muß er zuerst den Stall ausmisten – und der Mist ist unvorstellbar. Eine Staatsführung, die nicht wissen *kann*, wieviel Geld ihre Vorgänger gedruckt haben, die immer noch mindestens 15 Prozent des Sozialproduktes für militärische Zwecke abzweigt (zum Vergleich: Japan 1,7 Prozent, Bundesrepublik Deutschland 3 Prozent, USA 6 Prozent), in deren Volkswirtschaft es sehr viel mehr Geld in Gestalt von Löhnen und Ersparnissen gibt als Konsumgüter, die es mit 50 oder 60 staatlichen Kommissionen und Ministerien zu tun hat, die alle die Wirtschaft des Landes reglementieren und verwalten – eine solche Staatsführung hat mit dem Widerstand und der Trägheit von weit über einer Million Bürokraten in Wirtschaft, Militär und Partei zu tun. Sie hat aber in den Völkern der Sowjetunion Hoffnungen auf schnelle Besserung der wirtschaftlichen Lage entstehen lassen, die sich nur nach einer sehr langen Übergangsperiode erfüllen können. Inzwischen aber werden selbst die von ihrer Geschichte zur

Geduld erzogenen Russen schon unruhig und ungeduldig. Gegenwärtig ist nämlich die ökonomische Lage der 290 Millionen Sowjetbürger schlechter als jemals in den letzten zehn Jahren. Das alte wirtschaftspolitische System hat niemals gut funktioniert, heute funktioniert es überhaupt nur noch rudimentär; das neue wirtschaftspolitische System kann noch gar nicht funktionieren, weil es in Gesetzen und Verordnungen, nicht aber in der Wirklichkeit existiert.

In den Kulissen der Macht warten konservative Kräfte in der Partei und im Militär auf ein Scheitern des Experimentes, ob sie nun Ligatschow heißen oder anders. Gorbatschow könnte aus zwei Gründen scheitern:

– Eine weitgehende Verzögerung des Wirtschaftsumbaus Perestroika ist denkbar, so daß inzwischen chaotische Versorgungsmängel und Volksunruhen praktisch zum Abbruch der Reform zwingen könnten.

– Meinungs- und Redefreiheit, Glasnost, könnte einen virulenten Nationalismus in vielen Sowjetrepubliken und eine selbstbewußte panislamische Dynamik im Süden der Sowjetunion auslösen, so daß Moskau sich zum militärischen Eingreifen gezwungen sieht, um den Zusammenhalt des Gesamtstaates zu sichern.

In beiden Fällen wäre eine Ablösung der Gorbatschowschen Führung die wahrscheinliche Folge. Diese könnte sich auch ergeben, wenn in den anderen Mitgliedstaaten des Warschauer Paktes – insbesondere in der DDR – Entwicklungen einträten, welche de facto zu einer wesentlichen Machteinbuße der Sowjetunion in Europa zu führen drohen. Sofern in solchem Falle auf westlicher Seite die NATO gleichzeitig voll intakt bliebe, könnten sowjetische Militärs eine ernsthafte Gefährdung der Sicherheit der Sowjetunion heraufziehen sehen und deshalb eingreifen. Schon heute nagen der militärische Rückzug aus Afghanistan und die politischen Teilrückzüge aus Afrika, Vietnam und Kuba an der Seele völlig anders erzogener Militärs. Die von Gorbatschow und Deng Xiaoping gemeinsam herbeigeführte Normalisierung zwischen den beiden kommunistischen Giganten – nach dreißig Jahren der gegenseitigen Verachtung, des beiderseitigen Mißtrauens und der Kriegsangst – enthebt Moskau der früheren Sorge vor einem Zweifrontenkonflikt. Ein um Wiederherstellung einer sicheren sowjetischen Machtposition in Osteuropa bemühtes Nach-Gorbatschow-Regime hätte insofern eine freiere Hand, als Breshnew sie jemals gehabt hat.

Der Westen kann heute nicht wissen, ob und wann und wie weit Gorbatschow Erfolg haben wird. Für den Fall des Mißerfolges müssen wir das Nordatlantische Bündnis aufrechterhalten und die Sicherheit Westeuropas gewährleisten. Zugleich aber liegt es ganz offensichtlich im Interesse *aller* Völker und Staaten Westeuropas, daß Glasnost und Perestroika in der Sowjetunion und in den anderen Staaten des Warschauer Paktes zum Erfolg geführt werden. Zu diesem Erfolg können wir beitragen.

Die weitaus wichtigste ökonomische Hilfe für Gorbatschow läge im schnelleren Rüstungsabbau. Kaum eine Regierung auf der Welt kann sich aber innen- wie außenpolitisch behaupten, die in wesentlichem Maße einseitig und ohne Rücksicht auf das Verhalten ihres Gegenübers abrüsten wollte; Gorbatschows Ankündigung einseitiger Truppenreduzierungen reichen tatsächlich nicht sehr weit. Weil aber sein ökonomischer Erfolg ohne eine Absenkung seines heutigen Militäraufwandes auf maximal ein Drittel keinesfalls erreichbar erscheint, ist er auf Abrüstungsmaßnahmen angewiesen. Sie müssen dermaßen beschaffen sein und so präsentiert werden können, daß sie im Ergebnis der Stabilisierung des Gleichgewichts der militärischen Kräfte in Europa dienen – auf erheblich niedrigerem Niveau.

Vertragliche Abrüstung – sowohl konventioneller Waffen und Truppen als auch nuklearer Waffen – liegt im Interesse aller kontinentalen Europäer. Der jüngste Vorschlag von George Bush war seit längerer Zeit der erste konstruktive westliche Schritt in dieser Richtung. Jetzt kommt es darauf an, diesen Weg alsbald auch tatsächlich zu beschreiten und ihn zu verbreitern, denn das Fenster der günstigen Gelegenheit wird vermutlich nur so lange geöffnet bleiben, wie man in Moskau ernsthaft an einen Erfolg der ökonomischen Perestroika glaubt und mit Nachdruck daran arbeitet, also: solange Gorbatschow am Ruder bleibt.

Dagegen sollten staatlich garantierte Kredithilfen zu Vorzugszinsen so lange außer Betracht bleiben, bis ein Prozeß des Abbaus des sowjetischen Militärhaushalts nachhaltig in Gang gekommen ist. Denn sonst würden westliche Vorzugskredite nur der indirekten Finanzierung des übertriebenen militärischen Aufwandes dienen. Freilich ist gegen kommerzielle Kredite zu marktüblichen Bedingungen nichts einzuwenden, zumal sich die Sowjetunion bereits als zuverlässiger Schuldner solcher Kredite erwiesen hat.

Die Nationen in beiden Teilen Mitteleuropas und besonders die geteilte deutsche Nation setzen große Hoffnungen auf Gorbatschows Erfolg. Die seit Lenins Oktoberrevolution aus Moskau nicht gehörte These vom gemeinsamen europäischen Haus ist allerdings für uns eine objektive historische Selbstverständlichkeit, ebenso wie für große Teile der russischen Intellektuellen.

Sieben Jahrzehnte kommunistischer Diktatur haben diese geschichtlich gewachsene kulturelle Gemeinsamkeit nicht aufheben können. Wenn jetzt die in Westeuropa entstandenen Ideen von der Freiheit der Person, der Demokratie und der Gewaltenteilung auch im Osten Mitteleuropas und in der Sowjetunion Fuß fassen sollten, so könnten wir alle darüber nur glücklich sein. Ein solcher Durchbruch ließe in der Tat auch die deutsche Frage in neuem und hellerem Licht erscheinen.

Aber selbst im Falle eines Fehlschlages der Gorbatschowschen Reformen würde Europa kaum zu jener politischen Gestalt zurückkehren, die in Jalta und Potsdam improvisiert und anschließend von Stalin und seinen Nachfolgern eingefroren worden ist. Machtkonstellationen ändern sich – aufgrund von sozioökonomischen und ideellen oder ideologischen Veränderungen und infolge von Personenwechseln an den Steuerrädern der Staaten. Die Pentarchie über Europa, die Rußland, Österreich, Preußen, Frankreich und England auf dem Wiener Kongreß errichtet hatten, war schon in der Mitte des 19. Jahrhunderts wieder zerflossen. So wird auch die bipolare Vorherrschaft der beiden Allianzsysteme zerfließen, welche Stalin teils hervorgebracht und teils provoziert hat.

Sosehr heute manche Strategen in Ost und West sich Sorgen machen über den Strukturwandel Europas, sowenig brauchen wir Deutschen diesen Wandel zu fürchten; im Gegenteil. Wohl aber haben wir ein dringendes Interesse daran, daß er schrittweise und in sorgfältig abgewogenen Schritten erfolgt. Denn abrupte Veränderungen ohne Rücksicht auf andere könnten Explosionen und Interventionen und schwerwiegende Rückschläge auslösen. Die kulturellen Grundmauern des gemeinsamen europäischen Hauses stehen seit vielen Generationen. Wenn heute Chancen bestehen, die absurden Anomalien innerhalb des Gebäudes zu beseitigen, so können wir uns auf keinen Fall Explosionen leisten.

Erhard Eppler hatte recht, als er zum 17. Juni dieses Jahres in einer herausragenden Rede sagte: »Wir müssen deutlich machen, daß wir nicht Vergangenes restaurieren, sondern Neues schaffen wollen, und zwar gemeinsam mit unseren Nachbarn.« Gemeinsamkeit mit unseren Nachbarn: das muß in allererster Linie heißen: Gemeinsamkeit mit den Franzosen, aber auch mit den Polen – unter voller Anerkennung des heutigen polnischen Staatsgebietes, das für die heute lebenden Polen längst selbstverständliche Heimat geworden ist.

Franzosen und Polen sind als Nationen seit 1000 Jahren unsere Nachbarn. Für die Polen – und zumal für die jüdischen Polen – hat das Deutsche Reich unter Hitlers Diktatur das grauenhafteste Elend ausgelöst. Die Freundschaft und die Allianz mit den Franzosen – Opfer von Hitlers Aggression ebenso wie fast alle anderen Völker Europas – sind unverzichtbar für die Verankerung des Bewußtseins unserer Nation an den Grundwerten der Person und der Demokratie. Wenn die ganze deutsche Nation diese Grundwerte nicht unlösbar in ihre Seele aufnähme, so würde die deutsche Frage auch noch im nächsten Jahrhundert unsere Nachbarn beunruhigen, in Warschau, in Paris, fast überall in Europa, jedenfalls aber in Moskau – und auch in Washington.

Deswegen erscheinen mir eine geistig-politische Führung der Europäischen Gemeinschaft durch Frankreich, ihr ökonomischer und integrativer Fortschritt und auch die Schaffung einer westeuropäischen Verteidigungsgemeinschaft – diese natürlich innerhalb der Nordatlantischen Allianz mit Nordamerika – als unerläßliche westliche Beiträge zur Verläßlichkeit und Berechenbarkeit Deutschlands.

Die Berechenbarkeit der Deutschen kann umgekehrt durch neutralistische Parolen oder durch die Propagierung deutscher Sonderwege nur gefährdet werden durch jenen Gedanken, den jüngst in dieser Zeitung (ZEIT Nr. 25) Theo Sommer vertreten hat: Wir sollten die Idee der Einheit aller Deutschen aufopfern zugunsten der Freiheit der Deutschen in der DDR. Dergleichen mag im nächsten Jahrhundert denkbar werden. Ein solcher Verzicht heute ließe aber innerhalb der Bundesrepublik fast zwangsläufig die extreme Rechte erstarken und schürte damit erst recht das Mißtrauen unserer Nachbarn. Die mit dem Verzicht gekoppelte Freiheitsforderung an die heutige DDR-Regierung trifft dort auf taube Ohren – und jedenfalls einstweilen auch in Moskau, weil sie die Sorge vor einer Zersetzung des Warschauer Paktes auslösen muß, zumal sie natürlich auf Zustimmung bei den Bürgern der DDR rechnen kann. Mit einem Wort: Wer heute das Thema der deutschen Einheit durch endgültigen Verzicht erledigen möchte, verstärkt bloß das latente Mißtrauen unserer Nachbarn in West und Ost.

Denn unsere Nachbarn empfinden sehr wohl ihre eigene nationale Einheit und Selbstbestimmung als natürlich. Sie hielten es deshalb für verlogen, wenn wir als einzige Nation Europas darauf verzichten wollten. Keineswegs lebt Europa in einer »postnationalistischen Gesellschaft« – man schaue auf Margaret Thatcher oder auf Polen, die Esten. Und man muß verstehen, daß es – leider – auch nach de Gaulle der starke französische Wunsch nach ausschließlich nationaler Selbstbestimmung geblieben ist, der Frankreich außerhalb der NATO hält, ohne eine westeuropäische Verteidigungsorganisation an deren Stelle zu setzen.

Bei großem Respekt für die Leiden Honeckers in der Nazizeit und bei Respekt für sein Unvermögen, sich später von den illusionären ideologischen Vorstellungen zu lösen, an die er sich als junger Mann im Zuchthaus zu Brandenburg geklammert hat – sein Versuch, anstelle der deutschen Nation eine »sozialistische Nation« in das Bewußtsein der von ihm regierten Deutschen zu heben, ist selbstverständlich zur Gänze gescheitert. Wer – anders als und im Gegensatz zu Sommer – sich bei jenem Regierungschef auf der Eisscholle und seinen SED-Genossen anbiedern möchte, der läuft Gefahr, die Hoffnungen und Wünsche der sechzehn Millionen Deutschen total zu mißachten, die auf der gleichen Eisscholle der SED ausgeliefert sind.

Seit dem Beginn des vorigen Jahrhunderts haben drei Diktatoren versucht, die Völker Europas zu unterjochen: Napoleon, Hitler, Stalin. Weder die Franzosen noch die Russen noch die Deutschen haben deshalb ihr Recht auf Selbstbestimmung verwirkt. Wenn heute die ökonomische und die politische Struktur des Kontinents in Fluß gekommen ist, so gebietet die Klugheit uns Deutschen, weder jetzt dieses Recht aufzugeben noch lautstark darauf zu pochen. Die jahrzehntelange gebetsmühlenhafte Wiederholung des Wortes Wiedervereinigung hat viele Nachbarn bloß das »Wieder« hören lassen – nicht zu unserem Nutzen. Ich bin zuversichtlich, daß es im Laufe des nächsten Jahrhunderts ein gemeinsames, Freiheit gewährendes Dach über der deutschen Nation geben wird. Die Polen haben mehr als ein Jahrhundert warten müssen; nach den »drei polnischen Teilungen«, die wir in der Schule gelernt haben, kam 1939 die vierte und 1945 die fünfte Teilung, welche zugleich eine millionenfache Zwangsumsiedlung einschloß. Gleichwohl gibt es heute einen einzigen polnischen Staat. Man muß hoffen, daß dieser Staat sein Selbstbestimmungsrecht Moskau gegenüber mit Klugheit ausübt, damit er keine Eingriffe von außen auslöst.

Uns Deutschen ist gleichfalls Klugheit und Beharrlichkeit vonnöten. Patentlösungen der deutschen Frage sind nicht in Sicht. Wir können keinen endgültigen Standort definieren. Wohl aber können wir unsere moralischen Prinzipien und unsere strategischen Interessen bestimmen.

Erstens: Selbstverständlich und vor allem anderen Orientierung an den Leitsternen der Freiheit der Person, der Demokratie und des Friedens, ohne den Leitstern der deutschen Selbstbestimmung zu verdunkeln;

Zweitens: Tatkräftiger Ausbau der EG (auch wenn unsere Bundesbank oder andere Interessengruppen subtile Argumente dagegen vorbringen), und zwar in Anlehnung an Frankreich;

Drittens: Festhalten am Bündnis und soweit wie möglich Herstellung einer westeuropäischen Säule des Gebäudes der Allianz;

Viertens: Hilfe für Gorbatschow – und für uns selbst – durch Abrüstungsverträge, die auf niedrigerer Rüstungsebene ein militärisches Gleichgewicht in Europa herstellen, zu dem auch die USA gehören;

Fünftens: Geistiger, wirtschaftlicher und politischer Austausch mit der Sowjetunion und den anderen Staaten des Warschauer Paktes: gute Nachbarschaft suchen, aber keinerlei Anbiederung, weil sie unsere Würde und unsere Glaubwürdigkeit gefährdet.

Selbstverständlich haben wir außerdem das Recht, den Stacheldraht und die Mauer zu verurteilen. Aber Empörung allein hilft den sechzehn Millionen Deutschen auf der anderen Seite nicht, wir müssen sie in unser Gespräch, in unsere Kunst, in unsere Wissenschaft und in unsere Kirchen einbeziehen, so weit es nur irgend geht.

Am Schluß: Wir brauchen Gelassenheit fast ebensosehr wie das Festhalten an den Leitsternen. Mit Recht hat Eppler zur deutschen Frage uns allen das große Maß an bestehendem Konsens unter den Deutschen vor Augen geführt. Wer dagegen Kontroversen unter uns schürt, der hilft weder Gorbatschow und den Russen noch den anderen Völkern im Osten, er hilft weder den Völkern im Westen noch uns Deutschen. Jede zusätzliche Verletzung unseres seit 1939 und noch mehr seit 1945 lädierten Nationalbewußtseins birgt die Gefahr eines Umschlags in extremen Nationalismus. Uns ist mit wirklichkeitsferner Romantik nicht gedient. Vielmehr brauchen wir Augenmaß in der Bewertung der sich wandelnden Lage und pragmatische Vernunft in der Nutzung der sich ergebenden Möglichkeiten.

Ein Aufstand gegen Zwang und Lüge

*Beitrag in der ZEIT vom 10. November 1989**

Jeden Montag Hunderttausende in Leipzig, Zigtausende überall in den Städten der DDR, eine Million Menschen in Ost-Berlin: ein ungeheurer Massenprotest gegen eine verhaßte Parteiherrschaft, gegen Gängelung und Kommandowirtschaft, gegen Drohung und Zwang, gegen Verordnung und Lüge, gegen persönliche Unterdrückung und Einsperrung des gesamten Staatsvolkes. Die vom SED-Staat noch gestern verbotenen Demonstrationen und die noch gestern verbotene freie Äußerung oppositioneller Meinungen bedeuten das Ende des SED-Machtmonopols, so hoffen viele DDR-Bürger; der Prozeß sei nicht mehr umzudrehen. Aber immer noch kehren Zehntausende dem SED-Staat den Rücken, weil sie der Aufrichtigkeit der »Wende« und der Verwirklichung der von Egon Krenz angekündigten Reformen zutiefst mißtrauen. Und Millionen anderer DDR-Bürger warten ab, halb hoffnungsvoll und halb skeptisch.

Was Krenz angeht, so bin auch ich skeptisch; in der letzten Woche habe ich in der DDR keinen getroffen, der ihm vertraut. Aber ich will nicht ausschließen, daß – ähnlich wie im Falle mancher polnischen und ungarischen Kommunisten – aus Saulus noch Paulus werden könnte. Dabei kann mir jedoch weder die schnelle Anpassung des Ideologen Otto Reinhold noch des ehemaligen Stasi-Generals Markus Wolf gefallen; der letztere hat jahrelang unschuldige Menschen ins Gefängnis geliefert.

Ein tiefgreifender und anhaltender Gesinnungswandel an der Spitze der SED setzt weiteren Druck durch das Volk voraus.

* Der Artikel wurde Anfang November, vor Öffnung der Mauer, geschrieben und in Druck gegeben.

Es waren vornehmlich vier Faktoren, die zu den spontanen Demonstrationen, zu Honeckers Ablösung und zu Krenz' Versprechungen geführt haben: zum einen Gorbatschows hartnäckiges Eintreten für Glasnost und Perestroika; zum anderen das Beispiel des weitreichenden Systemwandels in Ungarn und Polen; zum dritten der Volkszorn über die offensichtlichen Fälschungen bei den Kommunalwahlen; viertens die *causa efficiens* der gewaltig anschwellenden Fluchtbewegung.

Solange Ausreisen und Rückreisen von Deutschen aus der DDR und in die DDR nicht völlig frei sind, so lange wird es kein Vertrauen in die Wende geben. Solange man eines Ausreisevisums bedarf (das die DDR-Behörden verweigern können) und solange die Reisedauer gesetzlich begrenzt ist, wird es kein Vertrauen im Volke geben. Nur wenn Verlaß darauf ist, jederzeit reisen zu können, werden viele in ihrer Heimat bleiben; und die DDR ist darauf angewiesen, daß möglichst viele dort bleiben. Selbst auf die Gefahr hin, daß nach Herstellung völliger Reisefreiheit noch einmal Hunderttausende DDR-Bürger ihren Staat verlassen, muß Krenz also volle Reisefreiheit gewähren – oder er wird scheitern.

Aber Reisefreiheit ist nur eine der Voraussetzungen für den Reformprozeß. Die Kommunalwahlen müssen annulliert werden. Und spätestens zu Ostern muß es neue Gemeindewahlen geben – bei freier Zulassung aller Wahlvorschläge und aller Parteien und unter öffentlicher Kontrolle der Wahrung des Geheimnisses der Stimmabgabe. Das Ministerium für Staatssicherheit und sein riesiger Apparat müssen aufgelöst werden, die normale Polizei des Innenministers genügt vollauf. Ausdrücklich müssen die Freiheit gewerkschaftlicher Selbstorganisation durch die Arbeitnehmer und deren Streikrecht hergestellt werden. Die Medien müssen von obrigkeitlicher Lenkung befreit werden; Zeitungspapier, Druckereikapazität und Sendezeiten müssen allen Gruppen zur Verfügung stehen, die dafür den gleichen Selbstkostenpreis bezahlen. Und all dies ist nur ein Anfang.

Es kann sein, daß solch ein Anfang Entwicklungen auslöst oder ermöglicht, die denen in Ungarn und in Polen ähneln werden – na und? Es kann sein, daß später der Artikel 1 der Verfassung der Deutschen Demokratischen Republik geändert wird, worin die Führung des Staates durch die »marxistisch-leninistische Partei« postuliert ist – na und? Demokratisch ist eine Staats- und Gesellschaftsform, wenn sie die Würde der einzelnen Person und deren Grundrechte einhält; wenn die Bürger mit Mehrheit, gewaltlos und ohne Gewalt fürchten zu müssen eine Regierung abwählen und durch eine andere ersetzen können; wenn alle Bürger vor dem Gesetz gleich sind, gleiche Rechte und gleiche Chancen haben.

Der Umbau der geschriebenen Verfassung der DDR hat gewiß Zeit; aber die Öffnung der tatsächlichen, zwangsstaatlichen Verfassung hat keine Zeit. Wer die Öffnung verschieben oder bloß vortäuschen will, der hat Aussicht weder auf Herstellung eines DDR-Staatsbewußtseins noch auf »Stabilität und Ordnung« – zwei Worte aus dem Munde von Krenz, die abermals das Vertrauen in den von ihm verkündeten Reformprozeß untergraben.

Dergleichen Ratschläge mögen den SED-Gremien unwillkommen sein; sie mögen sich »Einmischung« verbitten. Aber wir sind es nun einmal gewohnt, die politischen Vorgänge nicht nur in unserem eigenen Staat, sondern in aller Welt kritisch zu begleiten. Zeitungen und Rundfunk- und Fernsehsender der ganzen Welt sind gewohnt, dies zu tun – dies ist ihre Aufgabe. Je früher Egon Krenz und das Zentralkomitee der SED endlich den DDR-Bürgern die Meinungen der Medien der Welt zugängig machen, um so eher können sie einen Teil des verlorenen Vertrauens zurückgewinnen. Wenn zum Beispiel die »Zeit«, die »Welt«, die »FAZ« und der »Spiegel« auch in Ost-Berlin, in Rostock und in Dresden gekauft und gelesen werden dürfen, wird man in der DDR beginnen können, auf Informationsfreiheit zu vertrauen.

Der wirtschaftliche Umbau wird viel Zeit brauchen, der ökologische Umbau noch länger. Wir Deutschen in der Bundesrepublik fragen uns, ob und wie wir dabei helfen können. Viele Gesprächspartner in der DDR haben mir gesagt: »Wir wollen keine Almosen.« Ebenso viele haben gesagt: »Bitte keine zusätzlichen wirtschaftlichen oder finanziellen Hilfen, solange wir nicht sicher sind, daß der Reformprozeß wirklich in Gang kommt; denn sonst schmückt sich die SED nur mit wirtschaftlichen Verbesserungen, um im übrigen möglichst alles beim alten zu lassen.« Und andere haben hinzugefügt: »Vor allem verlangen wir erstmal von unserer Regierung Rechenschaft darüber, für welche Zwecke sie die vielen Milliarden D-Mark ausgegeben hat, die sie schon bisher von euch erhalten hat.«

Gleichwohl: Wir müssen uns darauf einstellen, in großem Umfang zu helfen. Den Polen; den Ungarn; für den Fall eines weitgehenden Abbaus des gegenwärtig immer noch ungewöhnlich hohen sowjetischen Militärbudgets der Sowjetunion; und schließlich für den Fall eines glaubwürdigen Reformprozesses der DDR. Ein breit angelegtes Wirtschaftsmodernisierungs- und Hilfsprogramm durch die Europäische Gemeinschaft ist ökonomisch angemessen und politisch angezeigt. Im Falle des Empfängerstaates DDR muß die finanzielle Hauptleistung natürlich von uns in der Bundesrepublik kommen. Es wird sich um viele Milliarden D-Mark handeln, nicht einmal, sondern über einige Jahre. Und es wird nötig sein, diese Solidaritätsleistung gegenüber unseren Landsleuten im anderen deutschen Staat uns selbst fühlbar zu gestalten. Entweder durch einen zeitlich befristeten Zuschlag zur Lohn-, Einkommens- und Körperschaftssteuer oder durch eine einmalige Vermögensabgabe.

Natürlich brauchen wir dazu den gemeinsamen Willen und die Autorität des ganzen Bundestages. Jahrelang hat das Wort von den Brüdern und Schwestern gegolten – jetzt wird es tatsächlich um brüderliche Solidarität gehen! Wir alle haben ein Interesse am Gelingen des Reformprozesses. Kein Deutscher kann daran interessiert sein, daß die DDR ökonomisch ausblutet und daß es zu einer Vereinigung aller Deutschen innerhalb der Grenzen der Bundesrepublik kommt.

Das Hilfsprogramm zur Modernisierung der Wirtschaft in der DDR muß ebenso ideelle Hilfe umfassen. Wenn im Zuge des Reformprozesses die total zentralisierte bürokratische

Zwangswirtschaft aufgehoben wird, wenn die unbeweglichen Kombinate aufgeteilt werden, wenn die Unternehmensleitungen selbständig wirtschaften, wenn echte Wettbewerbspreise über Erfolg oder Mißerfolg der Unternehmen entscheiden sollten, wenn statt zurückgestauter Inflation und Wucherpreisen auf schwarzen Märkten das Geld wieder zum Wertmesser werden soll – so ist dazu vieles zu lernen. Dabei können wir helfen, durch gemeinsame Unternehmen (Joint-ventures), durch Schulung von Managern und von Gewerkschaftern. Denn ein Handicap des wirtschaftlichen Umbauprozesses wird in dem Umstand liegen, daß die oppositionellen, auf Reform abzielenden Gruppen nur über relativ wenige wirtschaftlich erfahrene Personen verfügen.

Die Eigentumsfrage ist einstweilen noch nicht wichtig. Vielmehr kommt es zunächst auf Selbständigkeit der Unternehmensleitungen an, auf weitgehenden Subventionsverzicht, auf freie Preisbildung und auf die Herstellung von Wettbewerbsmärkten. Wie dann die Grenzen zwischen »sozialistischem« Eigentum und privaten Betrieben zu ziehen sind, sollten unsere Landsleute in der DDR einer pragmatischen Entwicklung überlassen; wer aber eine private Firma gründen will, der sollte nicht behindert werden.

Der Kommando-Sozialismus hat im Bewußtsein der DDR-Bürger abgewirtschaftet. Aber dies ist kein »Sieg des Kapitalismus«, sondern ein Sieg des Willens zu demokratischer Freiheit. Das größte Problem des Reformprozesses wird in der Überwindung der immer schlechter funktionierenden Zentralverwaltungswirtschaft liegen, ähnlich wie in Polen und Ungarn und wie in der Sowjetunion. Wenn die wirtschaftliche Lage der Arbeitnehmer und Konsumenten nicht fühlbar verbessert wird, und sei es auch nach einer ziemlich langen Durststrecke, so werden die Reformer ihrer Verantwortung nicht dadurch ledig werden, »das Beste gewollt« zu haben. Diese Formel können ja auch Günter Mittag und seine Wirtschaftsbürokraten für sich in Anspruch nehmen. Nur der tatsächliche Erfolg wird zählen. Und deshalb ist unsere Hilfe nötig – wenn die SED den Reformprozeß willentlich zuläßt.

Gewiß müssen wir auch den Übersiedlern hilfsbereit zur Seite stehen, vor allem mit Wohnraum; einstweilen erscheint mir das Wohnungsbauprogramm der Bundesregierung deutlich zu klein dimensioniert. Aber wir dürfen keine finanziellen Anreize zur Übersiedlung anbieten. Und umgekehrt dürfen wir unseren Landsleuten aus der DDR die Übersiedlung in die Bundesrepublik nicht verweigern. Die Übersiedler sind aber nicht das Hauptproblem. Das Wichtigste ist, den »Dortbleibern« in der DDR zu einem erfolgreichen Reformprozeß beizuhelfen.

Ein völliges Scheitern des Reformprozesses ist nicht wahrscheinlich, auch nicht ein chaotischer Zusammenbruch der DDR. Jedenfalls wird aber der Reformprozeß stark vom Erfolg oder Mißerfolg von Gorbatschows Reformen in der Sowjetunion abhängen. Dank dem kategorischen Durchbruch des Vertrages über die beiderseitige Beseitigung der nuklearen Mittelstreckenwaffen (INF-Vertrag) sind für 1990 die Chancen weiterer Abrüstungsverträge zwischen West und Ost größer als jemals seit Kriegsende. Davon werden Gorbatschow und die Sowjetunion profitieren, aber auch wir und alle europäischen Staaten, auch die DDR. Die Reformer in der DDR müssen dabei wissen, daß die Zugehörigkeit ihres Staates zum Warschauer Pakt unter den heutigen Umständen nicht angetastet werden kann. Die SED aber muß immer wieder an die von der DDR unterschriebene Helsinki-Schlußakte und an den Artikel 1 der Charta der Vereinten Nationen gemahnt werden, an die »Menschenrechte und Grundfreiheiten für alle«.

Derselbe Artikel spricht von dem »Grundsatz der Gleichberechtigung und Selbstbestimmung der Völker«. Jedermann im Westen weiß: Die Charta gilt auch für das UN-Mitglied DDR. Deshalb blicken manche unserer Nachbarn mit Sorge auf einen zukünftigen Tag, an dem möglicherweise beide Teile Deutschlands von diesem Recht Gebrauch machen werden, um zur Einheit zu finden. Heute ist diese Hoffnung für die meisten DDR-Bürger noch weit entfernt, sie haben dringlichere, unmittelbar bedrängende Sorgen. Wir Bundesdeutschen werden jedoch zur Einheit bereit bleiben – auch im nächsten und übernächsten Jahrzehnt.

Für heute und morgen aber muß gelten, was Manfred Stolpe jüngst im »Spiegel« schrieb: »... über einen rechtlichen Verbund beider deutscher Staaten, der ihre Friedenspflicht festhält, ihre gewachsenen Bindungen wahrt, wirtschaftliche Kooperation regelt und der menschlichen Dimensionen freien Lauf läßt, darüber muß doch mindestens ernsthaft nachgedacht werden.« Sehr wohl: Hierüber müssen wir nachdenken, um bereit zu sein, wenn in der DDR ein wirklicher Reformprozeß in Gang kommt. Wenn aber das Zentralkomitee der SED mit der Macht des Staates Reformen verhindert, wenn die Partei bloß verhaßte Personen austauscht, wenn deshalb die Fluchtbewegung weitergeht, so könnte es auf unserer Seite nur bei den kleinen Schritten bleiben.

Fünfundsiebzig Millionen Deutsche hüben und drüben verfolgen die Ereignisse in der DDR mit heißem Herzen. Sie dürfen dabei jene wägende Vernunft nicht verlieren, mit der alle Demonstranten sorgfältig jede Gewaltanwendung vermieden haben. Den politischen Kräften in der Bundesrepublik gebietet die Vernunft, keinerlei Zweifel zu lassen, daß wir an unseren vertraglichen Bindungen an die Europäische Gemeinschaft und an die Atlantische Allianz festhalten und die Endgültigkeit der deutsch-polnischen Grenzen anerkennen. Und keinerlei Zweifel an unserer tiefen sittlichen Überzeugung von der Unverzichtbarkeit unseres Bekenntnisses zur Würde und Freiheit der Person und der unveräußerlichen Menschenrechte als Grundlage des Friedens. Die Franzosen und die Polen, jedermann in Europa muß sich unserer unauflöslichen Bindung an diese Grundwerte sicher fühlen können. Nur dann werden unsere Nachbarn ertragen können, daß wieder ein gemeinsames Dach über allen Deutschen entsteht.

Aber bis dahin liegen noch viele Schritte vor uns, wahrscheinlich ebenso viele wie zum »Gemeinsamen Europäischen Haus«. Die Vernunft muß uns lehren, daß es für uns keinen »Dritten Weg« geben darf, wenn wir nicht zum Anlaß neuer Ängste werden wollen.

Wir Deutschen müssen heute und morgen politisch klüger und historisch bewußter sein als jemals zuvor

Rede anläßlich der Ernennung zum Ehrenbürger von Berlin am 13. Dezember 1989

Ich muß gestehen, ich bin berührt und bewegt. Die Würde der Ehrenbürgerschaft dieser Stadt muß für jeden Deutschen etwas Außergewöhnliches bedeuten, denn diese Stadt hat für das Schicksal eines jeden von uns immer wieder große Bedeutung gehabt.

Ich erinnere mich noch sehr genau des Tages im Herbst 1953. Meine Frau und ich, wir waren mit unserem Auto unterwegs irgendwo auf der Autobahn, und über das Autoradio kam die Nachricht vom Tode Ernst Reuters. Wir haben angehalten und haben versucht, mit dem Schock dieser Nachricht fertigzuwerden. Ernst Reuter war ein großer Bürgermeister dieser Stadt, eine der prägenden Gestalten der Nachkriegszeit überhaupt, und zugleich eine herausragende orientierende Persönlichkeit nicht nur für die ganze deutsche Sozialdemokratie, sondern für das deutsche Volk. Mir sind seine Worte aus der Zeit der Blockade Berlins noch im Ohr. Vielleicht haben wir gerade heute Anlaß – so kurz nach seinem 100. Geburtstag – uns besonders an den Satz zu erinnern, den er am 9. September 1948 aus der Bedrängnis Berlins hinausschleuderte: *»Völker der Welt, schaut auf diese Stadt.«*

Ich habe viele Erinnerungen an Berlin. An jene Wochen, in denen die Mauer die Stadt zerriß und der Eiserne Vorhang sich lückenlos herniedersenkte. Davor liegen meine persönlichen Erinnerungen an Berlin in der Zeit des Krieges; ich glaube, ich habe in dieser Stadt sechs oder acht Adressen gehabt. Stück um Stück wurde die alte Schönheit zerstört. Und da sind meine Schulzeit-Erinnerungen an das Berlin der Vorkriegsjahre, Erinnerungen auch an die Weltstadt, die Berlin in den Zeiten der Weimarer Republik geworden ist.

Für mehr als hundert Jahre war und ist Berlin die Schicksalsstadt der Deutschen gewesen: Während einer Zeit, die kürzlich Christian Graf Krockow als das Jahrhundertdrama der Deutschen beschrieben hat. Die Blüte dieser Stadt als dem kulturellen Zentrum Deutschlands reichte eigentlich nur von Bismarcks Reichsgründung 1871 bis 1933. Und in dieser Zeit waren es insbesondere die Jahre 1918 bis 1933, in denen Berlin zum Mythos wurde.

Zwar ist Berlin unter den Weltstädten Europas ein später Emporkömmling. Anders als in den übrigen Metropolen Europas, anders als in Venedig oder Florenz, anders als in Amsterdam, London, Paris oder Wien gab es hier kein durch Jahrhunderte verwurzeltes Honoratiorentum, keine Patrizierfamilien, welche die Tradition bewahrten. Es gab aber etwas anderes, und dies machte den besonderen Reiz der Stadt aus: nämlich die Menschen, welche die Kultur und das Lebensgefühl Berlins prägten, die kamen von überallher.

Diese Tradition der bereitwilligen Aufnahme von Bedrängten und Unterdrückten, von solchen, die sich nach geistiger Freiheit sehnten, die reicht weit zurück; zurück bis zum Potsdamer Toleranzedikt des Großen Kurfürsten von 1685. Seit dieser Zeit strömten sie von allen Seiten heran: aus Frankreich, aus Schlesien, aus Polen und Galizien, aus Portugal oder woher auch immer. Mit den Worten Krockows: »Zum Segen der Hauptstadt gehörte, daß Preußen seine Philosophen, Gelehrten und Künstler, oft sogar seine Minister und Generale aus der Ferne berief. Die Stadt wurde geprägt von diesem Zustrom.« Kurt Tucholsky hat dazu gesagt: »Daß denn die Hugenotten nach Berlin kamen, davon zeugt heute noch so manche Frauenschönheit und der ganze Fontane.«

Die Kulturstadt Berlin, das war in den goldenen Zwanzigern auch die Theaterstadt Berlin. Im November 1919 eröffnete das Große Schauspielhaus mit der Orestie des Aischylos unter der Regie von Max Reinhardt und in den Hauptrollen Alexander Moissi, Werner Krauss und Agnes Straub. Hier spielten Albert Bassermann und Fritz Kortner; Erwin Piscator entwickelte das episch-politische Theater. Annähernd 40 Bühnen spielten nebeneinander. Uraufgeführt wurden hier unzählige Autoren von Brecht bis Bronnen, von Werfel bis

Zuckmayer. 1932 gab das Deutsche Theater Gerhard Hauptmanns Tragödie »Vor Sonnenuntergang« – eine symbolträchtige und prophetische Aufführung.

Dazu war Berlin eine Metropole der Musik. Seit 1922 dirigierte hier Furtwängler als Nachfolger von Nikisch. Bruno Walter gab seine Konzerte hier; in der Oper dirigierten Erich Kleiber und Otto Klemperer. Kurt Weill und Paul Hindemith wurden uraufgeführt. Später kam Walter Felsenstein.

Berlin war auch eine Hauptstadt der Schriftsteller: Alfred Kerr, Alfred Polgar, Willy Haas, Alfred Döblin; Theodor Wolff war Chefredakteur des »Berliner Tageblattes«. Jacobsohn, Ossietzky und Tucholsky prägten die »Weltbühne«. Da gab es literarisch anspruchsvolle Zeitschriften, die in einer einzigen Ausgabe als Autoren André Maurois, Musil – der übrigens am Kurfürstendamm einen Teil seines »Mannes ohne Eigenschaften« schrieb –, Kafka und Werfel aufwiesen.

Man könnte hinzufügen, daß Berlin die Stadt der Verleger und der Verlagshäuser war. Damals schrieb Heinrich Mann: »Die Zukunft Deutschlands wird heute andeutungsweise vorausgelebt in Berlin. Wer Hoffnung fassen will, blickte dorthin . . . Die Vereinheitlichung Deutschlands wird, sicherer als durch Gesetze, durch die werbende Kraft des Zivilisationsherdes geschehen, der das zu sich selbst heranwachsende Berlin ist. Ja, Berlin wird, so wenig es sich dies träumen ließ, die geliebte Hauptstadt sein.«

Oder mit den Worten von Carl Zuckmayer: »Berlin schmeckte nach Zukunft, und dafür nahm man den Dreck und die Kälte gern in Kauf.«

All dies soll nur, kann nur ein kleiner Ausschnitt sein. Hinzuzufügen wäre der jüdische Beitrag zu dem, was dann später preußischer Geist hieß. Von Moses Mendelssohn bis zu Rahel Varnhagen, in deren Salon einstmals Heinrich Heine ein- und ausging. Hinzuzufügen wäre die große philosophische Tradition der Universität, die Hegel und Fichte und deren Philosophien aufnahm, Philosophien im übrigen, die einen nicht nur positiven Einfluß auf die Entwicklung des Denkens in Deutschland hatten.

Aber alles dieses, denke ich, gehörte dazu, wenn Ernst Reuter im Augenblick höchster Bedrängnis die Völker der Welt aufrief: »Schaut auf diese Stadt.« Wenn dieser Satz wieder Bedeutung gewinnt, dann diesmal, weil es heute nicht die Bedrängnis der Stadt ist, welche die Aufmerksamkeit der Völker der Welt verdient, sondern die Chancen, die Hoffnungen, von denen wir in diesen Tagen geschüttelt werden.

Ist es nicht so, daß in diesen Tagen auf einmal die Möglichkeit als denkbar erscheint, daß Berlin abermals zu diesem Magneten für Menschen von überallher werden könnte, daß hier abermals eine Situation der überströmenden Fülle von Anregungen, von künstlerischen, wissenschaftlichen, gesellschaftlichen Improvisationen entstehen könnte? Als die Mauer sich öffnete, da blitzte für einen Augenblick dieses Berlin und diese Zukunft Berlins auf.

In dieser Stadt hat niemals irgend jemand vergessen, daß im April 1945 ein Weltkrieg zu Ende ging, den das Deutsche Reich begonnen, total geführt und schließlich total verloren hatte. Das Ergebnis dieses Krieges war nicht nur die Zerstörung Berlins wie vieler anderer Städte auch, sondern durch Jalta und Potsdam die Aufteilung Europas und Deutschlands.

Seither haben wir in Europa eine Folge von Phasen der Konfrontation, der Rüstung und der Entspannung erlebt; Phasen der wiederholten östlichen Vorrüstung und der westlichen Nachrüstung zur notwendigen Wahrung des militärischen Gleichgewichts mit dem Osten. Durch solche Phasen hindurch hat unsere Ostpolitik seit dem Beginn der siebziger Jahre alles unternommen, was möglich war, um das Geflecht der Beziehungen zwischen den Deutschen in beiden deutschen Staaten aufrechtzuerhalten und diese Beziehungen zu erleichtern. Alles mit dem Ziel, das Zusammengehörigkeitsgefühl der Deutschen untereinander aufrechtzuerhalten – und damit die Option zu bewahren, von der in der Präambel des Grundgesetzes geschrieben ist.

Seit dem Sommer dieses Jahres ändert sich die Lage der Nation in schnellem Tempo. Zum ersten Mal in der deutschen Geschichte hat es eine Revolution gegeben, welche diesen Namen verdient. Seither und auch schon wieder seit Dr. Kohls Zehn-Punkte-Programm vom 22. November hat sich die Lage weiter entwickelt: durch Reaktionen in Washington, in Moskau, in Paris, in Warschau, in Malta, Kiew und Straßburg, in fast allen europäischen Hauptstädten und vor allem in der DDR.

Die SED hat sich als nackt erwiesen, als »Kaiser ohne Kleider«. Sie ist moralisch zusammengebrochen. Herbert Wehner hat das schon vor einem Vierteljahrhundert vorausgesehen, als er sagte: »Das SED-Experiment wird fürchterlich enden, mit einem moralischen Katzenjammer und einer sittlichen Vernichtung derer, die einmal aus ehrlichen Absichten kommunistische oder soziale Vorstellungen solcher Art zu realisieren versucht haben.« Jetzt soll am 6. Mai nächsten Jahres gewählt werden; bis zur Bildung einer Regierung durch eine erstmalig frei gewählte Volkskammer würden – von heute gerechnet – noch mindestens 5 Monate vergehen. Bis dahin bleiben viele Unklarheiten über die Zukunft der deutschen Nation. Und neue Ungewißheiten und Unklarheiten werden offenbar werden – auch nach dem 6. Mai.

Aber eine schrittweise gegenseitige Annäherung der beiden deutschen Staaten durch Zusammenarbeit auf zusätzlichen Feldern und durch zusätzliche Institutionen ist wahrscheinlich. Sie ist sogar dringend zu wünschen. Wer immer sich dagegen ausspräche, der könnte gefährlichen deutschen Nationalismus auslösen.

Nach der großartigen Revolution in der DDR – großartig wegen ihrer totalen Gewaltlosigkeit – ist es jetzt wichtig, die notwendige Rang- und Reihenfolge zu begreifen. Das Wichtigste ist die Herstellung einer vollen Garantie für Würde und Freiheit der Person, die Errichtung einer parlamentarischen Demokratie und eines zuverlässigen Rechtsstaates in der DDR. Schon vor dem 6. Mai sollten gewisse Paragraphen des DDR-Strafgesetzbuches gestrichen und die völlige Unabhängigkeit der Gerichte hergestellt werden, damit nicht empörte Bürger zur Selbstjustiz greifen und damit das Land ins Chaos stürzen.

An nächster Stelle muß – für alle Deutschen – die dringend gebotene Rücksichtnahme auf die Interessen der übrigen europäischen Völker, ihrer Staaten und ihrer Regierungen stehen. Viele Völker im Norden und im Süden Europas leben auf Halbinseln am Rande unseres kleinen Kontinents, einige sogar auf Inseln. Nur wenige, zumal wir Deutschen und die Polen, leben im Zentrum, in dem schmalen Korridor zwischen Ostsee und Gebirgen. Wir Deutschen tragen die Last einer besonders ungünstigen geographischen Lage. Wir haben mehr Nachbarn als irgendein anderes Volk. Deshalb ist es für uns noch schwieriger als für die anderen Völker in Europa, mit allen Nachbarn in gutem Einvernehmen zu leben.

Unter Hitler haben deutsche Soldaten vom Nordkap bis nach Nordafrika, von Madrid bis zum Kaukasus auf dem Boden von mehr als der Hälfte der Staaten Europas gekämpft. Dabei sind grauenhafte Verbrechen geschehen. Wir dürfen uns nicht wundern, wenn heute in unseren Nachbarvölkern Besorgnisse sich zu Wort melden, nachdem es jetzt zum ersten Mal seit 1945 möglich erscheint, daß die Deutschen ein gemeinsames Dach über sich errichten. Deshalb müssen wir darauf sinnen, wie wir unseren Nachbarn diesen Vorgang erträglich und für sie selbst nützlich gestalten können.

Die Frage, ob und wie weit es zum deutsch-deutschen Annäherungsprozeß kommt, hängt zu allererst von den Deutschen in der DDR ab. Wahrscheinlich werden eine sich verschlechternde wirtschaftliche Lage in der DDR und das ökonomische Gefälle den Wunsch mindestens nach einem gemeinsamen wirtschaftlichen Dach bald erstarken lassen. Wir Westdeutschen werden dazu bereit sein. Viele von uns werden dabei das Wort »Wiedervereinigung« vermeiden; denn was bedeutet »Wieder«? Wir wollen ja nichts »wieder« so wie zu Hitlers Zeiten, auch nicht wie Anno Weimar, auch nicht wieder wie in der wilhelminischen Epoche.

Wir Westdeutschen sind voller Hoffnung bereit zur Gemeinsamkeit aller Deutschen. »Es wird zusammenwachsen, was zusammengehört«, so hat Willy Brandt zu Recht gesagt. Aber wir müssen wissen: Das deutsche Interesse können wir allein nicht verwirklichen. Deutscher Glaube kann keine Berge versetzen und darf Grenzen weder versetzen noch aufheben wollen; er darf es nicht um des Friedens willen.

Mindestens drei kategorische Interessen anderer haben wir zu berücksichtigen:

Erstens das *Interesse der Sowjetunion*, ihren Weltmachtstatus und ihre Sicherheit in Europa strategisch zu sichern;

Zweitens die *Besorgnis* vieler Menschen in beiden Teilen Europas vor einer Wiederkehr des sowjetischen Imperialismus – gleich, ob Gorbartschow gestürzt werden oder ob Perestroika langfristig zum Erstarken der Sowjetunion führen sollte;

Drittens das gemeinsame Interesse fast aller anderen Europäer, *vor einer späteren Wiederaufrichtung deutscher Hegemonie bewahrt zu sein und zu bleiben.*

Alle diese Interessen zusammen mit den eigenen unter einen Hut zu bringen erscheint schwierig. Aber mir scheint es möglich zu sein. Mancherorts wird deshalb heute an Modellen oder Blaupausen für die Zukunft der Struktur Europas und der beiden Bündnisse gearbeitet. Einige der Modelle sind wohl recht voreilig. Man sollte nicht den zweiten Schritt vor dem ersten tun wollen.

Aber es gibt Prinzipien und Ziele, die nicht aus den Augen gelassen werden dürfen.

Dazu gehört das *Selbstbestimmungsrecht*, von den Vereinten Nationen mehrfach bekräftigt, *das selbstverständlich auch für uns Deutsche gilt.* Die Helsinki-Schlußakte von 1975 hat daran nichts geändert; die von allen Beteiligten beabsichtigte Fortsetzung des Helsinki-Prozesses liegt im deutschen Interesse. Unabhängig davon gelten weiterhin das Vier-Mächte-Abkommen über Berlin sowie der Deutschland-Vertrag zwischen den drei Westmächten und der Bundesrepublik.

Die Sicherheitsinteressen aller Beteiligten verlangen nach einem Gleichgewicht der in Europa stationierten militärischen Kräfte, die Vernunft gebietet Absenkung der gegenwärtigen Zahlen durch Abrüstungsverträge. Das daraus hoffentlich resultierende gesamteuropäische Sicherheitssystem (oder mit anderen Worten: die »Europäische Friedensordnung«) bedarf der Mitwirkung der Vereinigten Staaten und der Bündnissysteme in West und Ost. Eine Auflösung der militärischen Bündnissysteme sollte für den Rest des 20. Jahrhunderts nicht zur Debatte gestellt werden; für den Fall einer schrittweisen Konföderation beider deutscher Teile kann für das Territorium der DDR ein besonderer militärischer Status zweckmäßig sein, aufgrund dessen dort für einen noch zu definierenden Zeitraum sowjetische Streitkräfte präsent bleiben.

Die demokratischen Staaten im östlichen Teil Europas bedürfen erheblicher wirtschaftlicher Hilfe durch die Europäische Gemeinschaft, damit sich die jungen Demokratien stabilisieren können. Der Vorschlag von François Mitterrand in Straßburg zur Einrichtung einer Investitionsbank durch die EG erscheint mir richtig. Der Marshallplan sollte nicht ein singuläres Ereignis in der Geschichte bleiben. Wir alle in Westeuropa sind wohlhabend; wir können etwas abgeben.

Die Europäische Gemeinschaft ist nicht nur ein allgemeiner wirtschaftlicher Stabilitätsanker, sie ist zugleich das politische Gravitationszentrum des Kontinents. Wir Deutschen dürfen das Ziel der Wirtschafts- und Währungsunion und das Endziel der politischen Union nicht gefährden; nur als Glied der EG können wir hoffen, die Besorgnisse unserer Nachbarn abzubauen. Die Europäische Gemeinschaft bedarf der Vertiefung, zum Beispiel durch das zu schaffende Europäische System der Zentralbanken, durch gemeinsame Außenpolitik und hoffentlich eines nicht fernen Tages durch gemeinsame Sicherheitspolitik. Vertiefung also, nicht Verwässerung! Und nicht auf die lange Bank!

Die wichtigsten unmittelbaren Nachbarn unseres Volkes sind die Franzosen und die Polen, danach dann die Holländer, die Tschechen und alle anderen. Den Polen wie den Franzosen gegenüber haben wir besondere politische und psychologische Anstrengungen nötig. Im Verhältnis zu Polen heißt dies: Strikte und eindeutige Anerkennung der polnischen Westgrenze – ohne juristische Spitzfindigkeit und ohne Wenn und Aber! Die Polen sind nicht schuld an der Westverschiebung ihres ganzen Volkes durch die Macht Stalins. Die Polen hatten sie nicht gewollt; sie hatten sich damit abzufinden. Aber daß es dazu kommen konnte, das war eine Folge der deutschen Angriffe zunächst auf Polen und dann auf die Sowjetunion.

Heute müssen wir endgültig unseren polnischen Nachbarn

die Sorge nehmen vor der Möglichkeit einer abermaligen Grenzverschiebung. Die Gebiete der DDR und der Bundesrepublik bieten bei weitem genug Raum für 77 oder auch 80 Millionen Menschen, in selbst erarbeitetem Wohlstand zu leben. Das Argument vom angeblichen Volk ohne Raum ist seit Jahrzehnten als ökonomischer Unfug entlarvt. Laßt uns endlich die gebotene Schlußfolgerung ziehen!

Es gibt ohnehin kein Volk und keine Regierung auf der Welt, welche jemals deutsche Grenzansprüche gegenüber Polen anerkennen würde! Deren Aufrechterhaltung führt zu deutscher Selbstisolierung: ein schweres Hindernis für die internationale Anerkennung des deutsch-deutschen Annäherungsprozesses.

Für diese internationale Anerkennung des Annäherungsprozesses ist kein anderes Nachbarvolk wichtiger als die Franzosen. Seit einer Reihe von Jahren antwortet das französische Volk mit großer Mehrheit auf die Meinungsumfrage nach seinem besten Freund: die Deutschen. Und ebensolange und mit gleicher Mehrheit antworten wir Deutschen auf die gleiche Frage: die Franzosen. Die jahrzehntelange Arbeit von Menschen wie Jean Monnet, Schuman, de Gaulle, Giscard d'Estaing und Mitterrand, die Arbeit Adenauers und anderer hat gute Früchte getragen, was die Gefühle der französischen oder der deutschen Nation füreinander angeht. Keine andere Nation der ganzen Welt könnte den deutsch-deutschen Wunsch nach gegenseitiger Annäherung und nach einem gemeinsamen Dach eher und besser und glaubwürdiger legitimieren als die Franzosen.

Allerdings – das weiß ich wohl – gibt es in der politischen Klasse Frankreichs Hemmungen. Sie ergeben sich aus einem wirtschaftlichen und demographischen Zahlenvergleich, aus historischen Erinnerungen und bisweilen auch aus Bonner Ungeschicklichkeiten. Aber das muß ja alles so nicht bleiben; denn Paris besitzt Trumpfkarten, die wir nicht besitzen und nicht erlangen können.

Dies sind der ständige Sitz im Sicherheitsrat der Vereinten Nationen; wichtiger noch die Teilnahme am Deutschlandvertrag (mit dem Vorbehaltsrecht bezüglich Deutschlands als

Ganzes) und am Vier-Mächte-Abkommen über Berlin; und noch wichtiger die beträchtliche autonome nuklearstrategische Rüstung, der wir durch den Atomwaffensperrvertrag (NPT) vertraglich entsagt haben.

Viel wichtiger als alles dies und vor allem aber: Frankreich hat in der Welt ein enormes, auf Geschichte und Kultur gegründetes Prestige als Nation, während auf uns Deutschen noch generationenlang die Erinnerungen an Auschwitz und an alle anderen Nazi-Verbrechen lasten werden.

Wir Deutschen glauben den Franzosen, daß sie die Europäische Gemeinschaft zum Vereinten Europa entwickeln wollen; den Engländern können wir das einstweilen schwerlich glauben. Kein Engländer kann 77 Millionen Deutsche an den Westen binden. Das kann auch kein amerikanischer Präsident aus Georgia oder Kalifornien oder woher auch immer. Aber de Gaulle konnte es und Giscard d'Estaing; so kann es Mitterrand, so kann es Frankreich insgesamt. Wir Deutschen bedürfen der Franzosen, ihres Verständnisses, ihrer Initiativen, ihrer Führung.

Es scheint mir dringend nötig, denn es liegt im dringenden gesamtdeutschen Interesse, daß man sich in Bonn der französischen Schlüsselrolle wieder bewußt wird, daß jedermann in Bonn bei jedem Schritt sich der bonne entente bewußt ist, daß wir keinen Schritt ohne Frankreich tun und daß wir Paris den Vortritt lassen, der den Franzosen gebührt. Mehr noch: wenn eines Tages amerikanische und sowjetische Truppen in Mitteleuropa stark vermindert werden, so sollte ein Franzose im Rahmen der Allianz die Stellung eines europäischen Oberkommendierenden einnehmen. Gewiß, die Franzosen müssen dies auch selber wollen.

Machtkonstellationen dauern nicht ewig; die Geschichte der Staaten folgt jeweils ihren eigenen Gesetzen. So im 19. Jahrhundert, als 1814/15 fünf Mächte im Wiener Kongreß ein Gleichgewicht über Europa zu errichten suchten. Das hat eine Zeit gehalten, aber spätestens um die Mitte des Jahrhunderts war die Konstruktion hinfällig geworden. So im 20. Jahrhundert, in dem zuerst der Hitlersche und heute der Stalinsche Imperialismus zuschanden wurden.

Aber auch im 21. Jahrhundert werden die Franzosen und die Polen unsere wichtigsten Nachbarn bleiben. Und so, wie – jahrhundertelang und am Ende mit Erfolg – die Polen an ihrem Willen zur Wiederherstellung ihres Staates festgehalten haben (»Noch ist Polen nicht verloren!«), so werden wir Deutschen an unserer nationalen Einheit festhalten. Aber wir selber müssen wissen: Ohne unsere Nachbarn geht das nicht!

Es war *die weitgehende Abwesenheit europäischer Vernunft* in den Köpfen deutscher Politiker, die nach 1890 und abermals nach 1919 dramatische Folgen gehabt hat. Nach 1890 hat in Berlin niemand mehr verstanden, wie sehr die anderen europäischen Mächte Gleichgewicht für nötig hielten. Mit egozentrischer Naivität machte sich das wilhelminische Deutschland – ohne Not – allzu viele Feinde. Nach 1919 blieben sowohl Locarno gegenüber Frankreich als auch Rapallo gegenüber der Sowjetunion bloß taktische Ansätze. Ein Ost-Locarno gegenüber Polen wurde von Stresemann sogar ausdrücklich abgelehnt.

Damit sich dergleichen nicht wiederholen kann, habe ich eine Reihe von Bitten an die Deutschen hüben und drüben.

Deutsch-deutsche Alleingänge können nicht ans Ziel führen; laßt uns Rücksicht nehmen auf alle unsere Nachbarn! Und auch auf die strategischen Sicherheitsinteressen der Sowjetunion.

Laßt uns die großartige Errungenschaft des Vertrages über die nuklearen Mittelstreckenwaffen, nämlich die gegenseitigen Kontrollen und Inspektionen, die längst hundertfach stattfinden, zum Vorbild nehmen für die Wiener Verhandlungen über den Abbau konventioneller Streitkräfte.

Weder die Aufrechterhaltung der beiden Bündnissysteme noch eine fortdauernde Anwesenheit eines Teiles fremder Truppen muß uns Deutsche in beiden Staaten daran hindern, zum Beispiel im Verkehr auf der Schiene, der Straße, in der Luft oder per Telefon unsere Netze auszubauen, zu modernisieren und miteinander zu verknüpfen. Modrows Wort von der Vertragsgemeinschaft und Kohls Wort von neuen gemeinsamen Institutionen passen ohne Schwierigkeiten zueinander; bitte, fangt alsbald damit an! Die jüngste Vereinbarung über den privaten Reiseverkehr und seine Finanzierung war ein guter Auftakt.

Laßt unsere Regierungen schrittweise und unter Wahrung der Verhältnismäßigkeit vorgehen – und Überraschungen für Nachbarn und Partner vermeiden! Das Gerüst des seit 1975 andauernden Helsinki-Prozesses zu nutzen liegt nicht nur in unserer beiderseitigem Interesse, sondern zugleich im Interesse aller unserer Nachbarn.

Wir Bundesdeutschen müssen uns zu großzügiger wirtschaftlicher Hilfe an die demokratischen Staaten im Osten entschließen, aber nicht allein durch Bundesregierung oder Bundestag, denn dies würde Neid und Argwohn wecken, sondern durch die Europäische Gemeinschaft. Laßt uns für Kooperationsverträge der EG mit den demokratischen Staaten Osteuropas eintreten. Bilateral bleibt dann noch genug zu tun, zum Beispiel die Entsendung von jungen Ärzten für Not- und Nachtdienst oder von Werkstättenleitern oder zum Beispiel im Umweltschutz!

Natürlich muß derjenige mehr geben, der mehr hat; das gilt für die Mitgliedsstaaten der EG ebenso wie für die Einzelpersonen. Ohne Rücksicht auf Popularität füge ich hinzu: Laßt uns Westdeutsche ein für jedermann fühlbares Opfer bringen, sei es durch eine Vermögensabgabe, sei es durch eine vorübergehende Erhöhung der Einkommens-, Lohn- und Körperschaftssteuer. Laßt die Bundestagsfraktionen unsere Schritte gemeinsam beraten und beschließen. Laßt keinen Opportunismus zu gegenüber Spießbürgern oder Extremisten, weder rechts noch links.

Die Deutschland-Politik sollte von niemandem zum Wahlkampf-Thema gemacht werden: in Ungarn oder Polen, in der ČSSR oder der DDR hat weder »der Kapitalismus« gesiegt noch die soziale Marktwirtschaft noch irgendein System, sondern *gesiegt hat der Wille zur Freiheit.*

Laßt uns nicht vergessen, daß die DDR-Bürger selbst bestimmen müssen, was sie wollen. Sie brauchen dafür wohl ein wenig Zeit.

Vergeßt nicht, daß unsere Zuverlässigkeit nirgendwo in Zweifel geraten darf. Es genügt nicht, über Gräbern und in

Konzentrationslagern einander zu umarmen. Entscheidend ist, wie wir in der tatsächlichen täglichen Politik mit unseren Nachbarn umgehen.

An die Bürger in der DDR gewandt: Nach eurem Meisterwerk der Gewaltlosigkeit *erhoffen wir von euch Deutschen in der DDR ein Meisterwerk der Umsicht, der Beharrlichkeit und der Geduld.* Je länger es dauert, bis es zu freien Wahlen kommt, desto größer die Gefahr wirtschaftlicher und staatlicher Unordnung; je eher es aber zur Wahl kommt, desto schwieriger die freie Organisation demokratischer Parteien, die Abhaltung von Parteitagen und die Aufstellung von Kandidaten. Deshalb solltet ihr sofort Telefone, Telefaxe, Zugang zum Fernsehen, zu Druckereien und Papier verlangen.

Aber ebenso deutlich die Bitte: *Widersteht allen Versuchungen zum Faustrecht!* Gebt niemandem einen Anlaß, Gewalt einzusetzen; vertraut auf die Selbstheilungskraft eurer eigenen Bewegung.

Eure wirtschaftliche Lage wird sich zunächst verschlechtern. *Vertraut deshalb auf unsere Hilfsbereitschaft.* Sagt uns, was ihr braucht. Habt keine Angst vor dem Gespenst Kapitalismus, von dem ihr angeblich aufgefressen werden sollt; *denn nichts kann in der DDR geschehen ohne den Willen der von euch frei gewählten Volksvertreter.*

Und laßt euch nicht zu anti-polnischer Hetze verleiten! Was hülfe es der Sache der Freiheit, wenn nach Beseitigung von Mauer und Stacheldraht statt dessen die Oder zu einer unüberwindlichen Grenze gemacht würde? Das Käfig-Dasein muß ein Ende haben! *Die Hetze der Völker gegeneinander muß ein Ende haben!*

Vergeßt nicht: Ohne die Revolutionen in Polen und in Ungarn wäre die Revolution in der DDR gewaltlos kaum zum Erfolg gelangt – und auch nicht ohne die Duldung durch die sowjetische Führung. Gorbatschow hat ein Risiko auf sich genommen, indem er dem Völkerrecht gehorsam war; Breshnew hätte statt dessen Panzer eingesetzt. Wir alle in Europa haben ein Interesse daran, daß Gorbatschow am Ruder bleibt und daß sein Experiment gelingt. Dann wird es eines Tages auch zu einem echten gemeinsamen europäischen Haus kommen.

Das Wort Walter Mompers vom 10. November, daß nämlich die Deutschen an jenem Tage das glücklichste Volk gewesen seien, das ist genauso wahr gewesen wie der Satz, den ich heute für notwendig halte: *Daß wir Deutschen heute und morgen von der Geschichte gefordert sind, historisch bewußter und politisch klüger zu sein als jemals zuvor in unserer bisherigen Geschichte.*

Ich danke der Stadt Berlin, daß sie mich zu diesem Zeitpunkt zu ihrem Ehrenbürger macht. Dies ist eine Zeit der Morgendämmerung. Wie sehr würde ich mich freuen, auch den vollen Tag noch zu erleben – und Berlin darinnen in neuem Glanz!

Schritt um Schritt zur Einheit

Beitrag in der ZEIT vom 23. März 1990

Am Abend seines großen Wahlsieges hat Lothar de Maizière auf die Frage nach den nächsten wichtigen Schritten mit dem Hinweis auf die Wirtschafts-, Währungs- und Sozialunion zwischen der DDR und der Bundesrepublik geantwortet; er hat zugleich auf die notwendige internationale Einbettung des deutsch-deutschen Einigungsprozesses hingewiesen. Beides ist richtig, beides muß Vorrang haben vor der rechtlichen und verfassungsrechtlichen Vereinigung.

Ohnehin dauert jeder der denkbaren verfassungsrechtlichen Wege zur Vereinigung wesentlich länger, als der Bundeskanzler seine Zuhörer und sich selbst glauben gemacht hat. Von der Volksabstimmung im Saarland, der bereits längere deutsch-französische Verhandlungen über das Saarstatut vorausgegangen waren, bis zum Ende der Übergangsfrist und bis zur Währungsunion haben wir damals fast vier Jahre benötigt (einzelne Sonderbestimmungen zugunsten Frankreichs liefen erst wesentlich später aus). Der Weg über Artikel 23 des Grundgesetzes hat also mehrere Jahre gedauert, obwohl die wirtschaftliche und soziale Struktur an der Saar derjenigen der Bundesrepublik sehr ähnlich war.

Mindestens ähnlich lang wird der Weg für die DDR werden, und zwar aus zwei Gründen:

Erstens: Die internationale Einbettung des deutschen Einigungsprozesses ist ungleich schwieriger als beim Beitritt der Saar; ungleich mehr Partnerstaaten haben ein Wort mitzureden, noch viel mehr Partnerstaaten wollen ein Wort mitreden. Und wir Deutschen haben auf alle zu hören!

Zweitens: Die Wirtschafts- und Sozialstruktur der DDR ist von derjenigen der Bundesrepublik kategorisch verschieden; sie ist darüber hinaus in ihrer heutigen Beschaffenheit bei offenen Grenzen überhaupt nicht wettbewerbsfähig und würde ohne Umbau kaum lange überleben. Viele Einrichtungen müssen völlig neu geschaffen werden – von einem normalen Steuersystem und einem Sozialversicherungssystem westlichen Typus bis zu Gewerbefreiheit und Betriebsverfassung, schließlich die Eigentumsordnung.

Beide deutschen Regierungen müssen vordringlich den Konsens mit unseren Nachbarn und mit den vier Siegermächten des Jahres 1945 suchen. Dabei geht es um mindestens vier kardinale Aspekte: die Sicherheitsinteressen nicht nur des Westens, sondern auch der Sowjetunion; die Sicherheitsinteressen Polens, besonders hinsichtlich der polnischen Westgrenze; die Zugehörigkeit des vereinigten Deutschlands zur Wirtschafts- und Währungsunion der Europäischen Gemeinschaft; schließlich die ökonomische Hilfe des Westens für Polen, Ungarn und die Tschechoslowakei (und möglicherweise auch für andere Staaten im Osten Europas einschließlich der Sowjetunion).

Eine Einigung über konventionelle Abrüstung in Europa ist 1990 zwischen Amerika und der Sowjetunion sehr wahrscheinlich; sie wird hoffentlich auch die anderen europäischen Staaten (und beide deutschen Staaten) einbeziehen. Danach werden jedenfalls rund 200 000 amerikanische und 200 000 sowjetische Soldaten auf fremdem Boden in Europa zurückbleiben, überwiegend auf deutschem Boden. Ob die Vereinbarungen des Warschauer Pakts oder ob zweiseitige Beistandsverträge der Sowjetunion bestehen bleiben, ist noch nicht zu erkennen; jedenfalls wird eine Aufhebung der Vorbehaltsrechte der Siegermächte einhergehen müssen mit einer vertraglichen Regelung der Stationierung sowjetischer Truppen.

Die Stationierung dieser amerikanischen und sowjetischen Truppen (wie vermutlich auch kleinerer französischer und englischer Kontingente) wird auch von Polen verlangt werden. Eine bloß deutsche Grenzgarantie wird nach dem Bonner Spektakel des letzten Dreivierteljahres, das Vertrauen zerstört hat, für Warschau nicht ausreichen. Der Bundeskanzler, der eine Neutralität für das vereinigte Deutschland zu Recht abgelehnt hat, dürfte inzwischen verstanden haben, daß angesichts der gegenwärtig geschwundenen sowjetischen Bedrohung Westeuropas der zweite Hauptzweck der NATO hervortritt, der bisher hinter dem ersten Hauptzweck der Abschreckung Moskaus verborgen geblieben war, nämlich die Aufsicht über Deutschland. Niemand wird diesen Zweck gerne beim Namen nennen wollen; wer aber anstelle der NATO-Mitgliedschaft die Neutralisierung Deutschlands setzen wollte, der weckt Ängste bei allen Nachbarn. Vermutlich wird auch die Sowjetunion dies noch erkennen, zumal sie keine Hoffnung auf eine spätere Anlehnung eines neutralisierten Deutschland an Moskau haben kann.

Über die Klärung der Standpunkte wird Zeit vergehen, Polen wie die ČSR werden mitreden wollen und ebenso diejenigen europäischen NATO- und EG-Mitgliedsstaaten, die nicht zu den offiziellen Siegermächten gehören. Es wird Zeit, daß der Bundeskanzler sich darauf einstellt; schon heute sind die Pflaster und Verbandspäckchen nicht mehr ausreichend, die der Bundespräsident und der Außenminister im Ausland anbieten. Vielmehr muß der Bundeskanzler selbst bei jedem seiner Schritte und jedem seiner Worte sich um Vertrauen bemühen, sich nicht nur mit Bush, sondern vor allem mit Mitterrand abstimmen und ebenso mit Mazowiecki. Vor allem denjenigen seiner Freunde sollte er Schweigen gebieten, die von »Reparationen« und von einem »Friedensvertrag« reden – ein halbes Jahrhundert nach Kriegsende! Doch auch der neue Ministerpräsident der DDR kann helfen, verlorengegangenes Vertrauen wiederzugewinnen: Warschau, Prag, Paris, Washington, nicht Bonn, sollten seine ersten Reiseziele sein – natürlich auch Moskau – und sodann Brüssel.

Wenn es um die internationale Einbettung Deutschlands geht, ist die Europäische Gemeinschaft wichtiger als die NATO. Denn Soldaten und Waffen werden in den neunziger Jahren eine geringere Rolle spielen, statt dessen wird die industrielle und die finanzielle Leistungskraft der Volkswirtschaften politisch stärker ins Gewicht fallen. Deshalb muß das vereinigte Deutschland sich ganz und gar in die Wirtschafts- und

Währungsunion der EG einfügen. Deshalb muß der Ausbau des heutigen Europäischen Währungssystems zu einem unabhängigen Europäischen Zentralbank-System mit einer einzigen Währung von uns Deutschen vorangetrieben werden – selbst dann, wenn England zunächst noch nicht mitmacht; London wird dann eben später beitreten. Entscheidend ist, daß es bei einer gemeinsamen ECU-Währung nur eine gemeinsame Zahlungsbilanz der EG gegenüber dem Rest der Welt gibt und nicht mehr länger deutsche Leistungsbilanz-Überschüsse – und nicht eine noch mächtiger werdende D-Mark als die alle anderen überragende Währung in Europa. Niemand kommt auf die Idee, zwischen Kalifornien und Massachusetts eine Zahlungsbilanz aufzumachen, kalifornische Dominanz über den Mittleren Westen festzustellen oder sich in Florida vor kalifornischen Dollars zu fürchten. Der Binnenmarkt Amerikas kennt nur eine einzige Währung, nur ein einziges integriertes *Federal Reserve System*, nur eine einzige Geldpolitik; darin liegt die Wurzel des wirtschaftlichen Aufstiegs Amerikas im 20. Jahrhundert – und dies alles trotz erheblicher struktureller, sozialer, steuerrechtlicher, haushaltspolitischer und Einkommensunterschiede zwischen den fünfzig Bundesstaaten.

Der deutsche Einigungsprozeß darf den Prozeß des Ausbaus und der Vertiefung der Integration in der EG nicht behindern. Im Gegenteil: Wenn wir die EG-Integration fördern und dabei zusätzlich Souveränitätsrechte an die EG abgeben, fördern wir zugleich die Zustimmung unserer EG-Partner zum deutschen Einigungsprozeß. Aber mit der Wiederholung alter Lippenbekenntnisse allein ist nichts zu gewinnen, vielmehr muß Bonn aktiv handeln und Vorschläge machen, Vorschläge endlich auch für den schnellen Aufbau – und für tatkräftige Beihilfe zur Kapitalausstattung der Re-Finanzierung – einer Europäischen Entwicklungsbank für den Osten Europas.

Für den Wahlsieg der konservativen Allianz in der DDR hat die Erwartung den Ausschlag gegeben, die man volkstümlich von Leipzig bis Rostock hören konnte: »Nur Kohl bringt die Kohle.« Tatsächlich hat Bonn sowohl eine schnelle Währungsunion mit der DDR als auch erhebliche finanzielle Hilfen an den DDR-Haushalt versprochen. Mit Recht hat Bonn für beide Versprechen eine Bedingung genannt: die rasche Herstellung aller gesetzlichen Voraussetzungen für die Entfaltung einer sozialen Marktwirtschaft. Auf diesem Felde liegen die dringlichsten Gesetzgebungsaufgaben der neuen Volkskammer und der neuen Regierung der DDR.

1. Gewerbefreiheit für jedermann, Entscheidungsfreiheit für die Unternehmensleitungen (VEBs und LPGs) über Produkte, Absatz, Preise und Investitionen sowie Befreiung von allen Planauflagen. (Dabei können Ausnahmen zwecks Erfüllung von vertraglichen RGW-Verpflichtungen und – bis zur Währungsunion – zwecks Erfüllung von Devisenverpflichtungen durch die Notenbank der DDR vorübergehend notwendig sein.)

2. Ersetzung des bisherigen Systems der finanziellen Abgaben (Produktionsfonds-Abgabe, Nettogewinn-Abführung) der Unternehmen an den Staatshaushalt der DDR durch ein für eine Marktwirtschaft normales Steuersystem, in dem Lohn-, Einkommens- und Körperschaftssteuern sowie eine Umsatz- oder Mehrwertsteuer die Ecksteine bilden; hierzu müssen auch Steuerbehörden und Finanzämter geschaffen werden.

3. Schaffung einer Arbeitslosenversicherung als erste Stufe eines umfassenden sozialen Sicherungssystems; dabei ist klar, daß vom Zeitpunkt der Währungsumstellung an nicht nur die Anlauffinanzierung aus dem Bundeshaushalt kommen muß, sondern daß Bonn auch für einige weitere Jahre wesentliche Teile der Finanzierung direkt oder indirekt zu tragen haben wird.

4. Weil die Entscheidungsfreiheit der Unternehmensleitungen und – nach der Währungsumstellung – der harte Wettbewerb um D-Mark-Erlöse zur Rationalisierung der Produktion und damit zu erheblichen Entlassungen führen muß, ist ein Betriebsverfassungsgesetz aus sozialen wie demokratischen Gründen dringend erforderlich; es geht nicht ohne geheim gewählte Betriebsräte und nicht ohne Mitbestimmung in den Aufsichtsgremien der VEBs.

Wenn die neue Volkskammer durch schnelle Gesetzgebung diese Mindestvoraussetzungen schafft oder ihre Verwirklichung in nicht umkehrbarer Weise einleitet, kann die innerdeutsche Währungsunion bis zum Sommer 1990 vollzogen werden; danach werden alle Rechnungen und alle Zahlungen in D-Mark abzuwickeln sein.

Es ist wünschenswert, daß die DDR-Notenbank bis zum Stichtag keineswegs ihre bisherige Geldversorgungspolitik ausweitet. Denn ohnehin müssen große Ost-Mark-Beträge der Privatpersonen, der Unternehmen und des Staates in D-Mark konvertiert werden. Die verfügbare D-Mark-Geldmenge wird dadurch schlagartig zunehmen, ohne daß ihr schlagartig zugleich schon ein wesentlich größeres Güterangebot gegenübersteht. Der davon ausgelöste einmalige Preisanstieg wird sich vermutlich in erträglichen Grenzen halten; immerhin kann er vorübergehend zu weiterem Zinsanstieg für D-Mark-Anleihen führen, er kann auch eine gewisse Schwächeperiode für den D-Mark-Wechselkurs gegenüber den anderen Währungen auslösen. Die Regierungen der am Europäischen Währungssystem beteiligten Staaten werden dies mit einem weinenden und einem lachenden Auge ansehen, die internationalen Finanzmärkte haben die Konsequenzen zum Teil schon vorweggenommen. Deutschland kann das verkraften.

Dabei sind aber noch die Fragen offen nach dem Umstellungs-(Konversions-)Kurs im allgemeinen und nach dem Konversionskurs für Sparguthaben im besonderen. Mehrere Mitglieder der Bundesregierung haben von einem Kurs eins zu eins für alle laufend wiederkehrenden Zahlungen (zum Beispiel für Löhne, Renten, Mieten) und auch für die Sparguthaben gesprochen. Es dürfte schwierig sein, von diesem Pferd wieder abzusteigen und die enormen Erwartungen zu enttäuschen, die Bonn beim DDR-Publikum geweckt hat. Es bleibt aber nötig, sich die Konsequenzen richtig vorzustellen.

Nehmen wir an, ein Industriearbeiter verdiene monatlich 1 300 Mark (Ost), die Trabis, an deren Herstellung er arbeitet, kosten pro Stück 14 000 Mark (Ost). Bisher hat der VEB den Lohn (und andere Kosten) aus dem Verkauf der Trabis decken können. Zukünftig erhielte der Arbeiter monatlich

1300 D-Mark; aber der VEB dürfte völlig außerstande sein, für einen Trabant 14 000 D-Mark zu erzielen, denn der ungleich bessere VW Polo kostet nur 15 500 D-Mark und der ebenfalls bessere Suzuki Alto sogar nur 11 300 D-Mark. Wenn überhaupt noch Trabis verkauft werden sollen, so müßte deren Preis ganz erheblich gesenkt oder ihre Qualität ganz erheblich verbessert werden. In keinem Fall würde der D-Mark-Erlös noch ausreichen, um allen bisher in der Trabant-Produktion beschäftigten Arbeitern ihre bisherigen Löhne nunmehr in D-Mark auszuzahlen; beträchtliche Rationalisierungs-Entlassungen wären die Folge.

Für die gesamte Wirtschaft der DDR gilt: Je besser der Umtauschkurs von Mark (Ost) in D-Mark, um so größer und schneller die Arbeitslosigkeit. Ganz gewiß würde nach etwa zwei Jahren ein großer Teil dieser Arbeitslosigkeit durch den zu erwartenden Wirtschaftsaufschwung in der DDR wieder aufgesogen werden, aber die ersten Jahre könnten sehr hart werden.

Ein sofortiger Umtausch aller Sparguthaben im Verhältnis eins zu eins wäre unvertretbar. Es handelt sich angeblich um insgesamt etwa 150 Milliarden Mark (Ost); wenn die gleiche Summe in D-Mark ausgezahlt würde, so bekämen wir einen inflatorischen Kaufkraft-Stoß mit schweren Rückwirkungen auf unser Preis-Lohn-Gefüge und auch auf die internationalen Währungsmärkte. Deshalb war es richtig, daß alle Bonner Politiker, die sich prinzipiell für eine Umstellung der Sparguthaben im Verhältnis eins zu eins ausgesprochen haben, zugleich die Notwendigkeit des einstweiligen Einfrierens des größten Teils der Sparguthaben und ihrer erst späteren, zeitlich gestaffelten Freigabe betont haben.

Die spätere Freigabe kann nur aus zwei denkbaren Quellen gedeckt werden: entweder aus Haushaltsüberschüssen des Staates – welche auf Jahre hinaus nicht zu erwarten sind – oder aus dem Verkauf des »volkseigenen« Grund- und Industriebesitzes. Andere Werte stehen nicht zur Verfügung; denn während bei uns eine Sparkasse die Spareinlagen gewinnträchtig zum Beispiel in Hypotheken, Krediten, Wertpapieren anlegt, sind in der DDR die Spareinlagen in die Finanzierung des Staatshaushaltes geflossen. Wenn die neue Volkskammer einen »Ausverkauf« des »volkseigenen« Vermögens an Gebietsfremde ablehnt, so bleibt ihr nur der Weg, die spätere Freigabe der Sparkonten zu verknüpfen mit dem Umtausch in Anteile (oder Investmentzertifikate) am »volkseigenen« Vermögen. Diese müssen aber dann zumindest verzinst werden, wenn sie einen praktischen Wert haben sollen! Und zugleich besteht immer noch die Gefahr, daß DDR-Bürger ihre Anteile freihändig an Gebietsfremde verkaufen.

Die Frage der späteren Freigabe der einstweilen einzufrierenden großen Teile der Sparguthaben und die Eigentumsfragen können in Ruhe gelöst werden; dabei werden auch die Ansprüche von Bürgern geregelt werden müssen, die der SED-Staat enteignet hat, wie auch die Ansprüche derjenigen, die gutgläubig – zum Beispiel im Zuge der Bodenreform – Eigentum übernommen und jahrzehntelang damit gewirtschaftet und ihren Lebensunterhalt verdient haben. Darauf braucht die deutsch-deutsche Währungsunion nicht zu warten.

Sofern sie tatsächlich im Sommer 1990 vonstatten gehen soll, wie Helmut Kohl zu verstehen gegeben hat, so bedarf es dazu einerseits der oben angedeuteten sachlichen Mindestvoraussetzungen, ohne die eine Konversion verpuffen und der erhoffte wirtschaftliche und psychologische Anschub verfehlt würde, andererseits bedarf es dazu eines Vertrages zwischen Bundesrepublik und DDR. Eine bloße Absichtserklärung der Verfassungsorgane der DDR, demnächst nach Artikel 23 des Grundgesetzes der Bundesrepublik beizutreten, genügt nicht. Es gibt in Europa in Gestalt der Währungsunion zwischen den souveränen Staaten Belgien und Luxemburg ein instruktives Beispiel; die belgische Zentralbank bestimmt allein die Geld- und Währungspolitik, Luxemburg besitzt kein eigenes Zentralbanksystem. In ähnlicher Weise könnten wir Deutschen verfahren: Die Notenbank der DDR würde zur Filiale der Bundesbank – ähnlich wie die Landeszentralbank in Düsseldorf oder Kiel; die Verantwortung für die Geldmengenpolitik läge allein bei der Bundesbank, aber auch die Verantwortung für den Transfer von fälligen Zins- und Tilgungszahlungen von DDR-Schulden gegenüber dem Ausland.

Der neuen DDR-Regierung kann eine schnelle Beitrittserklärung nach Artikel 23 nicht angeraten werden; sie würde ohne komplizierte Überleitungsverträge (auch mit der EG) und -gesetze nicht effektiv werden. Zwar könnten theoretisch Volkskammer und Bundestag übereinstimmend feststellen, von einem Stichtag an gelte nunmehr das Grundgesetz auch in der DDR. Aber damit allein würde noch kein einziges der unzähligen Gesetze auch in der DDR Geltung haben, welche bei uns das Arbeits- und Tarifrecht regeln, das Wettbewerbsrecht, das Recht über den Schutz der Umwelt, die Gesetze zur sozialen Sicherung, schließlich das Recht des öffentlichen Dienstes – und keine Direktive der EG. Vor allem fehlte jegliche Regelung des dringend benötigten Finanzausgleichs zugunsten der DDR. Sofern die ehemaligen Länder Mecklenburg, Brandenburg, Sachsen-Anhalt, Thüringen und Sachsen wiederhergestellt werden – wofür viele Argumente sprechen – und wenn dann noch ein Land Groß-Berlin hinzukommt, so stehen komplizierte Verhandlungen über den horizontalen Finanzausgleich bevor.

Die DDR und ihre Länder brauchen Haushaltsmittel des Bundes nicht nur für ihre laufende Finanzierung, sondern auch für die öffentlichen Investitionen, vor allem in das Verkehrs- und Fernsprechnetz und in den Schutz der Luft, des Bodens und des Wassers. Insgesamt sind viel größere Mittel erforderlich, als sich der Bundesfinanzminister vorzustellen scheint, der gesagt hat, der zusätzliche öffentliche Finanzbedarf des Bundes sei aus den normalen alljährlichen Steuer-Mehreinnahmen zu decken. Hier wird auf die Gutgläubigkeit der bundesdeutschen Wähler spekuliert, die keine Lust auf zusätzliche Belastungen haben. Aber Solidarität ohne eigene Opfer ist keine – auch das wissen die Bürger. Sofern das Bonner Geschwätz über Reparationen uns Friedensvertragsverhandlungen mit mehreren Dutzend ehemaligen Feindstaaten bescheren sollte und astronomische Forderungen auf den Tisch kommen, so kann Theo Waigels Verweis auf die bundesdeutsche Kapitalbildung und damit auf den Anleihemarkt sich vollends als illusionistisch erweisen – selbst dann, wenn der größte Teil solcher Ansprüche abgewehrt werden könnte.

Aus alledem folgt: Die DDR-Regierung sollte genausowenig die Katze im Sack kaufen, wie das Saarland dies getan hat. Sie muß umfangreiche Verhandlungen führen, zu denen sie gegenwärtig noch keine ausreichende Zahl von Fachleuten hat.

Aber Zeit braucht vor allem die Verständigung mit unseren Nachbarn und Partnern! Der Bundeskanzler sollte der irischen EG-Präsidentschaft wie auch dem Präsidenten der EG-Kommission laufende Informationen und Konsultationen anbieten; Sondersitzungen des Europäischen Rates sind angezeigt. Ebenso ist die stetige und enge Konsultation mit Mitterrand dringend geboten. Niemand würde es Helmut Kohl verzeihen, wenn angesichts der Genugtuung über die deutsch-deutsche Einheit unsere *bonne entente* mit Frankreich verlorenginge. Ein breiter Konsens nur unter den Deutschen allein könnte für unser gutnachbarschaftliches Verhältnis zu allen anderen Völkern Europas zerstörerisch werden, sofern wir uns weiterhin der nationalen Euphorie hingäben.

Gewiß ist es wünschenswert, die neue DDR-Regierung auf eine breite parlamentarische Basis zu stellen. Denn sie wird verfassungspolitische Entscheidungen von großem Gewicht zu treffen haben, auch im Inneren der DDR: Was zum Beispiel geschieht mit 100000 oder mehr hauptamtlichen Stasi-Leuten, wie kommt die bisher SED-gesteuerte Justiz in eine rechtsstaatliche Ordnung, wird es ein unabhängiges Oberstes Gericht geben?

Ebenso wünschenswert ist aber, daß auch in Bonn endlich das taktische Hickhack zwischen den Parteien beendet und durch konstruktive Zusammenarbeit ersetzt wird. Mehr als drei Dutzend Grundgesetz-Änderungen haben, wegen des Erfordernisses von Zweidrittelmehrheiten in Bundestag und Bundesrat, immer wieder enge verfassungspolitische Zusammenarbeit nötig und erfolgreich gemacht. Bei der Vereinigung der beiden deutschen Staaten handelt es sich um die wichtigste verfassungspolitische Entscheidung der letzten vierzig Jahre, um so wichtiger die Herstellung einer breiten politischen Grundlage.

Die Chance der Einheit ist weder das alleinige Verdienst noch das alleinige Feld der bundesdeutschen CDU oder ihres heutigen Parteivorsitzenden; sie darf ebensowenig zur Spielwiese für sozialdemokratische Steckenpferde mißbraucht werden. Ein von den Spitzenleuten der Bundestagsfraktionen besetzter Bundestagsausschuß ist vonnöten; die Einbeziehung des Bundesrates ist geboten. Und die gemeinsamen Kommissionen mit der DDR, die der Bundeskanzler schon am 28. November 1989 angekündigt hat, müssen endlich in Gang kommen.

Damals sprach Kohl von »konföderativen Strukturen« mit dem »Ziel einer Föderation«; schon bald nach freien Wahlen sollten zwischen DDR und BRD ein gemeinsames parlamentarisches Gremium, ein gemeinsamer Regierungsausschuß und gemeinsame Fachausschüsse gebildet werden. Jetzt ist die Zeit dafür gekommen. Die Deutschen in der DDR brauchen die Gewißheit, nicht durch ein Bonner Diktat überfahren zu werden, sondern ihre eigenen Interessen wirksam vertreten zu können. Wenn es denn nach Artikel 23 gehen sollte – entgegen Kohls Äußerungen im November und abermals bei seiner Rückkehr aus Moskau –, so ist doch keineswegs auszuschließen, daß die DDR-Regierung bei dieser Gelegenheit und *vor* dem Beitritt eine Grundgesetz-Ergänzung aushandelt, welche den in vierzig Jahren verfestigten Besonderheiten und Erfahrungen ihrer Bürger Rechnung trägt.

Die Menschen in der DDR stehen vor einigen wenigen turbulenten Jahren. Aber danach wird es steil nach oben gehen, so hoffe ich mit Zuversicht. Wirtschaftliche Wachstumsraten von sieben Prozent und mehr in der DDR erscheinen als möglich. Die Sorge vor unternehmerischer Überfremdung wird schnell verblassen; auch in der Bundesrepublik ist durch die riesigen ausländischen Konzerne – Philips, Shell, Esso, Ford, Opel, IBM, Nestlé – kein Haifisch-Kapitalismus ausgebrochen, im Gegenteil: Die Facharbeiterschaft der DDR, ihr Können und ihr Fleiß, die Fähigkeit der Ingenieure und Konstrukteure, der Wille zur selbständigen wirtschaftlichen Existenz in Zehntausenden von Handwerksmeistern – all das sind Trumpfkarten im Wettbewerb.

Mein Freund Kurt Körber hat das Wort von der DDR als dem Pionierland der neunziger Jahre geprägt – es hat viel Wahrscheinlichkeit für sich. Wir Deutschen werden einen Aufschwung kultureller Kreativität erleben, der Rostock, Greifswald, Jena, Dresden, Leipzig, Weimar und vor allem Berlin wieder ins volle Rampenlicht der europäischen Öffentlichkeit stellen wird.

Anhang

Anmerkungen

liberalitas bavariae – die gute Gesinnung Bayerns 32
terms of trade – Handelsbedingungen 94
pressure groups – bedrängte Gruppen 95
vested interests – traditionelle Interessen 95, 103
lender of last resort – Vermittler der letzten Zuflucht 107
least developed countries – die am wenigsten entwickelten Länder 117, 204
break-even-point – Gewinnschwelle, Deckungspunkt 133
the most sophisticated – die meistverfälschten 135
supply side economics – angebotsorientierte Volkswirtschaften 142
super-deficit-spending – Superdefizit-Finanzierung, das heißt Finanzierung öffentlicher Investitionen durch Vorgriff auf künftige Haushaltsmittel, die nicht durch die laufenden Staatsausgaben gedeckt sind 202
highly indebted middle income countries – höchstverschuldete Länder mittleren Einnahmenniveaus 204
debt equity swaps – Umwandlung von Krediten in Beteiligungskapital, von Beteiligungskapital in Risikokapital 209
fresh money – zusätzliche Kredite 209f.
general agreement to lend – allgemeines Leihabkommen 210
muddling through – mehr Glück als Verstand 210
off-shore-Banken, off-shore-banking – Bankgeschäfte außerhalb der nationalen Grenzen bzw. außerhalb der Währungsgesetzgebung eines Landes 216
splendid isolation – ideale Isolation 219
causa efficiens – Entstehungsgrund 233
bonne entente – gutes Einvernehmen 262

Quellenverzeichnis

Überlegungen zum sozial-demokratischen »Deutschland-Plan« 10. Februar 1959 – in: Helmut Schmidt, Beiträge, Seewald Verlag Stuttgart 1967

Ansprache zur Entgegennahme des Theodor-Heuss-Preises am 21. Januar 1978 in München – in: Helmut Schmidt, Der Kurs heißt Frieden, Ullstein-Verlag Frankfurt, Berlin, Wien 1982

Ansprache zur Eröffnung der europäischen Messe für Umweltschutz ENVITEC '80 am 11. Februar 1980 im Düsseldorfer Messe-Kongreß-Center – in: Helmut Schmidt, Pflicht zur Menschlichkeit, Beiträge zur Politik, Wirtschaft und Kultur, Econ Düsseldorf, Wien 1981

Vor dem Deutschen Bundestag am 9. September 1982 – in: Helmut Schmidt, Jedermann darf und muß mit unserer Stetigkeit rechnen, hrsg. von der Sozialdemokratischen Bundestagsfraktion, Bonn 1982

Beitrag in der ZEIT vom 25. Februar 1983

Rede auf dem Kongreß »Weltwirtschaftsprobleme Mitte der achtziger Jahre« am 19. und 20. November 1984 in Bonn-Bad Godesberg – in: Weltwirtschaftsprobleme Mitte der achtziger Jahre: Energie, Technologie, Umwelt, hrsg. von der Friedrich-Ebert-Stiftung, Verlag Neue Gesellschaft Bonn 1985

Rede in der Potsdamer Nikolaikirche am 25. Oktober 1986 – in der ZEIT vom 31. Oktober 1986

Beitrag in der ZEIT vom 21. November 1986

Rede auf dem Hamburger Energieforum am 10. Juli 1987 im CCH (Manuskript)

Beitrag in der ZEIT vom 23. September 1988

Beitrag in der ZEIT vom 23. Juni 1989

Beitrag in der ZEIT vom 14. Juli 1989

Beitrag in der ZEIT vom 10. November 1989

Rede anläßlich der Ernennung zum Ehrenbürger von Berlin am 13. Dezember 1989 (Manuskript)

Beitrag in der ZEIT vom 23. März 1990
Bibliographie – in: Helmut Schmidt, dargestellt von Harald Steffahn, mono 444, Rowohlt Taschenbuch Verlag Reinbek 1990
Foto auf Seite 2: Wolfgang Wiese, Hamburg

Biographische Notizen

Helmut Schmidt wurde am 23. Dezember 1918 in Hamburg-Barmbek als Sohn eines Studienrates geboren. Er bezeichnete sich selbst einmal als das typische Produkt der avantgardistischen Hamburger Lichtwarkschule, an der er 1937 das Abitur ablegte. Dieser Schule kam es vor allem darauf an, Charakterbildung und Sinn für Kritik bei den Schülern zu fördern. Nach der Reifeprüfung war er ein halbes Jahr beim Reichsarbeitsdienst, anschließend als Wehrpflichtiger bei der Flakartillerie. 1941/42 kämpfte er an der Ostfront in einer Panzerdivision, danach arbeitete er im OKL, 1944/45 stand er im Westen, zuletzt als Oberleutnant der Reserve und Batteriechef. 1945 geriet er kurz in britische Gefangenschaft. Ab 1945 studierte er in Hamburg Staatswissenschaften und Volkswirtschaft. 1949 schloß er mit dem Diplom-Volkswirt ab.

Früh politisch engagiert, schloß sich Helmut Schmidt 1946 der SPD an. Von 1947 bis 1948 fungierte er als Bundesvorsitzender des Sozialistischen Deutschen Studentenbundes (SDS). Nach Abschluß seines Studiums war er 1949 bis 1953 zunächst Referent, dann Leiter der wirtschaftspolitischen Abteilung in der Behörde für Wirtschaft und Verkehr in Hamburg, ab 1952 auch Verkehrsdezernent. 1953 wurde er erstmals in den Bundestag gewählt. Als glänzender Redner entwickelte er sich im Bundestag zu einem der profiliertesten Vertreter der jüngeren Generation. Sein fester, wenn auch manchmal subjektiver Standpunkt zuerst als Verkehrs-, später dann als Militärexperte und seine scharfe Kritik an der Regierung, besonders an dem damaligen Verteidigungsminister Strauß, brachte ihm bei seinen Gegnern den Spitznamen »Schmidt-Schnauze« ein. 1958 setzte er sich im Rahmen der Anti-Atomtod-Kampagne der SPD entschieden gegen eine atomare Bewaffnung der Bundeswehr ein. Im selben Jahr wurde er Mitglied des Bundesvorstandes der SPD.

Ende Oktober 1969 wurde Helmut Schmidt Verteidigungsminister im ersten SPD/FDP-Kabinett Brandt. Im Dezember 1969 erklärte er vor der parlamentarischen Versammlung der WEU, Entspannungspolitik als Ergänzung der Sicherheitspolitik sei ohne Wahrung des vorhandenen Gleichgewichts aller Streitkräfte in Europa und die Fortdauer der Anwesenheit amerikanischer Truppen nicht möglich. Neben seiner Tätigkeit als Verteidigungsminister beteiligte er sich auch weiterhin an der Diskussion anderer gesellschafts- und außenpolitischer Probleme. Er unternahm im November/Dezember 1971 eine große Fernostreise, auf der er verteidigungspolitische Fragen, vor allem im Zusammenhang der Annäherung von Washington und Peking, erörterte und die deutsche Ostpolitik erläuterte.

Während des Wahlkampfes 1972, der in starkem Maße von wirtschaftspolitischen Themen beherrscht wurde, und nach dem Sieg von SPD und FDP bei der Bundestagswahl vom 19. November, entwickelte sich Helmut Schmidt endgültig zum »Zweiten Mann« im Kabinett Brandt. Er erhielt bei der Regierungsbildung das Finanzministerium mit erweiterten Kompetenzen.

Die Affäre um den DDR-Agenten Guillaume im Bundeskanzleramt führte am 7. Mai 1974 zum Rücktritt von Bundeskanzler Brandt. Im Anschluß an die Wahl Scheels zum Bundespräsidenten wurde Helmut Schmidt ohne Zögern bei SPD und FDP am 16. Mai 1974 zum fünften Kanzler der Bundesrepublik Deutschland gewählt.

Helmut Schmidts Kanzlerschaft stand von Anfang an im Schatten der weltweiten Wirtschaftsrezession, der sich schließlich trotz ihrer relativ starken Wirtschaftskraft auch die Bundesrepublik nicht zu entziehen vermochte. Ab Mitte 1975 wurden zwar konjunkturelle Aufschwungtendenzen spürbar, doch lag die Preissteigerungsrate 1976 immer noch bei durchschnittlich 4,5 Prozent. Im internationalen Vergleich bedeuteten diese Zahlen allerdings einen hervorragenden Rang der Bundesrepublik und brachten der Stabilitäts-Politik Helmut Schmidts weltweite Anerkennung ein. Innenpolitisch wurden sie jedoch zum Anlaß anhaltender Angriffe der CDU/CSU-Opposition, die ihm wiederholt eine »hausgemachte Rezession« vorwarf. Angelpunkt der Vorwürfe waren vor allem die hohen Arbeitslosenquoten.

Außenpolitisch suchte Helmut Schmidt den Kurs seines Vorgängers Brandt fortzusetzen, vermied aber jede Entspannungseuphorie. Sachkunde und Tatkraft des Bundeskanzlers, insbesondere in wirtschaftlichen Fragen, fanden im westlichen Ausland Anerkennung, und oft wurde von ihm, nicht zuletzt im Hinblick auf seine guten Beziehungen zu dem damaligen französischen Präsidenten Giscard d'Estaing, die Lösung schwieriger Probleme erwartet. Die britische

»Financial Times« erklärte Helmut Schmidt zum »Mann des Jahres« 1975.

Größte innenpolitische Herausforderung des Jahres 1977 war der Terrorismus in der Bundesrepublik, außenpolitisch brachte der Amtsantritt des neuen US-Präsidenten Carter anfangs Spannungen mit Washington.

1978 engagierte sich Helmut Schmidt unter anderem als Gastgeber bei einer EG-Gipfelkonferenz in Bremen, wo man über ein neues Europäisches Währungssystem (EWS) beriet, Ende Juli/Anfang August folgte ein Wirtschaftsgipfel in Bonn.

Energie- und Erdölpolitik waren beim westlichen Wirtschaftsgipfel 1979 in Tokio und später eines der wichtigsten Themen. Auf dem Berliner Parteitag der SPD im Dezember 1979 warb Helmut Schmidt eindringlich und erfolgreich für einen begrenzten Ausbau der Kernenergie und für den NATO-Doppel-Beschluß über die Stationierung neuer atomarer Mittelstreckenwaffen im Fall des Fehlschlagens von Abrüstungsgesprächen (sogenannter Nachrüstungsbeschluß).

Im Februar 1980 forderten Schmidt und Giscard die Sowjetunion in einem gemeinsamen Communiqué auf, ihre Interventionstruppen aus Afghanistan abzuziehen. Zunächst die Afghanistan-Besetzung, dann die Ereignisse in Polen führten dazu, daß das vorgesehene Treffen zwischen Helmut Schmidt und Erich Honecker in der DDR nicht zustande kam.

Wachsende Sorgen bereitete ab 1980 die Wirtschaft, deren Wachstum sich nach vorübergehendem Konjunkturaufschwung wieder deutlich verlangsamte.

Das immense Arbeitsprogramm des Bundeskanzlers, seine psychische Belastung forderten im Oktober 1981 einen neuen Tribut, als Helmut Schmidt mit schweren Herzrhythmusstörungen ins Krankenhaus eingeliefert werden mußte. Nach Einsetzen eines Herzschrittmachers nahm er seine Regierungsarbeit wieder auf.

Erhebliche Beachtung fand der dritte Staatsbesuch des sowjetischen Staats- und Parteichefs Breshnew in Bonn, der in den strittigen Rüstungsfragen keine Annäherung brachte. Wenige Wochen später, im Dezember 1981, kam es in der DDR zum Treffen zwischen Helmut Schmidt und Staats- und Parteichef Erich Honecker, das zwar zur klimatischen Verbesserung der Beziehungen beitrug, allerdings kaum konkrete Ergebnisse brachte. Im Juni 1982 nahm Helmut Schmidt am 8. Weltwirtschaftsgipfel in Versailles teil, anschließend war er Gastgeber des NATO-Gipfeltreffens in Bonn.

Auf dem Münchener SPD-Parteitag im April 1982 wurde Helmut

Schmidt zwar erneut als stellvertretender Parteivorsitzender bestätigt, erhielt aber deutlich weniger Stimmen als der wiedergewählte Willy Brandt. Bei den Beratungen über die »Eckdaten« des Haushalts für 1983 wurden die Spannungen in der Koalition deutlich, eine vorläufige Einigung kam im Juli 1982 nur noch mit Mühe zustande. Am 17. September 1982 brach die SPD/FDP-Koalition auseinander, CDU/CSU und FDP übernahmen nach einem konstruktiven Mißtrauensvotum die Regierungsgeschäfte.

Helmut Schmidt blieb nach seinem Verzicht auf eine weitere Kanzlerkandidatur politisch engagiert – er beteiligte sich verschiedentlich am Wahlkampf seiner Partei und gehörte als Direktkandidat des Wahlkreises 17 (Hamburg-Bergedorf) noch bis 1987 dem Bundestag an –, fand darüber hinaus aber zunehmend Gefallen an der neuen Rolle des »elder statesman«. Dank seines unverändert hohen Ansehens wurde er zu zahlreichen Vortragsveranstaltungen eingeladen und stellte seine außen- und wirtschaftspolitischen Analysen, Stellungnahmen und Zielvorstellungen auch auf publizistischem Wege vor. Ein geeignetes Podium für diese Tätigkeit ist die Wochenzeitschrift »DIE ZEIT«, deren Mitherausgeber er 1983 wurde und in deren Geschäftsführung er seit 1985 wirkt.

Mit Giscard d'Estaing präsidierte Helmut Schmidt im Februar 1988 die 5. Sitzung des von beiden im Dezember 1986 gegründeten Ausschusses für die Europäische Währungsunion, für die sie sich ebenso engagierten wie für die Errichtung einer Europäischen Zentralbank. Im April 1989 übernahm Helmut Schmidt den Vorsitz einer internationalen Kommission, die sich mit den »Finanzströmen in die Entwicklungsländer« befaßte. Der Kommissionsbericht empfahl unter anderem ein stabileres Weltwährungssystem mit weniger Inflation und weniger unberechenbaren Schwankungen der Wechselkurse, mahnte andererseits aber auch die Entwicklungsländer zur Kürzung ihrer Militärausgaben. In der Debatte um die Reformbewegung in den Ostblockländern sprach sich Helmut Schmidt im November 1989 für großzügige europäische Hilfen aus, warnte die Deutschen aber gleichzeitig vor einer überhasteten Wiedervereinigungseuphorie und äußerte sich skeptisch zu den Erfolgsaussichten Gorbatschows.

Helmut Schmidt ist seit 1942 mit Hannelore (genannt »Loki«), geborene Glaser, verheiratet. Er hat eine Tochter Susanne (geboren 1947), die Betriebswirtschaft studierte und 1976 zum Dr.rer.pol. promovierte.

Frau Loki rief 1976 das »Kuratorium zum Schutz gefährdeter Pflanzen« ins Leben; sie unternahm verschiedene wissenschaftliche

Reisen und schrieb das Buch »Schützt die Natur – Impressionen aus unserer Heimat« (1979).

Seine Freizeit verbringt Helmut Schmidt gern in seinem Ferienhaus am Brahmsee. Er interessiert sich, ebenso wie seine Frau, für Ornithologie, ist Musik- und Kunstfreund, malt gern und spielt Orgel und Klavier (gelegentlich sogar öffentlich).

Bibliographie

a) Staat und Gesellschaft (Einzelschriften und Sammelbände*)

Wegweiser durch die Verkehrswirtschaft. Zusammen mit *Werner Leifermann.* Hamburg 1954
Verteidigung oder Vergeltung. Ein deutscher Beitrag zum strategischen Problem der NATO. Stuttgart 1961
Die NATO und Europa. Stuttgart 1967
Beiträge. Stuttgart 1967
Strategie des Gleichgewichts. Deutsche Friedenspolitik und die Westmächte. Stuttgart 1969
Auf dem Fundament des Godesberger Programms. Theorie und Praxis der deutschen Sozialdemokratie. Bonn 1974
Kontinuität und Konzentration. Bonn 1975
Bundestagsreden. Hg. von *Peter Corterier.* Bonn 1975
Als Christ in der politischen Entscheidung. Gütersloh 1976
Der Kurs heißt Frieden. Düsseldorf–Wien 1979
Pflicht zur Menschlichkeit. Beiträge zu Politik, Wirtschaft und Kultur. Düsseldorf–Wien 1981
Perspectives on Politics. Hg. von *Wolfram F. Hanrieder.* Boulder/Colorado 1982
Freiheit verantworten. Düsseldorf 1983
Weltwirtschaft ist unser Schicksal. Wie eine weltweite Depression vermieden werden kann. Frankfurt a. M. 1983
A Grand Strategy for the West. Yale University Press, 1985; deutsch: Eine Strategie für den Westen. Berlin 1986
Menschen und Mächte. Berlin 1987
Umweltschutz, Energie und Beschäftigung. Zusammenhänge, kommunale Handlungsfelder und Handlungsmöglichkeiten. Überarbeitete Fassung eines Vortrages für das Seminar Umweltschutz in

* Der Inhalt von Sammelbänden wird nicht gesondert aufgeführt, der Vielzahl wegen. Schon der Band »Beiträge« von 1967 umfaßt 44 Einzelstücke.

der EG am 12.4.1987 im Europäischen Zentrum für Arbeitnehmerfragen, Königswinter. 1987

Laudatio für Georg Leber anläßlich der Verleihung der Freiherr-vom-Stein-Medaille in Gold durch die Stiftung F. V. S. zu Hamburg am 4. 12. 1987. Sonderdruck Stiftung F. V. S., o. J.

Ausgewählte Texte. München 1988

Die Weltwirtschaft ist unser Schicksal. Friedrich Ebert Stiftung, Abt. Politische Bildung. Bonn 1989*

Die nüchterne Leidenschaft zur praktischen Vernunft. Die Abschiedsreden des Bundeskanzlers a. D. Berlin o. J.

b) Äußerungen zur Kunst

Kunst im Kanzleramt. München 1982

Ansprache eines Musikfreundes beim Festakt zum 300. Geburtstag von Johann Sebastian Bach am 21. März 1985 in St. Michaelis, Hamburg. Hamburg 1985

Vom deutschen Stolz. Bekenntnisse zur Erfahrung von Kunst. Berlin 1986

c) Beiträge zu Büchern; Herausgeberschaft

Gegenwartsprobleme der Straßenwirtschaft der Bundesrepublik. In: Handbuch der öffentlichen Wirtschaft. Bd. 1. Stuttgart 1959

Verfassungsschutz als gemeinsame Aufgabe von Bund und Ländern. In: Verfassungsschutz. Hg. von *Paul Lücke*. Köln 1966

Was fehlt der Bundeswehr? In: Armee gegen den Krieg. Hg. von *Wolfram von Raven*. Stuttgart 1966

Einleitung zu: *Herman Kahn*, Eskalation. Berlin 1966

Einleitung zu: *André Beaufre*, Die NATO und Europa. Stuttgart 1967

Die Kriegsgeneration. In: Die Neue Gesellschaft. November/Dezember 1968

Vorwort zu: Kritischer Rationalismus und Sozialdemokratie. Hg. von *Georg Lührs, Thilo Sarrazin, Frithjof Spreer, Manfred Tietzel*. Berlin–Bonn 1975

Willy Brandt, Helmut Schmidt: Deutschland 1976 – Zwei Sozialdemokraten im Gespräch. Reinbek 1976

* Der Band enthält neun Kommentare aus der »Zeit« von 1983 bis 1987, ist somit nicht identisch mit dem Buch von 1983 trotz des fast gleichlautenden Titels.

Helmut Schmidt, Willy Brandt, Herbert Wehner, Egon Bahr u. a.: Zwischenbilanz. Zur Entwicklung der Beziehungen der Bundesrepublik Deutschland und der Sowjetunion. Köln 1978

Vorwort zu: *Jean Monnet,* Erinnerungen eines Europäers. Wien 1978

Schmidt, Helmut (Hg.): Ways out of the Crisis. 16 Theses on the World Economy. Frankfurt a. M. 1983

Helmut Schmidt, Walter Hesselbach (Hg.): Kämpfer ohne Pathos. Festschrift für Hans Matthöfer zum 60. Geburtstag. Bonn 1985

Heik Afheldt, Helmut Schmidt, Michel Carpentier, J. D. Noulton, Pierre Sudreau, Heimfrid Wolff: Der Staat als Pionier? Initiativen, Impulse, Innovationen. Stuttgart 1987

Wehrbeitrag und Wehrverfassung. In: Sternstunden des Parlaments. Hg. von *Rainer Barzel.* Heidelberg 1989

Geleitwort zu: *Johannes Steinhoff, Peter Pechel, Dennis Showalter* (Hg.), Deutsche im Zweiten Weltkrieg. Zeitzeugen sprechen. München 1989

d) Sonstiges

Wolfgang Amadeus Mozart: Zwei Konzerte für zwei und drei Klaviere, KV 365 und 242. Ausführende: Christoph Eschenbach, Justus Frantz, Helmut Schmidt (nur für KV 242). London Philharmonic Orchestra. EMI Electrola 1 C 067-43 231 T. Dezember 1981

Helmut Schmidt, István Bury: Ein Mann und seine Stadt. Ein Film über Hamburg. Gesendet vom NDR am 18. 9. 1986. Dazu: Helmut Schmidt: Ein Mann und seine Stadt. Die Hansestadt Hamburg. 1 Videokassette, Laufzeit 60-Minuten. Mappe mit Filmtext, Anmerkungen, Lehrermaterial. Ismaning 1987

Dieter Lattmann

Deutsch-deutsche Brennpunkte

Ein Schriftsteller in der Politik

Mit einem Beitrag von Erhard Eppler
269 Seiten, Paperback 12,80 DM
Lattmann, Brennpunkte
ISBN 3-373-00413-6

Die achtjährige basisdemokratisch orientierte parlamentarische Arbeit Lattmanns als Bundestagsabgeordneter der SPD, seine Gedanken zur Spaltung und zur Einheit Deutschlands und die Notwendigkeit, sich in unserer schnellebigen Zeit der jüngeren und jüngsten Geschichte wirklich bewußt zu werden, das sind die wichtigsten Themen dieser Publizistik-Auswahl.

Lattmanns Texte, die von Bürgersinn, Zivilcourage und Toleranz zeugen, können viele von uns ermuntern, den schwierigen Weg, Demokratie zu lernen und zum mündigen Bürger zu werden, weiterzugehen.

Friedrich Schorlemmer

Träume und Alpträume

Einmischungen 1982–1990

Mit einer Vorbemerkung von Walter Jens
186 Seiten, Paperback, 12,80 DM
Schorlemmer, Alpträume
ISBN 3-373-00420-9

Der Wittenberger Pfarrer Friedrich Schorlemmer gehört zu jenem kleinen Personenkreis, der beizeiten eine grundlegende Demokratisierung in der DDR anmahnte. Zunächst unter dem Dach der Kirche, nach dem Oktober '89 auch von anderen Podien, hat er auszusprechen gewußt, was viele Menschen in diesem Land bedrückte. Unsere Textauswahl, die Reden, Meditationen, Aufsätze, Interviews von 1982 bis April 1990 zusammenfaßt, gibt Zeugnis von einer Kultur des Dialogs, die sich im Schatten des Machtapparates entwickelt und mutig behauptet hat.